课程思政

——设计与实践

主　编 ◎ 王焕良　马凤岗
副主编 ◎ 郑秀文　马晓春　韩荣苍

清华大学出版社
北京

内 容 简 介

为贯彻落实立德树人的根本任务，践行习近平总书记"把思想政治工作贯穿于教育教学全过程"的教育思想，临沂大学广大教师通过开展课程思政的实践探索，将学科知识传授与思政教育有机结合，多层次、多角度深入浅出地阐述了课程思政的内涵，从中涌现出大批课程思政优秀案例，内容涵盖理工、文史等多学科门类。所有案例均以专业课程为依托，将德育教育融入教学全过程，为学科德育的实施提供了充足的理论依据与操作建议，具有很强的实效与参考价值。

本书可作为高等学校或职业院校教师从事课堂教学、设计课程思政的参考用书。

本书封面贴有清华大学出版社防伪标签，无标签者不得销售。
版权所有，侵权必究。举报：010-62782989，beiqinquan@tup.tsinghua.edu.cn。

图书在版编目（CIP）数据

课程思政：设计与实践 / 王焕良，马凤岗主编．—北京：清华大学出版社，2021.8（2024.9重印）
ISBN 978-7-302-58904-4

Ⅰ．①课… Ⅱ．①王… ②马… Ⅲ．①高等学校—思想政治教育—教学研究—中国 Ⅳ．①G641

中国版本图书馆 CIP 数据核字（2021）第 170759 号

责任编辑：杜春杰
封面设计：刘　超
版式设计：文森时代
责任校对：马军令
责任印制：曹婉颖

出版发行：清华大学出版社
　　　　网　　址：https://www.tup.com.cn，https://www.wqxuetang.com
　　　　地　　址：北京清华大学学研大厦A座　　邮　　编：100084
　　　　社 总 机：010-83470000　　邮　　购：010-62786544
　　　　投稿与读者服务：010-62776969，c-service@tup.tsinghua.edu.cn
　　　　质量反馈：010-62772015，zhiliang@tup.tsinghua.edu.cn
印 装 者：三河市人民印务有限公司
经　　销：全国新华书店
开　　本：185mm×260mm　　印　　张：19　　字　　数：377千字
版　　次：2021年9月第1版　　印　　次：2024年9月第7次印刷
定　　价：69.00元

产品编号：091403-01

编者委员会

主　任　王焕良　马凤岗

副主任　郑秀文　马晓春　韩荣苍

成　员　（按姓氏笔画排序）

刁述妍　马　军　丰培金　王振海

王常春　石少广　全先庆　刘凤志

闫　妍　李鸣钊　李道勇　吴作凤

张　笛　罗亚海　季　超　周云钊

周　静　赵光勇　赵金霞　费聿辉

夏其英　高克甫　崔玉理　崔沂峰

梁仁君　韩　虎

序　言

习近平总书记在全国高校政治思想工作会议上强调"要坚持把立德树人作为中心环节,把思想政治工作贯穿教育教学全过程,实现全程育人、全方位育人",提出"各类课程与思想政治理论课程同向同行,形成协同效应"。总书记的讲话作为对全体教育工作者的嘱托,为高校完成"为党育人、为国育才"的任务指明了方向和路径。临沂大学作为革命老区大学,以传播沂蒙文化、传承红色基因、弘扬沂蒙精神为己任,坚守"教书"与"育人"有机统一的方针,以"课程思政"建设为推进专业建设、课程建设的抓手,坚持以学生为中心,根据不同专业、不同课程的特点,开展了大思政课程一体化设计,以课程思政为载体构建全员、全程、全课程的育人格局,充分发挥课堂教学育人主渠道的作用,践行初心使命,培育时代新人,取得了良好效果。

经广大教师的实践探索和辛勤笔耕,我校涌现了一大批课程思政优秀教学典型案例,经过学院推荐,专家评阅、反馈斟酌,编委会从中筛选了典型案例五十篇。书中所收教学案例以鲜活的素材、生动的描述、鲜明的见解,多层次、多角度深入浅出地阐述了课程思政的内涵和实施路径,是教师对教书育人理念在认识上的深度理解和高度升华,为大思政课程的实施提供了充足的理论依据与操作建议,具有很强的实效,几乎所有课程均可借鉴。

古语有云:人生有三不朽,即立德、立功和立言。立言就是著书立说。而我们现在做的就是"立言"——以文章来阐释自己对课程思政的认识理解和实践经验,营造更加浓厚的教研氛围,推动学科内涵的发展。

适逢临沂大学建校八十周年,这部典型案例集无疑具有较为深远的历史意义。它展示了我校课程思政教学改革研究的丰硕成果,同时也为校庆大典献上了一道风味独特的文化大餐。

本书能够顺利出版得益于山东省教育厅领导、山东省高等学校课程思政研究中心的大力支持,得益于各位教师的辛勤付出,以及清华大学出版社的大力支持,在此一并表示诚挚的感谢。

编 者

2020 年 10 月于临沂大学

目 录

文 史 类

以思政赋能，寓德、道于教
——"国际贸易"课程思政的实践与探索 ... 3

"会计制度设计"课程思政教育的实践 ... 9

青春筑梦，破浪前行
——"创业基础"课程思政实践探索 ... 14

思政元素融入"电子商务安全与支付"课程探索 ... 19

实施课程思政的关键问题及路径
——以物流管理专业"采购管理"课程为例 ... 25

努力培养德艺周厚的"四有"好教师
——"中国教育史"课程思政思与行 ... 36

"学前教育研究方法"课程思政探索与实践 ... 39

"体育社会学"课程思政教学设计 ... 45

"运动生理学"课程思政典型案例的探索与应用 ... 54

挖掘思政元素，赋能专业教学
——以"中国民俗"课堂教学为例 ... 60

国际视野下民族情怀和科学精神的培育
——基于OBE理念的"第二语言习得理论"课程思政建设 ... 66

"文学理论"课程思政元素及其教学方法探析 ... 73

新文科背景下"语言学概论"课程思政建设思考与实践 ... 78

"商务英语精读"课程思政探索与实践 ... 86

"韩国语精读"课教学中思政教育的探索与实践 ... 91

在写作中铸造学生优良思想品德
——"实用文体写作"思政教育实践 ... 97

"会展策划与设计"课程思政典型案例……………………………………………101

从蓝图到细节:"新闻报道策划"课程思政教学设计………………………107

讲好中国故事,传播好中国声音
　　——"电视采访学理论与实践"课程思政建设研究……………………114

弘扬爱国主旋律,奏响时代最强音
　　——对"经典影片赏析"课程思政的探索与实践………………………120

以思政之道,驭课程之器
　　——浅析"影视特效与栏目包装"课程思政的实践途径…………………125

"三位一体":把思政融入课程教学全过程
　　——"传播学概论"课程教学实践…………………………………………130

在播音创作中擦亮人生底色
　　——"播音创作基础"课程思政探索………………………………………134

三个向度指引下的课程思政建设
　　——以"世界现代史"教学为例……………………………………………139

课程思政之传统价值观融入"文化创意策划"课程建设研究………………144

理　工　类

课程思政视野下"高等数学"课程教学改革与探索…………………………151

课程思政理念下"概率论与数理统计"教学改革初探………………………159

电子信息类专业核心课程思政育人探索与实践
　　——以"电磁场与电磁波"为例……………………………………………165

专业认证背景下"大学物理"课程思政目标的设计与实现…………………170

实施课程思政,形成育人合力
　　——以"仪器分析"教学为例………………………………………………175

课程思政与"化工工艺学"教学过程的融合初探……………………………182

坚持立德树人根本任务,探索思政教育与专业课程有机融合
　　——"化工分离工程"课程思政初探………………………………………188

目 录

提升科学素养，强化人文精神
　　——思政融入"化学反应工程"教学初探 ... 193

"药理学"课程思政教学改革与实践 ... 198

"药物化学"课程思政教学的探索与实践
　　——以"青蒿素的发现"课程思政教学为例 ... 204

"高分子化学"课程思政建设探索 ... 210

新工科背景下课程思政融入专业课程的探索与实践
　　——以"高分子物理"课程为例 ... 216

将工程伦理思政教学融入自动化专业课程的思考与探索
　　——以"现代控制理论"课程为例 ... 222

浸润式思政在"车站信号自动控制"课程教学中的实践应用 ... 229

思政融入教学，筑建一流课程
　　——"计算机网络"课程思政在行动 ... 233

课程思政下"C#程序设计"课程教学改革探索与研究 ... 237

一流本科课程建设背景下"数据结构"课程思政研究与实践 ... 243

不忘教师初心，思政育人先行
　　——"单片机原理及应用"课程思政的实践与探索 ... 248

"房地产市场学"课程思政设计与探索 ... 254

春风化雨，润物无声
　　——"房地产经济学"课程思政教学探索 ... 260

课程思政融入"气象学与气候学"教学探索与实践 ... 265

以史为鉴，培养科学素养和人文情怀
　　——"人体及动物生理学"课程思政探微 ... 270

学匠艺，修匠心
　　——"园林建筑设计"课程思政教学探析 ... 275

农学类专业课程思政建设典型案例
　　——以"蔬菜栽培学"课程为例 ... 281

思创融合思想在"动物药理学"课程建设中的应用与研究 ... 287

文 史 类

文史哲

以思政赋能，寓德、道于教

——"国际贸易"课程思政的实践与探索

田艳敏　商学院

 引　言

美国心理学家麦克利兰（David C. McClelland）于 1973 年提出了著名的"冰山模型"（Iceberg Model），将个体素质划分为可见的"冰山以上部分"和隐藏的"冰山以下部分"。根据冰山模型，"冰山以上部分"包括基本知识、基本技能，这是最容易观察到、测量到的部分，也相对容易通过培训来改变和发展。"冰山以下部分"包括社会角色、价值观、自我认知、特质和动机，占整体的绝大部分，是不容易观察、不容易测量的部分，也不容易通过外界影响而改变，但这部分却对人的行为与表现起着关键作用。

在课程职能上，专业课程着重塑造个人素质中的"冰山以上部分"。课程思政则强调的是传授专业知识的同时，在专业课程中挖掘思政元素，寓道、寓德于教——在潜移默化中建设正确三观，育人无痕——在知识传授中实现价值引领。专业课与思政课如鸟之两翼、车之双轮，同向同行，形成协同效应，使学生在专业知识和能力提高的同时，思想水平、政治觉悟、道德品质和文化素养也得到升华，通过影响"冰山以下部分"，更好地塑造"冰山以上部分"，立德树人，使大学生在新时代背景下更好地成长与成才。

以"国际贸易"课程为例。"国际贸易"是高等本科院校国际贸易专业学生接触较早的专业基础核心课程，它主要研究国际贸易产生的动因、国际贸易利益的分配、国际贸易政策及国际贸易规则。通过课程学习，旨在帮助学生掌握国际贸易方面的基础知识，使其了解国际贸易理论，通晓国际贸易政策，了解我国和世界上其他主要贸易参与者的对外经济活动的方针政策，以及相关的国际贸易体制规则。在此理论基础上，引导学生关注现实生活，把握当前外贸热点及学科前沿知识，更深刻地理解身边的贸易现象；热爱祖国，科学认识个人与他人、个人与国家、国家与国家的关系；独立思考、搜集资料，分析当代世界经济和国际贸易发展问题，尝试解决问题，为将来从事国际贸易经营、管理和研究打下基础。

一、课程思政的重点在思政

课程思政的重点在于挖掘专业课程背后的思政故事,找出包含在课程中的思政元素(见表1),从细节入手,全程融通。"国际贸易"课程思政从政治认同和国家意识、职业素养与品德修养、学术志向和专业伦理三个层面引导,联通知与行,统一理论与实践。

表1 "国际贸易"课程中的思政元素

课程思政层次	课程中的思政融入点	思 政 元 素
政治认同与国家意识	我国的对外贸易发展	了解中国外贸由弱变强的发展史,树立学生的"民族自信",激发学生的爱国情怀和历史责任感
	国际贸易政策种类与历史演变	评述当今主流贸易政策,讨论中美贸易摩擦过程中美国贸易保护的原因
	促进出口的经济特区措施	关注我国自贸区建设及海南自由贸易试验区,认同中国特色的社会主义经济发展道路
	幼稚工业保护论代表人物李斯特的介绍	对比同时代李斯特与李嘉图的遭遇,体会经济学家忧国忧民的爱国情怀,结合新时代(包含疫情)谈幸福感和感恩心
	有效关税,海关税则	查阅不同国家海关税则,理解阶梯关税;结合中国关税税率演变,理解中国推动贸易自由化的决心和大国担当
	李斯特强调经济发展的民族特点的思想	理解中国特色社会主义道路的正确性,增强学生的民族自豪感,树立道路自信
职业素养与品德修养	国际贸易与国内贸易差异	结合具体案例,从横向及纵向两方面了解国际贸易的发展演变,引申出对国际贸易从业者的素质要求;引导学生思考,尤其强调现代社会中职业素养的重要性,引导学生形成职业生涯规划
	比较优势理论	将适用于国家间的分工扩展至个人,鼓励学生结合自身特点,自立自强,建立自身的比较优势
	李斯特生产力理论	勉励学生不要只看眼前,应着眼长远,不贪图眼前安逸,刻苦自律,厚积薄发
	关于分工的思想	结合"卖油翁"故事及具体行业例子,引导学生理解分工作用——"简单的事情重复做,你就是专家;重复的事情用心做,你就是赢家"
学术志向与专业伦理	国际贸易常见基本概念	引导学生将基本概念应用起来,查阅统计年鉴,等等,用相关术语描述本市、本国外贸现状,并进行分析
	国际市场价格的影响因素	结合疫情及其他时政事件,引导学生分析影响国际粮价的主要因素,引申讨论我国粮食生产与贸易现状,认同并践行"厉行节约,反对浪费"

续表

课程思政层次	课程中的思政融入点	思 政 元 素
学术志向与专业伦理	生命周期理论	用生命周期理论解释纺织业、家电行业等产业转移现象；理解中国"世界工厂"的成因与所处困境；引导学生阅读中国制造和中国创新的相关材料并进行讨论
	非关税措施	引导学生了解关注新兴壁垒，比如动物福利壁垒、蓝色贸易壁垒、反倾销壁垒以及碳壁垒等；引导学生关注贸易与环境的关系以及贸易中的人文关怀
	大国征收关税的经济效应	讨论中美贸易摩擦过程中美对华征税的影响

（一）胸怀祖国，放眼世界，引导学生树立国际化视野

英国著名哲学家怀特海曾说："在中学阶段，学生伏案学习；在大学阶段，他需要站起来四面观望。"大学教育须从更广的知识结构思考教学。国际贸易课程旨在研究国家间贸易发展的规律，在此过程中帮助学生树立国际化视野，胸怀祖国，放眼世界。在讲述贸易发展史时，通过回顾中国外贸发展历程，激发学生的民族自豪感和历史责任感。中国外贸发展历程从以下内容展开：从丝绸之路到闭关锁国；从改革开放到成为世界货物贸易第一、服务贸易第二的举足轻重的贸易大国，成功举办中国国际进口博览会与中国国际服务贸易交易会；从"引进来"到"走出去"，不断推进全方位对外开放，统筹推进国际国内两个大局，为深度参与全球治理开辟新视野。在讲述贸易理论相关章节时，要引导学生理解国际贸易是一场双赢博弈，结合国际分工相关理论（可联系疫情）分析全球价值链的传递和连锁效应，让学生进一步理解当今世界相互依存的深刻内涵，理解人类命运共同体的概念。同时在其反面，结合中美贸易摩擦中的美国贸易政策，理解美国贸易保护的原因及其狭隘的世界观。

（二）增强学生对"中国特色"的政治认同

在理论学习与国际比较中，引导学生增强对国家相关制度政策的政治认同。比如，在李斯特的保护幼稚工业思想中，特别强调经济发展的民族特点，以此引导学生理解中国特色社会主义道路的正确性，增强学生民族自豪感，树立道路自信；同时对比同时代经济学家李斯特与李嘉图的遭遇，体会经济学家忧国忧民的爱国情怀；结合疫情中不同国家政府的不同作为，体会我们生活在最美新时代的幸福感和感恩心；在享受祖国带给我们的强大安全感的同时，更要清楚时代赋予我们的使命，激发学生的责任感、担当意识及爱国情怀。在涉及经济特区相关内容时，结合时代背景讲述我国建立自贸区的必要性，并引导学生了解我国从兴办珠海、深圳等经济特区，到设立自由贸

易试验区、谋划中国特色自由贸易港的发展历程，理解自贸区的主要政策；涉及关税减让章节时，联系中国降低进口关税的实践，让学生理解经济全球化背景下中国坚定推动贸易自由化的决心和大国担当精神，认同中国智慧和中国方案。

（三）引导学生认识职业发展的必备素质，规划职业生涯

课程伊始，结合具体案例讲述国际贸易比国内贸易更困难、更复杂，也必须承担更大风险，引导学生思考作为未来从业者应该具备哪些素质，同时通过展示重商主义代表人物托马斯·孟17世纪在《英国得自对外贸易的财富》中提出的国际贸易从业者的素质要求，引导学生思考时代发展对国际贸易从业者的新要求。从外贸企业角度，展示企业更重视的职业素养，依照重要程度，在基本素养方面，用人单位依次强调吃苦耐劳—诚实守信—敬业忠诚—团队精神；在能力方面，用人单位依次强调沟通能力—应变能力—表达能力—执行能力；在专业知识方面，用人单位依次强调国际贸易—物流—英语—跨境电商—保险—金融投资。国际贸易从业者的素质，不仅关乎交易成败，也代表了中国商人的国际形象，敦促学生对照自身形成职业生涯规划。

（四）理论学习中启发学生做人做事

课程理论中的有些思想也对我们做人做事有深刻启发。比如，在讲述亚当·斯密分工思想时，结合"卖油翁"故事及具体行业例子引导学生理解分工的作用，理解"简单的事情重复做，你就是专家；重复的事情用心做，你就是赢家"，引申大国工匠精神；在讲述各国参与国际贸易的比较优势时，强调这种分工原则适用于个人，每个同学都不必妄自菲薄，要结合自身特点，自立自强，建立自身的比较优势；而在讲述李斯特"财富的生产力比财富更重要"的思想时，则勉励学生"不畏浮云遮望眼"，不应贪图眼前安逸，要高瞻远瞩，放眼大局，从长远看，刻苦自律，不断积累，厚积薄发。

（五）联系实际，增强学习兴趣，树立学术志向

本课程在讲述中通过联系实际，增强了理论说服力。如在讲述现代国际贸易理论中的生命周期理论时，引导学生理解产品生命周期不同阶段生产产品优势国家的地域转换，结合纺织业、家电行业等行业的产业转移现象，帮助学生理解国际贸易中的生命周期理论，理解中国"世界工厂"的成因，对此应有自豪感和荣誉感，同时这种动态转化趋势也给我国产业升级提出重大挑战——变"中国制造"为"中国创造"，理解我国创新驱动发展战略；又如，在讲述国际价格影响因素时，结合疫情及其他时政事件，引导学生分析影响国际粮价的主要因素，引申讨论我国粮食生产与贸易现状，认同并践行"厉行节约，反对浪费"；再如，涉及"非关税壁垒"一章，教材关注的仅

是贸易中常见的几种壁垒，可引导学生关注对我国未来影响较大的新兴壁垒，比如动物福利壁垒、蓝色贸易壁垒、碳壁垒等，引导学生关注贸易与环境，以及贸易中的人文关怀，培养学生对专业学习的兴趣。

二、课程思政实施贵在"润物细无声"

课程思政难在将思政元素自然而然地巧妙融入，以思政之"盐"融入专业课程之"汤"，做到"润物细无声"地渗透、自然延伸、无痕衔接。总结起来，实施方法有以下几种。

（1）结合理论，评述时事。课程思政应有感而发，尤其对于理论性较强的"国际贸易"课程更应注意结合时事。

（2）代入角色，引发思考。课程讲述中多问学生"如果是你，你会怎么办？""这种现象你怎么看？"引导学生对问题方法、事件立场、价值观念等进行理性思考。

（3）引导实践，小组合作。将学生感兴趣、课本涉及有限的热点问题留给学生以小组合作的方式进行课下讨论，通过团队实践合作，搜集资料，去粗取精、去伪存真、分类整理、不断升华，将收获通过课堂展示分享给大家，既丰富了课程内容，又增加了学生学习的主动性和积极性，同时还增强了学生独立分析、解决问题的能力。

（4）多种方式，增强吸引。综合运用雨课堂、钉钉等网络教学平台实现线上线下混合式教学，充分利用线上慕课资源，及时与学生交流互动，组织学生参加相关专业比赛；聘请国际经贸学者或外贸企业家给学生举办讲座，让学生了解学科前沿、国内外经贸形势，提升学生对热点问题的跟踪关注和分析能力。

三、课程思政关键在教师

课程思政关键在于发挥教师的积极性、主动性、创造性。习近平总书记在学校思想政治理论课教师座谈会上的重要讲话（2019.3.18）中曾这样强调教师人格的重要性——"人格要正，有人格，才有吸引力。亲其师，才能信其道。要有堂堂正正的人格，用高尚的人格感染学生、赢得学生，用真理的力量感召学生，以深厚的理论功底赢得学生，自觉做为学为人的表率，做让学生喜爱的人。"好的课程思政老师应该是"有理想信念、有道德情操、有扎实学识、有仁爱之心"的四有老师。

在提升自身道德修养的同时，教师还要与时俱进地提升专业素养，关注社会热点、行业发展、国际形势、现实问题，不断充实自身历史、文化、地理等多维度的知识体系，还要根据学科课程特点，结合学生学习及生活情况，明确学生需求，因材施教，抓住学生眼球，增加课程信息量，提升学习效果。

教师对学生的影响，一方面通过意识形态教育，更重要的方面还在于为学生做出好的榜样。言传不如身教，只有严于律己，做好榜样，才能影响和塑造学生正确的价值观。

四、考核评价改革是课程思政的保障

课程思政需配合课程考试考核方法的变革。考核应特别强调发挥学生主观能动性，考核学生知识结构中的创新能力、解决问题能力，促进其知识、能力、素质协调发展，注重对学生思想品德方面的考核，严格考试纪律，实现考核过程全程化、考核形式多样化、评价主体多元化。考核项目包括平时考勤、课程笔记（为巩固学习效果，养成良好学习习惯，要求学生必须记笔记，但笔记应因人而异，重在体现学习思考过程）、课程作业（有一定难度，适当增加学生课业负担，一方面巩固课堂内容，另一方面适当延伸课上内容）、小组讨论、课堂展示（增强学生团队合作意识，激发学生的学习主动性和积极性）、期末考试（适当加大主观题的比重，注重考查学生综合运用所学知识分析问题、解决问题的能力和独立思考、研究及创新的精神）、加分项（鼓励平常学习表现突出的学生）。评价主体引入学生评价，让学生充分参与到课程评价中，既可以提高学生的学习积极性，也可以使学生获得更高的认同感，并能更好地激励学生。

结　语

课程思政以课程为载体，重点在思政，关键在教师。实施贵在自然融入，同时需要考核评价改革以保障课程思政效果。"国际贸易"课程在以上方面做了有益的探索和实践，寓德、道于教，用思政元素为课程赋能，促进了学生知识、能力、素质的协调发展。

"会计制度设计"课程思政教育的实践

刘德道　商学院

 引　言

"会计制度设计"课程是会计学本科阶段的专业课,教学目标是培养学生熟练掌握会计制度设计的基本理论、基本方法和基本技能,能够在国家法律法规和财经政策等的框架内,根据企业的实际设计适用的、科学的、先进的内部会计管理制度。在本课程的教学过程中,我们课程组积极探索实施课程思政教育的方式方法,根据课程的内容和特点科学设计课程思政教育的内容,拓展课程内容的深度和广度,精心设计教学环节,寓思政教育于课前、课中和课后各个环节,确保育人"主渠道"顺畅,努力完成立德树人的根本任务。

一、科学设计课程思政教育内容,拓展课程内容的广度与深度

在"会计制度设计"课程的教学过程中,我们结合党和国家的路线、方针、政策,按照学校的办学定位和会计学专业培养目标,在进行专业知识的教学中,科学设计课程思政教育的内容,不断拓展课程内容的广度与深度。本课程思政教育设计的内容主要有以下三个基本方面:一是马克思主义理论教育,包括马克思主义哲学教育、马克思主义政治经济学教育和科学社会主义教育;二是习近平新时代中国特色社会主义思想教育,包括爱国爱党爱社会主义教育、形势政策教育、法治教育、"四个自信"教育、党的领导与建设教育、社会主义核心价值观教育、新发展理念教育、人类社会和谐发展教育等;三是团队协作精神教育和创新创业教育等。根据上述基本内容,我们精心设计每次授课的思政教育内容、元素、案例和授课切入点,确保专业知识学习和思想教育内容无缝对接。

二、精心设计教学环节,确保育人"主渠道"顺畅

在"会计制度设计"的教学中,我们积极探索思想政治教育融入课堂教学的方式方法,将思想政治教育贯穿到课程教学的课前、课中和课后各个环节。

（一）强化课前预习

在授课之前，我们利用雨课堂实施翻转课堂，把教学课件和教学视频事先推送给学生，每次课结束后布置下次课的预习内容。这种教学模式克服了传统教学模式中学生预习受时间、空间等的限制，学生可以充分、自主地时时学习，处处学习。通过预习，学生明确了哪些内容已经明白，哪些内容难于理解，带着问题听课，能够做到有的放矢，提高学习效果，并且可以对自身感兴趣的知识点反复地学习、品读，从而增强课程内容的趣味性，大大提高学生的学习积极性，由被动学习转变为主动学习。

（二）强化课堂教学

我们紧紧抓住课堂教学这一专业教育和思政教育的主战场，在授课过程中细化思政教育的知识点和关键点，寓思想政治教育于知识传授和能力培养之中，主要做法有以下几个方面。

1. 进行马克思主义理论教育

马克思主义是我们立党立国的根本指导思想，为我们提供了科学的世界观和方法论。在教学中，我们结合会计制度设计工作的实际，培养学生充分运用马克思主义及马克思主义中国化的理论，进行各类会计制度的设计，培养学生在工作、学习、生活中运用马克思主义理论。

例如，在"会计制度设计的步骤与方法"的教学中，涉及设计会计制度时要有重点地进行，紧密联系马克思主义关于矛盾论的观点，即抓问题要抓主要矛盾，抓（主要）矛盾的主要方面。进一步联系到新冠肺炎疫情发生后，党和国家采取的一系列防控政策与措施，体现了马克思主义哲学的方法论。引导学生运用马克思主义理论分析、解决各种问题。

2. 实施爱国、爱党、爱人民、爱家乡、爱社会主义制度等的教育

我们在课堂教学中自始至终实施爱国、爱党、爱人民、爱家乡、爱社会主义制度等教育，进一步坚定"四个自信"。

例如，在"会计制度设计的理论"的教学中，在介绍会计制度设计的意义时，讲到设计会计制度要依据国家的法律法规和财经政策等；联系到苏联解体的原因之一——国家的法律法规和政策没有贯彻执行，指导实践：我们通过设计会计制度，就可以贯彻国家的法律法规和财经政策等，确保国家健康发展；进一步联系到新冠肺炎疫情发生后，党和国家制定、实施的一系列防控政策与措施，人民至上，生命至上，为保护人民生命安全和身体健康可以不惜一切代价，明白了党和国家对人民生命和健康的关心。同时，介绍美国、印度等国家疫情的严重情况，让学生充分认识到党的领

导的重要性，充分认识到我国社会主义制度的优越性，从而激发学生爱国、爱党和热爱社会主义制度的情怀，进而坚定"制度自信"。

又如，在"会计账簿的设计"的教学中，在介绍记账方法的设计时，介绍我国的情况。如：西周时期，出现了"三柱结算法"；唐宋时期，发展为"四柱结算法"；东汉末年泰山郡蒙阴人（现山东省临沂市蒙阴县）算圣刘洪发明了会计的工具——算盘；盛唐时期，出现了中国第一部会计专著——李吉甫的《元和国计簿》，以及稍晚时期韦处厚的《大和国计》，这些关于会计的专著均早于国外600余年；明末、清初，中国商界创立了"龙门账"，18世纪中叶"四脚账"诞生，等等。再联系天宫、蛟龙、天眼、悟空、墨子、大飞机、和谐号列车、三峡水电站、港珠澳大桥、雷神山、火神山等重大科技成果和重大项目的建设，这些都充分彰显了劳动人民的伟大创造，从而激发学生热爱人民、为人民幸福奋发学习的情感。

3. 进行法治教育和爱岗敬业教育

进行法治教育和爱岗敬业教育是本课程的主要特色之一。国家的法律法规和相关的财经政策都要体现在企业设计的会计制度之中，遵守会计制度就是遵守国家的法律法规和相关的财经政策。在教学过程中，我们积极实施法治教育和爱岗敬业教育。

例如，在"内部会计监督制度设计"的教学中，在介绍会计监督时，要明确会计监督的重要意义，会计人员要依法监督，特别强调会计监督在反腐倡廉中的作用。讲课内容必然要涉及我国的监督体系，通过学习，可以使学生了解我国会计监督体系的构成，并通过二维码介绍我党的党内监督条例，以此进行法治教育。

又如，在"会计组织系统设计——会计人员的设计"的教学中，首先介绍会计人员应当遵守的职业道德；其次介绍会计人员的职责和权限。在教学过程中必然会涉及爱岗敬业、服务社会等素质的教育，会计人员应在自己的工作岗位上努力工作，做出应有的贡献。介绍党和国家对于做出突出贡献的会计人员会给予相应的表彰和奖励，以及财政部每年评选全国先进会计人员，等等。通过这些案例，教育学生在校好好学习，遵守国家法律法规和校纪校规，树立正确的荣辱观，将来在自己的工作岗位上遵纪守法，刻苦工作，为国、为党、为人民做出突出贡献。

4. 进行理想信念教育

加强学生的理想信念教育是高等学校教育的重要内容之一。在传授专业知识的同时，要积极引导学生明确学什么、为谁学等问题，帮助学生树立崇高的理想信念。

例如，在"筹资业务处理制度设计"的教学中，在讲到筹资渠道时，联系到在我校（临沂大学）的建设过程中，是沂蒙人民发扬沂蒙精神，奉献了自己的家园，我们

才建立了亚洲单体面积最大的大学，教导学生要发扬沂蒙精神和临大精神，践行我校校训、校风，刻苦学习，把自己培养成具有临大特质的高素质应用型人才，以自己的才智回报沂蒙人民、回报社会、回报世界，共同推进人类命运共同体建设。

又如，在"销售与收款业务处理制度设计"的教学中，介绍销售的重要性和销售方式的变化，介绍应收款的现状及其回收措施，告诫学生要为企业设计科学的销售与收款业务处理制度，确保产品畅销，同时，确保实现现金流，从而保证企业的正常、健康和高质量发展。通过这些内容的学习，让学生树立为企业做贡献、为国家做贡献、为世界做贡献、为构建人类命运共同体做贡献的思想。

5．进行时事政策教育

在教学过程中，我们积极引导学生关心时事，积极了解国际、国内大事，把握时代的新要求。

例如，在"筹资业务处理制度设计"的教学中，告诉学生，企业筹资必然要符合国家的金融政策、财政政策、供给侧结构性改革等的要求。

又如，在"成本费用业务处理制度设计"的教学中，必然联系到党和国家有关降低成本、促进企业发展的一系列政策，如成本核算、差旅费管理、三去一降一补、减税降费等政策，特别是党和国家在抗疫过程中支持企业发展的做法，体现了党和国家统筹抗击疫情和发展经济的举措。

再如，在"会计制度设计的理论"的教学中，在介绍制度和制度体系时，就必然联系到我国的国家治理体系，要求学生阅读《中共中央关于坚持和完善中国特色社会主义制度—推进国家治理体系和治理能力现代化若干重大问题的决定》和习近平《在庆祝改革开放40周年大会上的讲话》，让学生了解党和国家领导人的讲话精神，培养学生关注时事，把握时代脉搏，树立为改革开放努力学习、刻苦工作、多做贡献的思想。

（三）强化课后巩固与提高

为了确保课堂教学内容的消化吸收和巩固提高，我们十分注重加强学生课外学习体系的建设和实施。一是利用雨课堂的同步录像功能，对每次课堂教学进行录像，学生通过回放课堂教学录像，复习相关教学内容，对课堂上的教学内容进一步消化吸收；二是利用雨课堂发布课后作业，学生要在规定的时间内完成作业，教师及时批改作业，了解学生知识掌握的情况；三是在每次课结束后，向学生推送最新学术研究论文供学生课后阅读，引导学生关注社会热点和难点问题，激发学生创新创业的热情和参加科研的积极性，同时，为其毕业论文选题和写作奠定基础。

三、专业课课程思政教育的持续改进

通过"会计制度设计"课程思政教育的实践，我们活跃了课堂氛围，拓宽了学生的学习思路，实现了专业知识、专业技能和"三观"培养的有机融合。但是，实施专业课课程思政教育还有一些需要改进的地方，其主要表现在以下两个方面。

（一）教师要不断提升自己的综合素养

课程思政教育是高校专业课教育内容的重要部分，也是高校教师必备的基本功之一。高校教师要充分认识自己的工作职责，认真学习党和国家有关的各项路线、方针、政策，明确党和国家的发展目标和任务，提升自己的综合素养，努力成为"四有"好老师，不断探索专业教育与思政教育高度融合的艺术和方法，做到"润物无声"，教书育人，立德树人。

（二）加强基础条件建设

实现立德树人根本任务，需要全部课程相互协作，共同配合。高校要把一切工作都纳入思政教育系统内，积极搭建思想政治教育的学习交流平台，组织教师因课制宜、因人制宜，团结合作、科学研究，深入挖掘、提炼课程思政教育的知识点，帮助破解课程思政教育的瓶颈，共同完成高等教育的目标。

结　语

在高校专业课程中实施思政教育，真正实现了知识传授、能力培养和价值观塑造三者的高度融合，是落实为国育才、为党育人光荣使命的有力保障，是实现中华民族伟大复兴的中国梦的坚实基础。高校要不断探索课程思政教育的机制、模式和路径，不断创新课程思政教育的方式方法，科学设计专业课课程思政教育的内容、元素、案例和切入点，精心施教，全方位育人，为实现"两个一百年"奋斗目标，为实现中华民族的伟大复兴，培养建设社会主义事业的高素质人才。

青春筑梦，破浪前行

——"创业基础"课程思政实践探索

张树亮　商学院

引　言

"创业基础"是一门面向我校全体学生开设的通识必修课，依据我校"基础理论扎实、富有创新精神和创业能力、具有沂蒙精神特质和国际视野的高素质应用型人才"的培养目标定位，本课程旨在培养学生的创新精神和创业意识，提高学生的创业理论和创业技能水平。课程充分利用我校丰富的红色资源，深入挖掘课程蕴含的思政元素，并将其融入课程教学全过程之中（见表1）；通过优化课程教学内容、创新课程教学方式、改革课程成绩评价方法等措施，提升了育人效果。

表1　"创业基础"课程思政元素设计与导入方法

课程内容	思政元素	导入方法
创业概论	改革开放是决定当代中国命运的关键一招	回顾五次创业浪潮
创业思维	（1）吃苦耐劳、披荆斩棘的创业精神 （2）敢为人先、勇于探索的创新精神	头脑风暴，师生互动； 红色教育基地学习
创业者	（1）创业者的社会责任 （2）创业伦理	沂蒙红商典型案例剖析
创业团队	（1）团队精神 （2）大局观念	课堂团队协作游戏
创业机会	（1）关注社会发展需要和使命担当 （2）个人前途与国家命运的有机统一	我国战略性新兴产业介绍
问题探索	（1）心怀民生的家国情怀 （2）民族复兴的伟大梦想	对接第一书记项目需求， 助力乡村振兴
创意方案	理论联系实际，创造性地解决问题的能力	小组讨论座谈
用户测试	（1）为民服务意识 （2）精益求精的工匠精神	实地调查，循环迭代
商业模式	用联系和发展的观点看问题	新兴商业模式的讲授
创业计划书	（1）知行合一的实践精神 （2）行稳致远的企业愿景	创业实践，项目路演

一、优化教学内容,将劳动教育与创业教育有机统一

(一)系统整合红色资源,让学生牢记创业的初心和使命

在课程教学过程中,坚持把立德树人作为中心环节,把思想价值引领贯穿于教育教学全过程,实现全过程育人、全方位育人,让学生成为德才兼备、全面发展的人才。根据学生不同阶段的学习特点,构建"沂蒙精神体验""沂蒙红商创业案例研讨""红色筑梦之旅""富民创业实战"等教学模块互相融合的创新创业教育体系,激发学生服务社会的创业热情、担当意识和家国情怀,用马克思主义的劳动价值观去教育和引导学生体会艰苦创业的伟大意义和创造性劳动的宝贵价值。创业是为了承担更大的责任,做出更大的贡献和实现更大的志向,绝不是为了能够不劳而获,养尊处优。有梦想才有理想,有责任才有担当。创业的目的不仅仅是追求个人的成功,更是为了社会的进步和国家的富强。本课程依托我校丰富的红色资源,结合金课建设项目的要求,系统构建沂蒙精神教学视频资源库、沂蒙红商创业案例库、红色创业实践基地等教学资源,构建完善教学工作坊,健全完善第一书记项目需求库、红色实践基地以及学生民生创业孵化基地。

(二)引导学生体会先辈创业艰辛,认识创造性劳动的伟大

将立德树人引入创业教育,培养"能吃苦、善创新、敢担当、乐奉献"(临大特质)的大学生,构建起红色教育、思政教育、专业教育与创业教育相融合,理论学习与实践教学紧密结合的教学内容体系。培养学生热爱劳动、尊重劳动人民的理念,通过到实习基地参观学习沂蒙人民改天换地、艰苦创业的感人事迹,用沂蒙红商的典型创业案例教育并告诉学生,创业绝对不是轻轻松松就能成功的,而是一个艰苦复杂的创造性劳动过程,是一个披荆斩棘、筚路蓝缕的开创过程,引导学生树立正确的创业观和劳动观。例如,课程要求学生亲自完成一项有一定价值的创业项目,在项目的设计和完成过程中,强调团队沟通与合作的重要性,让学生在直面困难的过程中得到意志的磨炼与能力的提升,在思考与解决问题的过程中感受创造性劳动的价值和乐趣;教育学生用劳动改造世界,用汗水浇灌未来,培养学生不怕困难、吃苦耐劳的品质;将劳动教育有机地融合到创业教育之中,使学生明白不畏艰辛、挥洒汗水是一个创业者应该具备的品格。

二、创新教学方式,引导学生在亲身实践中提升自我

(一)知行合一,增强学生的创业自信

鼓励学生勇于实践,亲身体验将创业想法付诸实践;提高学生的参与度,激发学

生的主体意识和学习积极性，使学生在反思中升华，在体验中改变理念和行为，不断强化正确的世界观、人生观和价值观，内化于心，外化于行，做到知行合一。通过让学生回顾自己做过的最有价值的事情的方式，激发学生更好地认识自己，让学生知道如何去实现自身价值，并将实现自身价值与创业学习和实践结合起来。通过创业思维的讲解让学生对未来的机会与挑战有更深刻的认识，学会克服焦虑感，树立积极的人生观，从现在做起，努力改变自己，拥抱未来的不确定性。本课程在课堂教学中通过头脑风暴、翻转课堂、团队游戏等新颖的教学方式提高了学生的学习兴趣，激活了学生的创新潜力，破除了思维定式带来的不利影响。此外，通过创业模拟软件仿真实训加强学生对创业的感性认识（见图1），既增强了学生创业实践的切身体验，同时也为学生提供了更多自主创新的平台和机会。

图 1　学生通过模拟软件体验创业过程

（二）结合具体案例，培养学生的大局意识和社会责任感

鲁迅说："其实地上本没有路，走的人多了，也便成了路。"创新是时代的主题，也是一个企业的灵魂，而创业是实现个人梦想的阶梯，也是促进就业的重要途径。当今世界，跟在别人的后面亦步亦趋不行，在既有的道路上按部就班也不行，在激烈的市场竞争中唯有一路前行，才能推陈出新，不断进步；《诗经·大雅·文王》："周虽旧邦，其命维新。"让学生知道中华民族从来就是一个敢于开拓、善于革新的民族，我国古代的四大发明对人类文明的发展与传播产生了重大影响；当今社会到处充满了激烈的竞争，大到国家，小到个人，都必须永不止步，奋勇向前。培养学生敢于创新、善于创新的创业精神，做到专业教育与创业教育相结合，思政教育与知识传授相结合，体现人才培养的一贯性，以及理论认知与具体行动的一致性；让学生明白我们现在面对一些西方国家的技术限制和贸易禁令，更应该鼓起勇气，拿出中华民族的志气，在

创新的征途上永不服输，永不言败，不拘于定势，惟真惟实，开拓进取，勤于学习，勇于探索，在不断自我否定中不断前行，立志攻克关键技术领域的难题，为中华民族的伟大复兴贡献自己的力量。

三、关注现实问题，将创业探索与民生需求有机结合

（一）引导学生格物致知，在理论联系实际中体现价值

创业机会的识别是创业成功的关键。在识别创业机会和问题探索部分，我们结合已有的研究成果，强调爱心和实践经验在发现创业机会过程中的重要作用，引导学生做有爱心的人，积极增加社会经验，提高发现创业机会的能力，引导学生不忘初衷，牢记使命，格物致知，学以致用，能站在用户的角度去感受和思考问题。在教学过程中，我们反复强调创业是一个价值创造和传递的过程，引导学生从自身现有的条件出发，积极参加实践活动，尝试利用专业知识去发现问题并提出创意方案。通过小组练习，让学生们深刻认识到团队的力量，增强其集体主义荣誉感和团队合作意识。学生根据企业的真实问题进行创业实践训练，加深了服务社会的意识和对创业实践的认识，激发了创业热情，更好地锻炼了运用专业知识发现问题和解决问题的能力。

（二）引导学生心怀家国，在创业训练中勿忘国计民生

在创业训练中使学生理解创业既是个人成功的途径，也是其社会价值的体现——真正有价值的创新创业应该紧跟时代发展的脉搏，回应人民群众的急切所需，解决社会发展的当务之急，从而使学生具备应有的社会责任感和家国情怀；引导学生加强市场调研，努力发现社会需求的空白点，明确消费者产品使用中的痛点，找准自己创业的社会价值和创业企业的愿景定位，同时结合自己的专业所学提出服务群众、满足市场的好创意、好产品、好服务，切忌无病呻吟，为创业而创业；引导学生参加"红色筑梦之旅""互联网+"大赛或大学生创新创业项目，鼓励有条件的学生在创业孵化基地注册公司；引导学生对接第一书记，努力完成第一书记交办的任务；通过对美国无端限制中美正常技术交流事件的剖析，使学生懂得自主创新的重要性，树立科技强国、创新兴国的宏图大志，把自身追求和民族复兴的伟业紧密结合起来，从国家和人民的现实需求中寻找创新的方向。

四、改革评价方法，建立产出导向的多元评价体系

在学习成绩的评价上，改变以往以期末知识掌握情况考核为主的成绩评价模式，运用智能手机等信息化手段，加强对实践能力和参与过程的记录和评价，结合学习笔

记、课堂表现以及创业实践训练等情况，综合评价学生的知识掌握和能力提升情况，探索基于智能 App 平台的过程参与记录与最终成果互相印证的多元成绩评价模式（见表2）。课程组借鉴了第三届"互联网+"大赛的考核形式，要求学生以小组为单位完成一个创业项目，在课堂上对由学生和教师组成的评委通过五分钟的商业呈现讲解自己的商业项目，同时提交自己的创业计划书。新颖的考核方式激发了学生积极性，他们结合自身的优势寻找创业项目，在大众面前简短地讲解自己的项目并接受质疑。

表2 产出导向的学业成绩评价体系

评价目标	评价项目	评价主体	成绩构成
学习态度过程	出勤、笔记	任课教师	10%
理论知识掌握	理论自学测试	App 智能评判	10%
应用能力考察	创业计划书撰写	学生和教师	70%
成果应用认可	获奖及成果价值	校内外机构	10%

通过真实项目的锻炼，学生的理论水平和实践能力都得到了极大提升。为了给学生一个更大的展示舞台，我们积极鼓励他们携创业项目参加到"互联网+"大赛中去，通过院赛和校赛的展示不断对项目进行完善和提高。学生学到的理论知识有效且有用，学习的积极性也得到了很大提升。学生通过实践，完成了一个实实在在的创业项目，既有利于其对理论知识的掌握，也有利于其认识到自己的不足，对社会也有了更深刻的认识，形成了积极向上的心态，坚定了学习理论知识和进行实践的信心，达到了以德育人的目标。

产出导向的考核方式有效激发了学生自主学习的积极性、主动性和创造性。学生理解了未来需要创造，通向成功的道路不是事先就有的，也不是一成不变的。这种考核方式也促进了学生个性的张扬和特长的施展。

结 语

通过"创业基础"课程的原有内容与课程思政元素的有机融合，全面提升了育人效果。学生在课程学习中锤炼了意志，形成了认识社会、服务社会的主人翁意识，获得了学习和工作态度的内在转变；学生明白了要去做正确的事情，做有价值的事情，要有爱心，能担当，从而能够更加积极地投身到为实现民族伟大复兴而进行的学习与实践中去；学生通过培养创新精神与创业能力，运用专业知识发现和解决民生问题，真正成了"能吃苦、善创新、敢担当、乐奉献"，具有沂蒙精神特质的创新创业型人才。

思政元素融入"电子商务安全与支付"课程探索

田洪云　物流学院

 引　言

"电子商务安全与支付"是电子商务专业学生的专业核心课程,主要阐述目前电子商务安全所涉及的主要技术。课程内容以网络安全保障技术为主,也涉及危害网络安全的黑客、计算机病毒、网络攻击等技术的介绍。通过本课程的学习,培养学生具有较强的电子商务安全意识,具备扎实的网络安全理论知识;培养学生分析、解决电子商务安全实际问题的能力;培养学生的自学能力、科学研究能力和创新能力。

课程教学过程中,不仅要使学生很好地掌握各类网络安全保障技术,而且要引导学生正确地使用黑客技术。所以授课过程中,对于技术的两面性要做说明,引导学生走向正义、积极的一面,避免其利用所学技术危害社会。基于此,授课时,在很多专业知识讲解过程中都融入了思政元素,对学生进行职业道德教育。另外,在介绍电子商务各类技术的过程中,对于我国的优秀企业、优秀科学家进行了宣传,并让学生以他们为榜样,不断创新,持续提高我国的科学技术水平。通过在专业课程授课中融入思政元素,加强了课堂教学对学生的育人作用,强化了对学生在职业道德、职业素养、创新精神、爱国精神等方面的培养,帮助学生形成了正确的人生观、世界观。

一、思政元素挖掘

通过对课程内容系统的梳理,找到课程内容与现实的结合点,通过合适的案例、视频、课后阅读材料等,将思政元素融入课程内容,借助合适的教学方法与手段,加强课堂教学效果,完成课堂教学。思政元素与课程内容融入点及教学设计详情如表1所示。

表 1　思政元素融入课程内容列表

章　节	思政映射与融入点	课程思政教学设计
网络攻击与网购欺诈	（1）通过斯诺登披露"棱镜"项目说明网络安全问题无处不在，提高网络安全意识 （2）介绍黑客的分类：白帽子和黑帽子，通过正反两类人所做事情的不同，宣扬正义，抵制网络犯罪 （3）通过网购欺诈案例，分析网购欺诈的实现技术，并对如何防范网络欺诈提供建议，教育学生要诚信做人	（1）案例式教学：通过黑客攻击案例，介绍白帽子和黑帽子的区别 （2）课后拓展式教学：提供扩展阅读"全球年度黑客大赛盘点"文档，通过文档使学生了解如何利用黑客技术为社会服务 （3）探讨式教学：给出案例，让学生对案例进行讨论，使学生深入了解网购欺诈带来的危害，并从消费者方面出发，讨论如何避免被骗，以从业者角度说明讲究诚信带来的好处
防火墙	（1）通过习近平总书记关于网络安全的论述——没有网络安全就没有国家安全，引出如何保障网络安全的讨论 （2）以"中国防火墙"为例，介绍防火墙在保障网络安全上的作用，了解国家网络安全政策	（1）启发式教学法：通过问题"为什么国内访问不到推特（Twitter）、油管（YouTube）等社交网站？"引出防火墙，并由此展开对防火墙作用的介绍 （2）启发式教学法：由问题"'中国防火墙'如何屏蔽这些社交网站？"介绍防火墙的实现原理 （3）课后拓展式教学：对于为什么要设立"中国防火墙"，提供阅读资料，使学生从更深层面了解防火墙对于国家网络安全的作用
计算机病毒	从计算机如何感染病毒、病毒如何快速传播等方面入手，说明很多病毒是随着病毒文件进行传播的，提醒学生避免使用盗版软件，支持正版软件，减少计算机病毒的传播	启发式教学法：通过问题"计算机病毒是如何传播的？"引出病毒的传播方式，并通过说明盗版软件由于被其他人编辑过，可能会被别有用心的人附加病毒，提醒学生支持正版软件，杜绝盗版
加密技术	对中国古代的加密算法进行说明，了解我国古代人民的智慧，增强文化自信	（1）讨论式教学：抛出问题"中国古代如何传递保密信息？"小组讨论，并通过雨课堂弹幕发布讨论结果 （2）案例式教学：综合学生的回答，说明中国古代常见的加密方式，并列举戚继光的反切码及《武经总要》记载的军事密码 （3）课后拓展式教学：提供课后阅读材料"中国古代的密码技术"
加密技术前沿	以"中国量子通信之父"潘建伟的事迹，介绍新型安全通信——量子通信，并结合我国发射世界第一颗量子卫星等事件，在介绍新型通信加密方式的基础上，激发学生的爱国精神，以掌握学科前沿技术	（1）启发式教学：以问题"目前世界上最安全的通信方式是什么？"来引出量子通信 （2）启发式教学：提出问题"为什么说量子通信是目前最安全的通信方式？"通过简单介绍量子通信的原理来解答问题 （3）启发式教学：通过问题"国内发展情况如何？"引入潘建伟团队事迹，通过多个世界第一，激发学生的民族自豪感

续表

章 节	思政映射与融入点	课程思政教学设计
数字摘要算法	通过介绍数字摘要算法 MD5、SHA-1 被山东大学王小云课题组攻破的事迹，鼓励学生坚持不懈，努力创新	启发式教学、案例教学：通过介绍数字摘要算法的复杂性及其特点，引出问题"是不是通过这么复杂的算法计算出的数字摘要是绝对无法伪造的？"之后引出王小云课题组对数字摘要的破解
操作系统安全	以华为鸿蒙系统的问世，激励学生多创新，不能进入舒适区不思进取，只有不断创新才能改变我国计算机领域软硬件均有所落后的现状	案例式教学：通过各行业应用最广泛的软件开发情况，提出我国在系统软件方面的欠缺，并以华为鸿蒙系统的问世及国内在云数据库方面的进步，警示学生不能故步自封，要不断进取，不断创新，改变我国在系统软件领域的劣势
第三方支付	通过介绍我国第三方支付发展的状况，特别是在国内外的广泛应用，对比十年前的状况，使学生认识到我国科技发展的迅速，同时要激励学生不断努力，使我国的科技水平更进一步（科技强国）	案例式教学：以数据说明我国第三方支付的交易金额十年间的变化，更好地说明我国科技的快速发展 通过支付宝在国内外的广泛应用，说明我国电子支付技术发展的先进性，提高国家认同感
移动商务安全	通过华为经过奋斗成为 5G 技术专利最多拥有者的事实，鼓励学生勇于创新、不怕失败、勇于探索的科学精神，为祖国建设贡献自己的一分力量	案例式教学：通过 5G 技术在世界范围的广泛应用，华为作为最先进的 5G 技术供应商为世界各国提供技术支持，引起学生共鸣，并通过华为的奋斗史激励学生

二、教学方法探讨

合适的教学方法能够很好地提高课堂教学效率，所以课堂教学选择合适的教学方法也是非常重要的。下面针对本课程涉及思政方面的教学方法进行说明。

（一）通过案例

"电子商务安全与支付"课程是涉及网络安全、电子支付相关知识的课程，是与现实生活紧密相关的，社会上时常发生的网络安全事件都可以成为本课程的案例。另外，其他跟网络安全保障技术相关的事件也可以作为案例进行讲解。通过各类案例的引入，可以很好地吸引学生的注意力，同时也能把很多思政元素融入进去，起到"润物细无声"的育人效果。

1. 网络安全事件

每隔一段时间社会上就会有一些网络安全事件发生，通过在各个知识点中讲解相关的安全事件，分析事件发生的原因及解决的方法，可以使学生很好地把理论知识应用于实践，并能更好地提高学生的网络安全意识。在讲解"操作系统安全"这一节内容时，针对操作系统设置不当引起的网络安全问题，可以搜索最近发生的一些信息安全事件，例如，可结合"台湾两大炼油厂遭受勒索软件攻击，加油站混乱""本田汽车遭受工业型勒索软件攻击，部分生产系统中断"等案例，说明操作系统漏洞带来的信息安全问题，并结合案例说明如何保证网络操作系统安全。

通过对众多网络安全案例原理的讲解与分析，使学生对理论知识掌握得更牢固。网络安全问题引起的严重后果也能时刻提醒学生加强网络安全防范意识，减少损失，同时，也能潜移默化地使学生了解如何利用所学知识来分析问题和解决问题。

2. 热点事件

在讲解"移动电子商务安全"部分时，可以通过当前最受国人关注的事件进行，如美国以华为"妨碍国家网络安全"为由，对华为5G技术进行封锁、限制。教师可通过华为拥有的5G专利数量及5G技术在除美国及其盟国以外的世界范围内的广泛应用，说明华为5G技术的成熟、安全与先进，引起大家共鸣。然后，通过介绍华为的发展史与奋斗史，激励学生通过不断的创新，提升我国在科技领域的综合实力。

3. 生活相关案例

引入与日常生活密切相关的问题更容易引起学生的学习兴趣，既能够对学生的现实生活起到指导作用，也能把国家在网络安全方面的政策融入讲课内容中。在介绍"防火墙"这部分内容时，以"中国防火墙"为例介绍，通过问题"为什么国内访问不到推特（Twitter）、油管（YouTube）等社交网站？"引出"中国防火墙"概念，并由此展开，介绍什么是"中国防火墙"、防火墙的作用，提出问题"'中国防火墙'如何屏蔽这些社交网站？"通过介绍防火墙的实现原理解答提出的问题。通过对"中国防火墙"为什么要屏蔽国外社交网站所进行的解释，使学生理解国家采取网络安全措施的意义，并能积极维护。

大家都熟知用户名、密码是身份认证的常见方式，在讲解"身份认证"知识点时，为了加深大家对于密码设置要足够复杂才能尽量避免被轻易破解的印象，可以列举监控摄像头被破解控制的案例。如2020年1月浙江温州警方破获了一起非法控制家用摄像头案件，在全国20多个省份抓获了犯罪嫌疑人32名，犯罪嫌疑人通过QQ群买卖摄像头控制账号，偷窥他人隐私。对于此类案例，首先要说明此类获取、买卖用户账号是违法行为，使学生明辨是非；其次要说明为什么会有那么多的账号被破解，其主要原因在于密码设置过于简单，或者使用默认密码；最后提出防范的方法。

4. 行业新技术介绍

行业新技术的介绍是开阔学生视野的好方法，通过与案例结合，把新知识融入案例中，学生学习起来就会相对容易。例如，在介绍加密技术的最新进展时，以"中国量子通信之父"潘建伟的事迹，介绍新型安全通信技术——量子通信，并结合我国发射世界第一颗量子卫星，以及世界范围内首次实现千公里级量子密钥分发等事件，在介绍新型通信加密方式的基础上激发学生的爱国热情。

（二）通过课堂讨论

有效利用课堂讨论，可以增加学生的课堂参与度，活跃课堂气氛。思想的碰撞有助于发现更好的解决问题的方法，也能够使老师了解学生的想法以及学生的学习效果。本课程在很多知识点中都设置了课堂讨论。例如在讲解"古典加密算法"时，通过让学生进行小组内讨论，能够发掘出常见的加密方式，并结合精心准备的加密案例，使学生开动脑筋，解决问题。这样的方式，比起教师直接讲解知识点，学生的接受度会更高，印象也更深刻，同时也会引发学生对中国精巧的古代加密方法的赞叹。

此外，课堂讨论还能激发学生的创新意识，特别是对于很多没有特定答案的问题、开放性问题的提出，学生更能发挥创新能力，给出不同的解决方案，从而使学生开放思想，通过天马行空的想象与现实的结合，实现行业的创新。

（三）利用视频等多媒体资源

我国近几年举办的网络安全教育活动中，每年都会有一些有趣又很实用的网络安全宣传动画。通过有效利用这些资源，既能够让学生学习专业知识，又能够很好地活跃课堂气氛；学生观看视频后所引发的讨论，既增加了学生的课堂参与度，又能增加学生转发的热情，使网络安全的重要性被更多的人所认识。

（四）课后资料阅读

课后资料阅读是课堂的延伸，通过为学生提供课堂内容相关的阅读资料，使对此领域感兴趣的学生能够进行更深入的学习，也能很好地锻炼学生的自学能力。在课后资料的选择上，除了一些比较专业的文献外，也会选择一些积极向上，能够使学生了解我国优秀历史文化、先进科学技术等领域的社科及科普资料，通过这些资料的阅读，能提升学生的民族自豪感，激发学生的爱国热情。

例如，可以提供黑客大赛介绍及中国黑客取得的骄人战绩、中国古代加密技术、"中国防火墙"技术、量子通信技术、华为不断进步的发展史等阅读材料。这些资料不仅有专业知识的介绍，也有好看的故事和积极的思想，使学生赞叹我国古代人的智慧，更使其认识到我国在近几年的科技进步，以激发学生从事科研、促进我国科技进步的热情，培养其一步一个脚印、踏实奋斗的进取精神，对学生树立正确的世界观、人生观非常有帮助。

三、思政元素在考核中的体现

教学评价主要通过平时成绩（课堂作业、实验报告、课堂表现）、调研报告和期末考试来体现，最终的成绩比例为3∶2∶5。其中各部分都有对思政内容的考核。

（一）课堂作业、实验

课堂作业、实验都有充满正能量并能体现学生积极上进态度的题目，也有体现学生创新性的题目，从学生对这些题目的回答，可以看出学生思政培育的效果。

（二）课堂表现

课堂表现包括到课情况、课堂测验、课堂讨论参与程度等，通过雨课堂的课堂测验可以很直观地看出学生的学习效果。课堂讨论通常为现实发生的事件，通过对这些事件的讨论，能够很好地体现学生的专业素养和思想状况。

（三）调研报告

小组成员通过分工协作完成一份对电子商务安全方面的调研报告，并在课堂上做现场报告，通过老师和学生互评的方式评定最终成绩，成绩中会有20分考查调研内容的创新性以及主题是否积极向上。

（四）期末考试

不管是论文写作还是笔试，都会有思政元素的考核，所占比例为10分左右。论文的选题是否新颖、主题是否上进、有没有严格的科学负责的态度，都会在论文评定方面有所体现；如果是笔试，会有信息安全事件的分析类题目，学生对问题的认识是否积极、正面，也都会在笔试考核中有所反映。

结　语

通过对"电子商务安全与支付"课程内容的梳理，引入合适的思政元素。在讲授课程专业知识的过程中，引入对国家政策的解读、热门事件的分析及我国古代优秀文化的介绍，并融入如何做人、做事的案例。通过对案例的解读，在传授专业知识的同时完成了育人工作。此外，通过探索多种授课方式和多元考核方式，使思政元素更好地融入课堂教学当中，达到了很好的教书育人的效果。

实施课程思政的关键问题及路径

——以物流管理专业"采购管理"课程为例

张晓敏　物流学院

 引　言

"采购管理"课程是物流管理专业的核心课程,其旨在通过学习使学生掌握企业管理中采购管理的综合技术和策略技巧,具备从事企业采购管理的能力。其课程思政的主要任务是培养学生爱岗敬业、诚实守信、团结协作等职业素养,使其成为具有家国情怀、社会责任意识的人才。

大学的本质职能是人才培养,其立身之本在于立德树人,课程思政是实施立德树人的重要渠道。课程思政实施的关键问题是什么?如何实施?将是每一个教育者需要思考的问题。文章围绕课程思政立德树人这一根本宗旨,从教师、教学目标、思政资源、教学方法、评价体系方面探析了课程思政实施的关键问题,以一流本科课程"采购管理"为例,构建了线上线下混合教学模式下的"一体两翼三环节五联动"的实施路径,以期为课程思政提供借鉴。

一、课程思政实施的关键问题

课程思政充分挖掘各类课程,特别是占据大学人才培养方案主体的专业课程所体现出的各自思政闪光点,发挥育人功能,引领大学生的价值观塑造。课程思政是一个系统工程,必须从整体把握,这就需要明确课程思政实施的关键问题是什么。笔者认为,课程思政实施的几个关键问题体现在教师、教学目标、思政资源、教学方法、评价体系等方面。其中,教师是关键,教学目标是基础,思政资源是先决条件,教学方法是决定条件,评价体系是保障条件(见图1)。

(一)教师是课程思政实施的关键

习近平总书记强调:"办好思想政治理论课关键在教师,关键在发挥教师的积极性、主动性、创造性。"课程思政的实施关键在教师,教师是立教之本,兴教之源。师者,传道授业解惑也,教师的天职是教书育人,教书是教师的第一职责,育人是教师

的第一责任。"亲其师，信其道"，教师必须首先筑牢信仰之基，忠诚于党的教育事业；给学生一碗水，教师必须要有一桶水，教师要有渊博的学识；教师要有仁爱之心，引导青年学子扣好人生第一粒扣子。总之，教师要自觉修身修为，润物无声地给学生以理论滋养、思想引导、人生启迪和精神力量。

图 1 课程思政实施的关键问题研究

（二）教学目标是课程思政实施的基础

课程思政的实施必须和学校的思想政治教育的要求相符合，培养学生的家国情怀，使学生把自己的奋斗目标与国家、民族的命运紧紧联系起来，这就需要为课程思政树魂。课程教学的思政目标就是课程思政实施的魂。课程教学目标是导向，是课程思政实施的基础，它决定了课程教学活动所能达到的预期结果。思政目标的制订必须围绕学校总的人才培养目标和专业目标及课程的地位进行。

（三）思政资源是课程思政实施的先决条件

"巧妇难为无米之炊"，课程思政资源是课程思政实施的先决条件。在课程思政的实施过程中，挖掘思政元素与专业知识的触点是课程思政实施的重点，有丰富的触点资源，课程思政才能成为有本之木、有源之水。课程思政如何将挖掘的思政元素与专业知识无缝融合，使之能够润物细无声般地实现育人功能，此为课程思政实施的难点。思政资源的挖掘要围绕课程教学目标并结合课程内容来进行，不能脱离实际，否则会导致知识、能力培养与价值引领塑造完全割裂开来，使课程思政生硬化，学生失去学习兴趣。

（四）教学方法是课程思政实施的决定条件

教学是一门科学，更是一门艺术。思政与课程不是简单的物理相加，而是要产生化学反应，实现"润物无声、潜移默化"的效果。如果课程是一道菜，思政就是盐，要加速溶解课程中蕴含的"思政盐"，使"思政味"浸润课程教学全过程。而要使学生在品尝"这道菜"时产生情感共鸣，必须采用合适的教学方法。教学方法是课程思政实施的决定条件，好的教学方法可以避免课程思政生搬硬套、牵强附会，从而有效地实现课程思政目标。

（五）评价体系是课程思政实施的保障条件

针对课程思政的最终效果如何、是否达到教学目标这一问题，需要建立科学的评价体系。课程评价体系是课程思政实施的保障条件。课程评价应该遵循目标导向原则，将课程思政元素隐性地融入考核内容，设计具有一定深度和挑战度的考核内容，重视形成性考核，实施多元评价，保证考核的公平性、公正性，发挥评价的激励和反思作用，促进学生实践和创新能力的提升，最终实现立德树人的总体目标。

二、"采购管理"课程思政实施路径

课程思政是一项系统工程，必须依靠科学的教育理念、创新的思维方式、严密的设计和扎实的教学实践加以实施。基于线上线下混合教学模式，构建起物流管理专业"采购管理"课程思政的实施路径——一体两翼三环节五联动（见图2）。用"立德树人"统领课程思政，贯穿整个育人全过程；深度融合信息技术，充分利用"互联网+"，以线上线下两翼为支撑，既注重线上资源的建设以及线上教学实施的设计，实现学生自我感悟，又强调线下师生互动交流，达到润物细无声的效果；课前、课中、课后三环节紧密结合互动，课前利用在线资源或微课浸入思政元素，课中运用案例教学法、探究教学法等，通过小组讨论培养学生团结协作、沟通表达等职业素养，课后通过作业、实践实训、第二课堂等强化知识、能力与价值塑造的统一；通过五步的联动，即修改教学大纲——造"好"目标、深挖内容和思政触点——拿"好"载体、精心设计教学——用"好"方法、重塑评价体系——做"好"引擎、提升教师思政和运用信息化水平——悟"好"术器，达到将价值观培育和塑造贯穿于课程教学的全过程，让课程所有环节都上出"思政味道"，突出育人价值。

（一）修改教学大纲，造"好"目标，为课程思政实施"铸魂"

重塑课程教学大纲，强化素质与思政目标。传统的采购管理课程教学目标主要重视提升学生采购管理技能与实践实训，重塑后的采购管理教学目标将知识、能力与三观等教育融入教学中，使学生综合能力得到提升，为塑造未来德才兼备的人才奠定基础。根据临沂大学人才培养目标和物流管理专业培养方案毕业要求，将"采购管理"

课程的教学目标融入思政目标，其具体优化内容如图2所示。

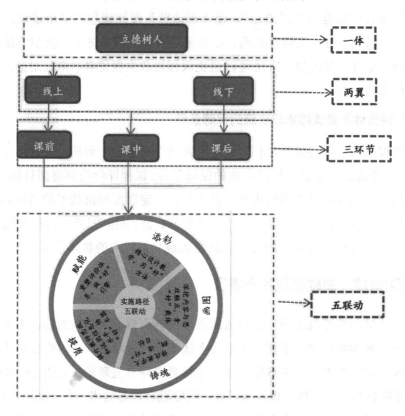

图2 "一体两翼三环节五联动"实施路径图

知识目标：掌握采购组织和管理的技术与操作规程、采购成本分析与采购质量控制等流程、采购业务中的谈判和风险控制及绩效评估，以及供应商管理等方面的理论知识。

能力目标：能运用采购技术理论，联系实际分析和解决企业采购管理中的复杂的采购问题，具备从事企业采购及政府采购管理工作的能力。

素质与思政目标：培养学生具有家国情怀、科学精神，具备诚实守信、爱岗敬业、团结协作的职业素养，养成良好的职业道德。

（二）深挖内容与思政触点，拿"好"载体，为课程思政实施"画图"

"采购管理"课程根据采购流程主要讲授采购与采购管理的概念、采购计划编制、供应商选择与评价、采购模式选择、采购质量分析与控制、采购绩效评价等。根据课程教学目标及课程内容，深挖内容与思政触点（见表1），为课程思政实施做好"蓄水池"，拿"好"载体，为课程思政实施画好"蓝图"。根据知识点，主要运用深入讨论内化提升、课程知识感悟启智、名言警句画龙点睛等思政有效融合手段，实现思政元素"软着陆",达到课程思政"润物细无声"之效。

表1 课程思政触点表

思政触点	知识点	思政载体	融合手段或方法
家国情怀教育	·采购流程 ·质量概念 ·电子采购	·案例:华为采购流程 ·《考工记》对质量的描述 ·海尔e采购之路	·嵌入式启智 ·名言警句画龙点睛
传统文化	质量管理发展的几个阶段	案例:《扁鹊哥哥们的故事》	课程知识感悟启智
科学精神:质疑批判精神	质量概念演变	质量大师对质量概念的理解	嵌入式启智
·社会责任 ·担当意识	·供应商的选择 ·供应商的绩效考核 ·采购质量控制	·案例分析:供应商选择案例 ·案例:三鹿毒奶粉事件	·课程知识感悟启智 ·深入讨论内化提升
职业道德	·采购人员的选拔 ·招标采购 ·合同管理	·案例:《采购小王的故事》 ·游戏:猜数字游戏 ·合同管理中易出现的问题	·嵌入式启智 ·深入讨论内化提升 ·课程知识感悟启智
·团结协作 ·语言沟通 ·表达	·采购计划编制 ·供应商的选择 ·采购谈判与合同管理 ·知识的综合运用	·实训二:采购预测、实训三:供应商的选择、实训四:采购谈判、实训五:综合实训小组分工合作与展示 ·游戏:别针游戏	深入讨论内化提升

(三)精心设计教学,用"好"方法,为课程思政实施"添彩"

要完成课程思政的教学目标,取得好的思政效果,必须精心做教学设计,选好、用好教学方法,只有这样课程思政才能"出彩",才能有成效。首先明确教学目标,其次了解学生的学习困难及学习需求,在此基础上对教学内容精心设计,挖好思政触点,拿好资源,用好载体,运用好的教学手段与方法,持续检视效果与目标的达成,随机应变,尽可能使教育教学效果处于最优。

(四)重塑评价体系,做"好"引擎,为课程思政实施"赋能"

评价具有激励和导向作用,"采购管理"课程注重课程评价体系的构建,并将课程思政的考核纳入课程考核体系,实施多元化评价,注重形成性考核。一方面在考核中隐性融入价值塑造的题目,另一方面设计调查问卷考核学生思想政治素质。课程的考核不再是单纯的理论成绩,通过对在学习和实践中的思政教育进行考核,全面综合评价学生能力,为课程思政提供动力。

实施"N+1+1+1"的考核模式,注重过程性考核。N代表多种形式的过程考核,包括课堂笔记、课堂表现、讨论、出勤情况、单元实训考核、平时测验、作业等;第

1个"1"是课程期末考试;第2个"1"是适应课程特色的综合性实训;第3个"1"是思政考核。学生的学业成绩实行百分制,由"平时成绩(20%)+实训成绩(20%)+期末考试成绩(55%)+思政考核(5%)"构成。其中平时成绩各部分实行百分制记分,折算计入学业总成绩:课堂笔记(10%)+[课堂表现(20%)+课堂考勤(20%)+作业(30%)+案例分析(30%)]×10%。实训成绩实行百分制记分,折算计入学业总成绩:[课程实训报告成绩(30%)+实训答辩成绩(20%)+综合实训(50%)]×20%。

(五)提升教师思政和运用信息化水平,悟"好"术器,为课程思政实施"提质"

教师是课程思政实施的关键,为保证"采购管理"课程思政的有效实施,主要采取如下措施。

(1)自觉坚持育人为先。学习临沂大学思政文件,讲沂蒙精神故事,读育人文章。

(2)组建课程思政教学团队。依托一流本科课程"采购管理"的教学团队,进一步优化团队,集体备课,定期研讨,集思广益。

(3)定期参加培训,学习思政方法,提升信息化教学水平,助力思政。

(4)发挥党支部课程思政的战斗堡垒和党员先锋模范作用。党支部站到立德树人第一线,发挥课程思政建设的推动和组织作用。党支部开展课程思政主题党日活动,党员人人有思政,开展"我是党员,我是一面课程思政旗帜"活动。

(5)聚焦"三句话"。教师挖掘课程思政元素时的基本依据,即"做人做事的基本道理、社会主义核心价值观的要求、实现民族复兴的理想和责任",不断提升三项基本功——挖掘课程思政元素、有机融入课程教学、教育者先受教育。

总之,通过以上措施,教师掌握了思政"术器",极大地提升了课堂思政的教学质量。

三、典型案例解析

以"采购管理"第十章"采购质量管理"第一节"采购质量分析与控制"为例,说明课程思政教学设计及实施的过程。

(一)细心确定教学目标与重点、难点

依据物流管理专业人才培养方案,结合应用型人才培养要求、未来职业发展方向及教学大纲,确定教学目标。

重点:全面质量管理的应用。全面质量管理是当今企业行之有效的管理方法,学生在从事企业生产、管理等时将会广泛应用，故作为重点内容。

难点：质量分析与控制方法的应用。由于此内容需要学生具有很强的分析问题与解决问题的能力，学生将其应用到案例分析中感到有难度，传统教学很难实现这一教学目标。我们融合信息化教学手段，采用关注微信公众号、广泛阅读相关应用案例等方法突破了这一难点。

（二）用心处理教材内容

该课程的主教材是全国高等院校物流管理专业应用型人才培养"十三五"规划教材，对供应商和采购数量等管理内容十分重视，对采购质量管理的内容涉及较少。根据行业的需求及发展，结合课程标准及参考教材，以及后续课程学习的需要，我们对教材进行了适当处理。

扩充："采购质量管理"这一章的内容主要包括采购质量分析与控制、质量成本、采购来料检验等内容。其中，采购质量分析与控制主要包括质量与质量管理概述、质量管理的发展阶段、采购质量改善的方法。本节课讲授采购质量分析与控制，由于学生只是表面上理解质量的概念，对质量管理的发展脉络却不清楚，对质量控制的方法也没有学习过，所以选取"质量与质量管理""质量发展的几个阶段""质量管理的重要方法""全面质量管理"内容作为本节课的学习内容。

内容分解：教学内容严格遵循学生应用能力培养的基本规律，以企业采购管理的真实工作过程为依据，将本节课按照学生的认知规律及内容的逻辑性分为三个小节进行学习——"质量与质量管理的概念""质量发展的几个阶段""全面质量管理"。

（三）耐心挖掘思政触点

根据内容分析，本节课主要学习"质量与质量管理的概念""质量发展的几个阶段""全面质量管理"，深挖思政触点，确定融合手段。思政触点详见表2。

表2 思政触点表

知 识 点	思 政 触 点	思 政 载 体	融合手段或方法
• 课前学习 • 新课导入	唤醒学生的质量意识，培养学生的职业操守	• 视频：三鹿毒奶粉事件 • 师生讨论	• 课程知识感悟启智 • 深入讨论内化提升
质量概念	• 感受中华传统文化的魅力 • 家国情怀教育：增强民族自豪感 • 培养学生不盲目服从权威的质疑批判精神	• PPT展示：《考工记》中对质量描述的一段话 • 教师讲述：《考工记》的历史及古代手工业的辉煌成就 • PPT动画展示：质量大师的故事	• 名言警句画龙点睛 • 嵌入式启智

续表

知 识 点	思 政 触 点	思 政 载 体	融合手段或方法
质量检验阶段	再次感受中华传统文化的魅力	PPT展示讲解《扁鹊哥哥们的故事》	嵌入式启智
全面质量阶段	树立质量意识，具有社会担当责任	PPT展示讲解：案例1在中国99.9%意味着什么	课程知识感悟启智

（四）精心设计教学

根据教材分析、学情分析及教学重难点分析，为提高教学效率，实现最优化教学，课堂上采用讲授法、讨论法、案例教学法等多种教学方法，指导学生分组讨论，同时借助雨课堂教学工具等信息化手段，实现教学目标。

课前：发放学习材料，提前1周通过雨课堂布置学习任务，让学生观看视频"三鹿毒奶粉事件"，明确教学目标，初步唤醒学生的质量意识，培养学生的职业操守。思考问题"三鹿毒奶粉事件给我们的启示是什么？"并查找相关资料，同时通过微课学习七大质量控制方法，另外指导学生异质分组，每组选出组长，等等。

课堂：充分发挥学生主体地位，通过探讨"三鹿毒奶粉事件"，教师总结并引用习近平总书记对质量的论述，进一步让学生树立质量意识，并引起学生兴趣，自然导入新课；采用讲授法、任务驱动法、案例教学法等，引导学生思考问题、分析问题、解决问题，根据思政触点分析融入课程思政，利用深入讨论内化提升、课程知识感悟启智、名言警句画龙点睛等思政融合手段，达到"滴水石穿，润物无声"的课程思政之教学效果；教学中指导学生采用探究、分组讨论等学习方法，使学生真正"动"起来、"活"起来；利用雨课堂教学工具，及时对学生进行评价，以利于教师及时了解学生学习情况并及时调整教学进度。

课后：指导学生完成雨课堂推送的自测题，查漏补缺；指导学生阅读相关的文章或书籍，隐性嵌入思政内容；要求学生完成布置的课后作业。

（五）专心实施教学

"采购质量管理"一章是"采购管理"课程中重要的内容之一，"采购质量分析与控制"是本章中最重要的一节。根据以上内容，分析本节课课程的实施过程：首先通过课前发送的预习视频"三鹿毒奶粉事件"，让学生树立质量意识，然后导入新课，展示教学目标，通过小组讨论对质量概念的理解，进入第一部分"质量与质量管理的概念"的学习；通过展示《考工记》中对质量描述的一段话，让学生感受中华传统文化的魅力，同时通过讲解《考工记》中古代手工业的成就，对学生进行家国情怀教育，增强民族自豪感；教师讲解质量大师对质量概念的理解，让学生感悟质量大师的质疑批判精神。之后进入第二部分的学习——"质量管理发展的几个阶段",在讲解统计质量阶段时,通过《扁鹊哥哥们的故事》引入问题,让学生再次感受中华传统文化的魅力;在讲授"全面质量发展阶段"时,通过案例,进一步强化学生的质量意识和社会责任担当。第三部分在学习"全面质量管理及 Holleymoll 公司的采购质量管理案例讨论"时,通过案例讨论,进一步体会前面习近平总书记对质量的重要论述,激发学生的自信心。

主要教学过程如下。

1. 课前阶段

教师将视频资源上传到雨课堂班课上,并发布课前预习通知。学生接到通知后,操作视频、微课资源等信息化教学资源,进行自主学习,拓展学习时间与空间,其目的在于培养学生的自主学习能力。

2. 导入新课阶段

发布签到结束后,利用雨课堂随机点名功能选取 2~3 名学生针对视频问题进行回答。结合学生回答,老师阐述自己的观念,并引用习近平总书记的一段话:"质量体现着人类的劳动创造和智慧结晶,体现着人们对美好生活的向往。质量是企业生存发展的生命线。"进一步让学生树立质量意识。然后老师总结:采购是企业生产的源头,强调采购质量的重要性,引入课题。

3. 新课阶段

(1)展示教学目标,明确学习的方向和应完成的目标。提出问题:"你对质量是怎样理解的?"学生小组进行交流讨论,并个别提问,通过生生互动、师生互动,培养学生的团结协作精神、语言组织表达能力。

(2)用 PPT 展示《考工记》的一段话:"天有时,地有气,材有美,工有巧,合此四者然后可以为良。"让学生自己理解这段话的含义并讨论,然后教师利用雨课堂随机点名功能提问,再讲解。除了进一步说明采购质量的重要性外,另外一层设计意图是进行课程思政,让学生感受中华传统文化的魅力及对学生进行家国情怀教育,增强学生的民族自豪感。为进一步理解质量概念,引导学生关注质量大师怎么说,让学生感悟质量大师的质疑批判精神。

(3)展示案例《质量是检验出来的吗》,让学生拿出手机进行作答。到这时课堂学习已进行了 20 多分钟,学生注意力开始下降,此设计的目的是让学生转换注意力,重新专注课堂，同时提高学生课堂的参与度。然后讲解质量管理发展的第一阶段——质量检验阶段。

（4）引用案例《扁鹊哥哥们的故事》，该故事说明质量不是事后把关，而是要做好事前预防，引出统计质量管理阶段，并讲解统计质量管理阶段的特点，让学生再次感受中华传统文化的魅力。

（5）通过PPT展示案例1，让学生了解质量没有最好只有更好，并进行课程思政：树立质量意识，具有社会责任担当。PPT展示案例2，让学生了解质量不是一个人、一个部门的事情，而是需要全员参与，从而引出全面质量管理课题，讲解全面质量管理的定义、特点，企业全面质量管理等。讲解完后，利用雨课堂发送测试题目，测试学生对全面质量管理的特点的掌握，及时了解学生的学习情况。

4. 案例讨论阶段

让学生拿出课前发布的"Holleymoll 公司的采购质量管理案例"（课前已让学生学习案例，目的是培养学生自主学习能力，节省课堂时间，提高课堂效率），提出问题后，直接小组讨论，教师巡视解答，后随机抽取小组代表总结发言，增强学生的竞争意识及语言表达能力。

5. 总结及作业布置阶段

教师对整堂课的内容做总结概括并布置课后作业，提出要求，课后QQ在线回答学生提出的问题，并利用雨课堂推送客观测试题，培养学生的实际应用能力，巩固所学知识，提高能力。

6. 经验分享与持续改进

（1）充分融合信息化教学手段，合理使用多媒体。整个教学过程由"三鹿毒奶粉事件"视频讨论创设情境，通过雨课堂等技术发送测试，调动学生课堂的参与度，实现学生递进、交互、自主、有趣的学习。

（2）以生为本，突出应用能力。整个教学过程充分发挥"学生主体"作用，调动学生的学习主动性，让学生思考问题；通过案例分析，培养学生协作、沟通、表达能力，教学效果得到认可。

（3）对学生的知识掌握情况及时评价。通过雨课堂回答问题及时得到评价与反馈、课后作业的及时评价等促进了学生学习的积极性与主动性。

（4）深挖课程思政与知识点的触点，践行了"课程承载思政，思政融入课程"

的理念,达到了知识传授与能力培养、价值塑造的统一,实现了"滴水石穿、润物无声"的课程思政之效果。

(5)个别学生在分组讨论时,过于自我为中心,不能参与到讨论中去。

(6)学生最后分享的时间有点短。

结　语

"采购管理"课程是物流管理专业的一门专业核心课程,通过对"采购管理"实施课程思政教学改革与实践,将爱岗敬业、诚实守信等职业精神融入专业课教学之中,把家国情怀、社会责任意识、团结协作精神等融入相应的案例之中,达到立德树人之目的,实现思政教育与课堂思政同频共振,协同育人。

努力培养德艺周厚的"四有"好教师

——"中国教育史"课程思政思与行

曹彦杰　教育学院

 引　言

"中国教育史"是小学教育专业的教师教育类专业必修课程。本课程旨在引导师范生掌握中国教育制度史和思想史的基本事实，形成初步的教育历史思维并对当下教育改革提供历史镜鉴。

从课程思政角度看，本课程对于培养未来教师的师德师风和教育情怀具有重要育人价值。本课程注重价值引领，坚持知识传授、思维锻炼和价值引领三位一体，挖掘教育制度史、教育思想史和教育活动史的育人资源，通过互惠同伴教学和智能教学工具实现了教育模式的创新，取得了专业课程与课程思政同向同行的育人成效。

一、"中国教育史"的课程思政元素设计

教师是课程思政生成的关键因素，课程思政的效果既取决于教师的育人知识与育人意识，又取决于教师的课程思政的课程设计。"中国教育史"课程聚焦课程思政，挖掘理想信念、仁爱之心、立德树人和制度自信等思政元素，努力培养德艺周厚且有家国情怀的"四有"好老师。

（一）理想信念

《礼记·学记》曰："建国君民，教学为先。"教育是政权稳固的基石，历朝历代尤为注重对青年学生的教育。近代中国积贫积弱，受到西方列强欺凌，教育救国成为诸多仁人志士的信念，陶行知先生便是坚持这一理想信念的代表。有人说："近代中国如果有两百个真正像晏阳初、陶行知这样的大教育家，则中国的教育甚至整个历史都会是另外一番景象。"他们以社会改造者自命，以中国现代化进程的设计者、推动者自命。他们认为，教育是民族救亡、社会改造的支点，是主导中国现代化的"火车头"。学习中国教育史就应该树立一种教育的历史思维和信念，教育曾经培养了一代又一代的学子，实现了"救国梦"。新时代的今天，应该接续教育与国家兴亡的关系，树立教育的"强国梦"。

（二）仁爱之心

仁爱之心是习近平总书记对新时代教师提出的要求之一。通过挖掘"中国教育史"的典型案例，实施课程思政。如列举万世师表孔子的例子。孔子三岁丧父，十七岁丧母，他曾放过牛羊，管过仓库，当过会计。贫贱的少年生活，促使他发奋自学，渐渐地通晓了礼、乐、射、御、书、数等各种学问，靠着不耻下问和勤奋好学赢得了社会的好评，为他日后大办教育创造了必要的条件。孔子的一生，绝大部分时间都花在办教育上，他打破了教育垄断，开办私学，广招弟子，学而不厌，诲人不倦。孔子的教育活动体现了中国的优秀教师文化，彰显了教师的仁爱之心和敬业爱生的教师职业道德与精神。

（三）立德树人

从历史维度上看，教师要不断习得古今中外教育家广博的育人知识，欣赏其高超的育人能力和立德树人的教育情怀。孔子说："其身正，不令而行；其身不正，虽令不从。"陶行知说，"学高为师，身正为范""要想学生学好，必须先生好学。唯有学而不厌的先生才能教出学而不厌的学生"。陶行知一生都以"创造真善美的活人""千教万教，教人求真；千学万学，学做真人"为天职。

陶行知先生的"四颗糖果"的故事在教育界传为佳话。面对犯错误的学生，陶先生没有批评，没有训斥，没有让学生写所谓的检查、保证，更没有让学生罚抄、罚站，而是与学生平等、亲切和真诚地谈话，用饱含着爱护、期望的四颗糖巧妙地教育了学生，尊重了学生的人格，充分体现了他满腔的爱生之情。

教育家的言行要求教师必须修身立德，做出示范，成为学生做人做事的一面镜子。在教育教学过程中，充分挖掘类似的语句和故事，让师范生树立立德树人的意识和形象，为其将来成为受学生爱戴的人民教师打好基础。

（四）制度自信

从历代教育制度变迁中寻找我国教育制度遗产，建立制度自信。"稷下学宫"是中国封建官学制度发展的开端，它在管理上采取"门户开放"政策，欢迎各方学者来学宫游学，具有教育平等理念。宋代早期书院继承了我国私学传统，采取"对外开放"的办学方针，它没有出身和年龄的严格限制，不分地域、籍贯，举凡一切愿学的四方之士均可投奔书院，不需报名考试，只要提出申请，书院主持者便虚怀若谷，来者不拒，同样具有教育平等理念。"兼容并包、学术自由"成为稷下学宫的办学指导思想，而"自由讲学、自由研究"则成为宋代书院的核心精神和特征。由此，让学生体会到书院制可以弥补学院制的不足，更好地培育拔尖创新人才。

二、借助智能教学工具，实现课程思政教学现代化

（一）实施互惠同伴教学，改革教师教育模式

网络时代为每一个人随时随地学习创造了条件，很多学生借助网络资源获得了大量新知识，产生了新思考，缩小了师生之间的知识鸿沟。一千多年前韩愈"弟子不必不如师"的教育理想已经变成现实，传统听讲式的学习模式已经不适应新时代的变化和要求。

陶行知先生说："教是最好的学。"翻转课堂和互惠同伴教学是国外比较流行的先进教育教学模式。"中国教育史"尝试互惠同伴教学模式，让优秀学生当老师，经历"备课—上课—评课"全过程教学实践。以教促学，不仅锻炼了师范生的教学技能和教育情怀，而且"相观而善"，互惠学习，调动了其他学生学习的积极性和主动性。2017级小学教育专业学生宋玉昊同学说："同伴教学让作为学生的我参与了课堂教学，制作了'第十五章 中国共产党领导下的革命根据地教育'的课件并进行了讲授，不仅巩固了自己的学习内容，激发了学习兴趣，还提高了自己的计算机技术，从中也领悟了有关课堂模式和学习方式的道理，感受到了'以学生为中心'课堂的良好氛围。"教学方式的变革不仅助力解决了中国教育"被动式学习"的老大难问题，还让学生学会了学习和思考，同时，锻炼了其教学能力、研究能力和合作意识与能力，加速了"四有"卓越教师培养的进程。

（二）借助智能教学工具，实现课堂教学手段现代化

智能时代的来临加速了教学现代化的进程。"中国教育史"利用蓝墨云班课和雨课堂两种智能教学工具，尝试智慧学习和精准教学，基本满足了师生线上学习、教学、研讨、测评以及大数据分析的需要，初步实现了课堂教学现代化。2017级小学教育专业学生徐文君高兴地说："一夜之间实现了课堂教学现代化。"网络的虚拟化和匿名性特点，使不善言辞的学生也能够积极参与在线讨论；2018级小学教育专业学生李文静说："通过在线交流，不仅学习到了新的知识，也活跃了思想，还能解决很多心理问题。"此外，云班课的私聊功能也实现了教师对所有学生学习轨迹的全过程监控和实时互动，不但改善了师生关系，而且实现了价值引领的日常化。

结 语

概言之，通过挖掘教育制度史、教育思想史和教育活动史的育人资源，并借助智能教学工具和互惠同伴教学的课堂组织形式的变革，"中国教育史"课程思政初见成效。"路漫漫其修远兮，吾将上下而求索。"作为培养教师的教师，我们深知育人责任重大，但责无旁贷，课程思政永远在路上。

"学前教育研究方法"课程思政探索与实践

吴仁英　教育学院

 引　言

"学前教育研究方法"作为高校学前教育专业的核心课程,是学前教育专业类学生的专业必修课程。除了帮助学生了解教育科学研究的基本原理,掌握常用的科研方法,学会撰写规范的科研论文等任务外,本课程还需要在专业教学中通过引导和示范,将科学精神、人文精神、职业道德和社会责任感、使命感等思想政治教育内容融入"学前教育研究方法"课程教学的全过程。通过潜移默化地影响学生的心智,启迪和引导学生养成科学严谨的学术态度,以及遵守学术道德、恪守学术伦理的良好品质,激发学生愿意从事科学研究工作的兴趣,用科学的方法来分析和解决教育生活中的现实问题,愿意为幼教事业的发展做出自己的贡献,在奉献中实现其人生理想。

一、"学前教育研究方法"课程开展课程思政的必要性

(一)高校人才培养质量提升的需要

高校课程教学中融入思想政治教育的教学理念,正逐步得到认同和尝试。全国各高校正大力推动课程思政教育教学改革,挖掘各门专业课程的思想政治教育元素,与课程教学协同形成育人合力。"学前教育研究方法"坚持以专业知识为课程建设的骨架,以坚定学前专业大学生理想信念、价值观念等为课程建设的灵魂,通过创新教学设计和改革教学方法,充分挖掘专业教学中的隐性思政元素,将隐性思想政治教育与显性知识传授深度融合,探索适合"学前教育研究方法"课程教学的课程思政新途径。

(二)高校教师育德意识和育德能力提升的诉求

教师是课程教学建设和改革的关键因素。目前,大部分教师在教育类专业课程教学实践中仍比较注重专业知识、专业意识等的培养,缺乏对价值观培养目标的重视,在具体的教学内容的设计和教学方法的选择上,常缺乏对学生进行价值观引领,认为理想信念、价值观引领等是思想政治教师的责任。事实上,这是对课程思政的误读,是对专业课程隐性思政元素价值的低估。课程思政不单单是一门课程,更是在课程中融入思政元素,实现立德树人的教育理念。高等学校任何一门课程的目标都不应仅仅

是知识和技能的培养，而应是知识目标、技能目标和素质目标三者的有机结合，应以人为本，促进人才全面发展。因而，教师要树立课程思政的教育教学理念，牢记育人职责，不断提升自己的育德意识和育德能力。

（三）高校教学育人功能强化的需求

教学具有教育性。一般高校教师在教学过程中，总会有意识或无意识地对学生开展一些思想政治教育，可以说，专业教学中，思政教育一直都在，但比较散乱，未形成体系。与无意识的、非系统的、未在教学设计中明确的思想政治教育活动相比，有意识的、系统的、精心设计教学内容、用心选择教学方式的课程思政，显然对学生的影响是主动的、自觉的、高强度的，效果更值得期待。高校教学不仅要传授知识，让学生发挥能力，更要注重学生价值观念的塑造，高校教学育人功能强化的现实需求，也内在地要求高校专业教师要加强对专业课程中的思政教育的思考与探索，要深刻认识到将专业知识的传授和道德修养、价值观念等的培育融合为一体的课程思政的价值和意义。

二、"学前教育研究方法"课程中思政教育探索的基本要素及思路

"学前教育研究方法"课程的思政教育以课程为依托，坚持在专业教学中"润物细无声"地体现价值导向和思政教育意义。两者协同的过程中，课程思政资源的挖掘是前提，学生是主体，教师是关键，三个基本要素之间呈现出如图1所示的关系。

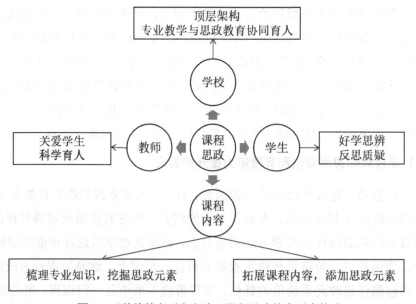

图1 "学前教育研究方法"课程思政基本要素构成

学校基于专业教学和思政教育同向同行的理念,坚持以学生为中心,在专业课程设计上,做好顶层架构,注重融入思政元素,立足于学生身心发展规律、实际能力和现实需要,将思想道德观念、理念信念、价值观念及精神追求等融入教学之中,让抽象的思政教育更接地气,更易为学生接受。

由于"学前教育研究方法"课程思政具有目的内隐性、过程自然性及方式暗示性等诸多潜隐性特点,因而,"学前教育研究方法"课程需要有意识地挖掘思政元素,其基本思路如图2所示。具体来讲,本课程挖掘课程思政元素及开展思政教育主要围绕两条路径展开——一是梳理专业知识,挖掘思政元素;二是拓展课程内容,添加思政元素。具体来讲,整个课程被划分为"学前教育研究的历史演进、学前教育研究的伦理原则、观察法等研究方法的组织与实施、数据的质性和量化分析"四个专题,将"严谨的科学态度""系统科学的分类意识""透过现象看本质的哲学思维""学术道德"以及"社会责任感"等内容融入专业教学。

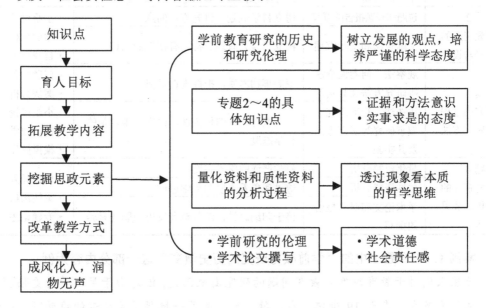

图2 "学前教育研究方法"课程思政要素挖掘思路

三、"学前教育研究方法"课程思政的实践探索

(一)梳理"学前教育研究方法"中的思政元素

"学前教育研究方法"是一门理论性和实践性兼具的课程,既要帮助学生了解学前教育科学研究的基本原理,又要帮助学生掌握学前教育科学研究的常用方法。通过学习该门课程,学生能够学会科学地提出问题、阅读研究文献、形成假设、设计研究方案、编制和使用收集资料的工具与方法、使用统计工具和程序分析资料、撰写规范

的科研论文,形成科研兴教的意识和能力,为未来从事教育科研工作奠定理论和能力的基础。"学前教育研究方法"课程的主题还是比较广泛的,可供挖掘的思政元素也比较多,每一个专题根据主题不同都可融入不同的思政教学点,从而实现专业教学与思政教育的有机融合。在具体实践中,"学前教育研究方法"课程的内容被重新融合,划分为主题相对明确的四个专题,之后对四个专题包含的思政元素进行了深入思考,具体如表1所示。

表1 "学前教育研究方法"教学内容思政元素挖掘与教学安排

章节授课要点		思政内容融入点	授课形式
专题1 学前教育研究概述	学前教育研究的历史演变	明晰事物发展的过程意识,培养"知其然并知其所以然"的专业精神和严谨治学的科学态度	·问题导入 ·案例分析 ·小组讨论
	学前教育研究的类型	系统科学的分类意识	
	学前教育研究的伦理	遵守学术伦理、学术道德的职业素养	
专题2 研究问题的选择与设计	选题和开题报告的撰写	树立科学规划、讲究方法的意识	·小组讨论 ·案例分析 ·自我反思
	文献查阅和文献综述	树立"言之有理、持之有据"的意识	
专题3 研究的过程及研究方法	观察法、问卷调查法等研究方法及其实施	探寻事物本质,把握内在规律	·问题导入 ·案例分析 ·小组讨论 ·情境教学 ·模拟操作
	访谈法、行动研究、叙事研究等研究方法及其实施	明确教育问题的价值性,树立实事求是的科学态度	
专题4 研究资料的分析与成果表达	量化资料分析	科学严谨的学术态度	·问题导入 ·案例剖析 ·专题论述
	质性资料分析	透过现象看本质的哲学思维	
	学术论文和研究报告的撰写	善于归纳总结,培养自我反思的职业素养	

案例1:以专题1中的"学前教育研究的历史演变"这一部分内容为例

虽然人们对于教育现象和教育问题的研究由来已久,但是由于早期学者更强调自然主义研究范式,直至19世纪,在孔德、斯宾塞等一批科学主义者的推动下,以科学方法为特征的实证主义范式开始流行,并开始在社会各个领域占据主导地位。相应地,强调实验、测量等科学方法的量化研究也开始处于主流地位。对于学前教育领域的教育现象和问题的研究经历了这一发展变化的历程。两种研究范式在过去的一百多年间,一直存在着争论,到20世纪后期,关于自然主义和实证主义研究范式的争论渐渐趋于折中和融合,对研究范式持极端主义观点的人大为减少。随着哲学的发展,20世纪60年代以后,解释主义范式、结构主义范式以及后现代主义范式等不断涌现,研究方法的发展呈现出更加多元的态势。通过上述内容的学习,学生会明白教育研究方法（包括学前教育研究方法）经历了不同阶段的发展，诸多学者、专家等不断科学论证，推陈出新，终于形成了今天多样化的学前教育研究方法体系，而对其实施步骤、实施中应明确的问题也会更加清晰。在这一过程中，追溯教育研究和学前教育研究方法的历史发展，探究学前教育研究方法的功用，以及学前教育研究范式变革的内在缘由，对帮助学生培养"知其然并知其所以然"的专业精神、严谨治学的科学态度具有积极意义。

案例2：以专题3中的"问卷调查法"这一部分内容为例

"问卷调查法"这一节主要介绍问卷调查法在学前教育研究中的意义、问卷调查法的信效度、问卷调查法的优缺点以及问卷的编制与发放等内容。在具体教学过程中，没有拘囿于知识的传授，通过实例，针对"幼儿教师工作投入感现状及提升"这一主题，详细介绍了问卷的编制、修订和发放，结合实例，有效促进了学生理解问卷的构成、类型、编制、发放以及问卷的信效度等内容。特别重要的是，通过组织学生对收集到的数据和对幼儿教师访谈资料的分析，学生会从实例中发现，对于"幼儿教师工作投入感"这一主题，既不能盲目乐观，也不能盲目悲观；对于实践问题，没有调查就没有发言权，要养成科学的态度，对问题的认识不能凭主观臆测，要有事实依据，形成"言之有理，持之有据"的意识。

再进一步，引导学生分析访谈资料，通过对文字资料的梳理，以及对各种观点的归纳和提炼，培养学生透过现象看本质的哲学思维。

（二）精心设计，将思政元素自然融入课堂教学

在专业课程中融入思政教育时，一定要避免课程思政"概念泛化""生搬硬套"及"简单说教"现象的发生，而应当做到循循善诱，引发学生思考，引起学生共鸣，从而达到"成风化人，润物无声"的效果；结合00后大学生的个性特点和学习方式，在课程教学中改变传统的"挂在嘴上"说大道理的育人方法，以学生为主体，调动学生主观能动性；超越课堂讲授为主的教学方法，探索体验式、互动式的教学手段与方法，激发学生的内在情感体验，真正唤醒学生的价值认同感。学生用心体验，用心感受是课程思政落于实处的重要通道，具体来讲，除传统的讲授法外，还综合运用案例教学、小组讨论、情景教学等方法，综合运用音频、视频、各种形式的网络资源、微信推送等方式，将思政元素自然融入教学环节中。

（三）言传身教，持续推进隐性渗透式课程思政教育

习近平总书记在全国高校思想政治工作会议中指出：教育工作者做传道者，首先要明道、信道，要加强师德师风建设，坚持教书和育人相统一，坚持言传和身教相统

一,坚持潜心问道和关注社会相统一,坚持学术自由和学术规范相统一,引导广大教师以德立身、以德立学、以德施教。高校教师要坚持教育者先受教育,努力成为先进思想文化的传播者、学生健康成长的指导者和引路人责任的承担者。一方面,转变观念,摒弃专业课教师"只教书不育德"的消极言行,形成专业培养与立德树人并重的共识,树立专业教学和思政教育协同育人的教育理念;另一方面,也突破教学中"单兵作战"的局面,组建教学团队,共同梳理课程中的思政元素,并参与教学内容、教学方式的设计,坚持协同育人,使思政教育从"专人"转向"人人",提高整体育人效果,为社会建设培养更多、更好的符合社会建设需要的有用人才。

结　语

教学是高校的原生职能,人才培养是高校的本质职能,立德树人是对人才培养的根本要求。立德树人是一个复杂的过程,是长期的教育任务。要实现这一任务,除了需要营造良好的育人环境和氛围外,还要积极发挥教师的主体性作用。这不仅要重视思政课教师的专门思政课程的"树人"作用,也应鼓励和要求专业课教师将"立德"贯穿教学的始终,统筹专业教师和思政教师的育人优势,形成育人合力。这对于课程思政育人目标的实现具有重要意义。

"体育社会学"课程思政教学设计

杜志娟 体育与健康学院

引 言

思想政治教育是学校德育的重要组成部分,体育专业课程融入课程思政是高校体育教育的理念创新和实践创新。"体育社会学"是一门体育专业基础课程,适用于体育教育、社会体育指导与管理以及体育舞蹈专业。它主要介绍体育这种社会文化现象,把社会学的理论成果和实证的研究方法运用于解释体育现象,同时,又要从社会本质上把握体育的特征、功能、手段、途径。通过学习使学生充分了解体育专业课程体系,掌握体育社会学的知识架构,提高体育专业人文知识素养。

体育是社会的缩影和焦点,许多体育现象都能折射出社会热点及问题。在"体育社会学"课程中融入思想政治教育,通过体育社会现象中的经典人物及案例引导学生坚定中国特色社会主义信念,从国家意识、法治意识、社会责任意识和个人诚信意识等多个层面,加强品德教育,在潜移默化中引导学生树立正确的世界观、人生观、价值观;通过剖析体育社会现象,培养学生勇于探索和发现的科学精神,在体验探索研究的乐趣的同时,培养学生实事求是、团结协作的精神,加强科学精神和工匠精神教育,培养创新精神和创业意识,引导学生厚植爱国主义情怀,传承中华优秀传统文化,弘扬以爱国主义为核心的民族精神和以改革创新为核心的时代精神。

可见,"体育社会学"课程的思政教学基于专业知识进行思想政治的良性引导,能够培养学生的爱国精神、团队合作精神以及遵纪守法的品质,有利于提升体育专业学生的思想道德水平和综合素质。

一、立足课程内容,挖掘思政元素

"体育社会学"课程思政教学不仅仅是简单的"思政+'体育社会学'",也不是强行挖掘某一章节知识点的思政元素,而是要通盘考虑"体育社会学"课程的特点以及高等教育"育人"本质的要求,树立"全员育人"课程思政的核心理念,真正将思想政治教育融入"体育社会学"课程教学环节中,实现立德树人。因此,要立足"体育社会学"课程教学内容,挖掘思政元素,其构想是从教学目标的改革开始,依次对教学内容、教学方法以及教学评价进行相应调整,从而实现思政教学(见图1)的目标。

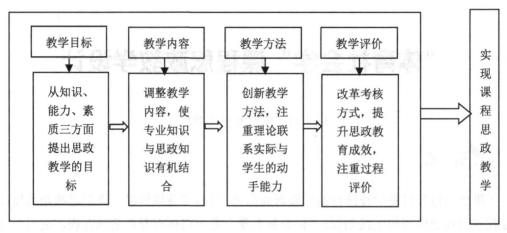

图1 "体育社会学"课程思政教学实现的构想

二、实现"体育社会学"课程思政教学的主要措施

（一）修订"体育社会学"课程思政教学目标

修订后的"体育社会学"课程思政的教学目标，分别从教育理念、行为规范、爱党爱国、意志品质、职业精神五个方面来分析。具体来讲就是：培养学生树立"健康第一"的教育理念和积极向上的生活信念；遵纪守法，恪守职业操守，守住"底线"；爱党爱国，提升"体育强国"的民族自信；顽强拼搏、积极进取的意志品质；强化职业责任感，以提升全民族身体素质为己任（见图2）。

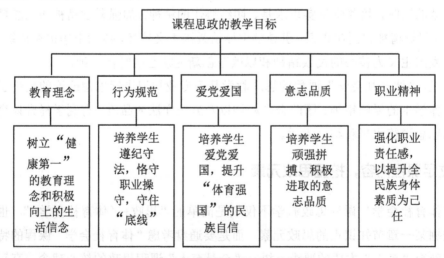

图2 "体育社会学"课程思政的教学目标

（二）完善"体育社会学"教学大纲

完善"体育社会学"教学大纲，将课程思政纳入原有的教学内容之中；优化教学

内容顺序，对知识点进行重组，提出了"体育社会学"课程的整体结构分为三个层面，即宏观层面——"体育社会学"的概述、中观层面——社会中的体育运动、微观层面——从社会学角度分析体育（见表1）。

表1 "体育社会学"教学内容重新整合一览表

版　块	维　度	教学内容设计
第一版块	宏观层面——"体育社会学"的概述	一、体育社会学的学科概述
		二、体育社会学的研究方法
		三、社会学中的体育运动
第二版块	中观层面——社会中的体育运动	一、社会结构与体育
		二、社会文化与体育
		三、社会进步与体育
		四、社会制度与体育
		五、社会关系与互动的体育运动
		六、社会生活与体育
第三板块	微观层面——从社会学角度分析体育	一、竞技体育
		二、社会体育
		三、人群体育
		四、体育社会问题

基于教学内容的知识点，理论联系实际，充分发挥体育社会学研究对象的三个特点，深挖教学内容中课程思政的融入点，设计各教学知识点的思政融入点，提出预期课程思政的教学成效（见表2）。

表2 课程思政与"体育社会学"知识点的融合

教学内容	思政映射融入点	课程思政教学设计	预期成效
体育社会学学科概述	（1）中国体育社会学学科的恢复发展背景 （2）中国体育社会学的最新研究成果	问题导入式教学法 体育社会学的发展历史、体育社会学最新的研究进展	激发学生奋发向上的拼搏精神，感受祖国的日益强大，培养创新精神和创业意识
体育社会现象的重大变化	（1）社会的进步与发展影响着体育事业的发展 （2）体育领域里社会现象的专门化、复杂化、扩大化	案例教学法+小组讨论 （1）"马拉松"热的思考 （2）各种运动App软件的兴起	培养学生热爱自己的专业，不忘初心；坚定中国特色社会主义信念，立志肩负起民族复兴的时代重任
体育运动的社会分层、流动与控制	（1）体育中的社会分层有不同的标准，运动员通过自己的努力改变社会地位 （2）体育中的非自然社会流动（如运动员资格作弊）	案例教学法+小组讨论 （1）田径运动员张国伟参与综艺节目受到处罚 （2）不同历史时期的运动员交流与转会制度	引导学生珍惜学习时光、求知问学；进行职业道德、职业伦理教育，培养学生创新精神和工匠精神，提升学生职业素养、社会素养

续表

教学内容	思政映射融入点	课程思政教学设计	预期成效
社会结构中的体育运动	（1）体育应发挥其政治功能，不要体育"政治化" （2）体育与经济的相互作用 （3）身体素质教育的基础作用 （4）科学技术影响甚至主导体育的发展，使得体育主体化消失	案例教学法+小组讨论 （1）云南省中考体育分数升至100分 （2）竞赛规则的改变，如田径起跑的"一枪毙命"	引导学生树立正确的体育观，加强社会规范和道德规范教育，增强"四个意识"，坚定"四个自信"，激发学生爱国主义情怀，提升学生综合社会素养
社会文化中的体育运动	（1）体育文化的类型，中西方体育文化的异同，树立文化自信 （2）体育的流行文化、精英文化，学习先进的文化形态	问题导入式教学法	引导学生厚植爱国主义情怀，传承中华优秀传统文化，弘扬以爱国主义为核心的民族精神
社会进步中的体育运动	（1）不同社会运行状态下体育运动发展的影响 （2）社会运行的状态既取决于外力不可抗的客观因素，更大程度上取决于社会中的人——主观因素	案例教学法+小组讨论 （1）香港动乱时期社会秩序状况，体育运动发展受到的影响 （2）我国足球项目的改革——职业化道路	从国家意识、法治意识、社会责任意识和个人诚信意识等多个层面，加强个人品德教育，引导学生树立正确的世界观、人生观、价值观
社会制度中的体育运动	体育制度具备的规范约束人们行为、整合社会的作用	案例教学法+小组讨论 世界羽联取消于洋/王晓理等4对女双选手参赛资格	引导学生树立公平竞争、遵守规则、服从管理约束的主人公意识
社会关系与互动的体育运动	（1）社会角色与社会地位、社会责任相关；社会角色可以通过自身努力去获取 （2）体育运动中角色冲突导致的不良影响 （3）体育运动中社会互动行为的偏离破坏社会秩序	案例教学法 （1）广州恒大球员于汉超街头涂改车牌被拍下，被广州警方处罚 （2）2010年足坛反腐打黑中"陆某：从金哨到黑哨"	引导学生树立正确的世界观、人生观、价值观；强化自我角色意识；鼓励学生追求奋斗创新，将个人梦与中国梦结合，实现人生的职业规划
社会生活中的体育运动	（1）生活方式中影响社会体育的因素 （2）生活方式的变化使得体育的社会价值更为凸显 （3）休闲时代的到来预示体育活动形式的改变，体育成为生活必备要素	案例教学法+小组讨论 （1）《体育强国发展战略》《健康中国2030发展规划》解读 （2）社会健康与体育运动"猝死"现象的频发——健康生活方式	（1）引导学生树立健康的生活方式；积极应对生活中的各项挑战 （2）引导学生树立崇尚自然、尊重自然的理念，打造新时代中国特色生态文化，切实增强学生投身生态文明建设的责任感、使命感

续表

教学内容	思政映射融入点	课程思政教学设计	预期成效
竞技体育的社会学分析	（1）竞争是竞技体育的灵魂，但竞争应在所限定的规则内 （2）竞技体育与社会规则 （3）竞技体育的教育价值、文化价值	案例教学法+小组讨论 2019年篮球世界杯比赛，2019年中国足球赛事以及2019年女排世界杯比赛	引导学生树立集体主义观，增强团队意识及团队合作意识；树立互敬互爱、互帮互助的集体主义精神
社会体育的社会学分析	（1）社会体育的发展与兴起 （2）社会体育的作用	问题导入式教学法 （1）你身边都有哪些全民健身热潮？ （2）如何看待我国计划在2025年体育产业总产出超过5亿元？	激发学生奋发向上的拼搏精神，感受祖国的强大，培养创新精神和创业意识
体育群体与人群体育的社会学分析	（1）人与体育群体的归属关系 （2）体育群体的分类中体现不同社会阶层参与的体育项目不同，形成的群体也不同	关注社会热点"篮球小伙与广场舞大妈冲突"——体育群体	引导学生正确理解集体主义，内化群体意识，遵守群体的规范
体育社会问题	（1）体育社会问题的分类及其危害 （2）体育社会问题的出现就是对社会秩序的破坏，无视规则会造成极大的危害	案例教学法+小组讨论 （1）2016年俄罗斯国家田径队禁止参加夏季奥运会的原因 （2）孙杨兴奋剂事件	对学生进行底线教育，培养学生的规则与规范意识，促成其团结合作的精神与观念
体育社会学研究方法	（1）体育社会学研究的方法论 （2）体育社会学研究的具体方法	问题导入式教学法	加强科学精神和工匠精神教育；培养学生实事求是的科研态度以及迎难而上、永不放弃、勇于探索的精神

（三）创新"体育社会学"课程思政教学方法

"体育社会学"课程思政主要的教学方法是采取案例教学法和问题导入式教学法。课程中搜集的案例主要是体育领域中的经典事件或者经典人物，引导学生在学习体育理论知识的同时，体会这些人物和事件所展现的各种体育精神及问题，帮助学生树立公平竞争、团结协作、努力拼搏、为国争光等理想信念。

（四）改革"体育社会学"课程思政考核评价

"体育社会学"课程采取过程评价和终结性评价相结合，侧重于过程评价的考核模式，体现了"教师为主导，学生为主体"的考核理念，激发学生探索学习本课程的兴趣与自主学习的主动性和积极性。

过程评价主要以学生PPT展示、辩论会、小论文写作、新闻播报等方式为主，具体的实践活动结合自主研究学习、案例收集活动、小型辩论赛、研究性学习成果等形式展开；终结性评价以课程教学目标为导向由课堂转向课外，变单纯的知识考查为学生综合素质和能力的综合考评，考核的重点放在独立思考和分析问题等能力的提高和综合素养的提升上来。

三、课程思政教学典型案例分析

2020年初由于疫情的原因，"体育社会学"实行线上教学，于是提出了以新型冠状病毒肺炎疫情为案例的课程思政教学设计并付诸实践。

（一）从疫情的控制谈制度的优势——体育的制度自信

1. 教学内容设计

由新冠病毒肺炎疫情的控制，联系"社会结构中的体育运动""社会运行中的体育运动""社会制度中的体育运动"的教学内容设计课程思政——由社会主义制度的优势谈体育的制度自信。

体育事业的发展方向和目标取决于社会制度，体育制度的类型取决于社会制度的类型，体育事业的发展速度和规模取决于社会运行的状态。因此，体育的发展是服从和服务于社会的发展的，由此引申出体育的制度自信。

社会主义制度的优势就是能够集中力量办事，我国体育体制——举国体制，在历史上曾淋漓尽致地体现了集中力量办体育的功能，让我国从旧中国一片废墟的基础上迅速成长为"体育大国"，并在国际体坛占据了举足轻重的地位。从北京2008年奥运会之后，我国竞技体育、学校体育、社会体育、体育产业都取得了长足的进步，我国正从"体育大国"向"体育强国"迈进。

2. 课程思政的教学目标

从我国疫情的防控工作中可以看出，面对新型冠状病毒，防控措施离不开先进的高科技，但仅有此远远不够，还必须要有有效的管理与制度，只有这样才能充分发挥技术的作用。中国共产党领导下的中国特色社会主义制度彰显了集中力量办大事的优势，这就是制度自信。在社会制度的统领下，我国体育制度肯定能使中国体育朝着"体育强国"的目标迈进，实现"体育强国梦"。

（二）从疫情的缘起谈环境保护——体育促进社会和谐发展

1. 教学内容设计

从新冠病毒肺炎疫情的缘起，联系"社会的良性运行与协调发展中的体育运动"，即和谐社会中的体育运动的内容设计课程思政——体育促进社会和谐发展。

和谐社会是指在社会整体结构合理、各要素功能协调的基础上实现的社会有序运行。和谐社会的体育是和谐体育，即体育系统内部及系统间和谐发展，体育回归"以人为本"的本原，而体育运动通过促进人的全面发展、人与人之间的和谐、人与自然之间的和谐，促进和谐社会的发展。体育运动能促进人的和谐发展，即实现人的全面发展。《奥林匹克宪章》指出："体育运动为人的和谐发展服务……"体育运动能够促进人与自然的和谐发展，是因为体育运动让更多的人走入大自然，贴近大自然，也更加关注自然环境的保护。国际奥委会将保护环境的条款写进了《奥林匹克宪章》，由此引申出自然环境的保护。关于人与自然和谐相处，习近平总书记在《携手构建合作共赢新伙伴 同心打造人类命运共同体》中指出："人类可以利用自然、改造自然，但归根结底是自然的一部分，必须呵护自然，不能凌驾于自然之上。"

2. 课程思政的教学目标

从新冠肺炎疫情的缘起可以看出人与自然必须和谐相处，任何破坏自然的行为最终都会危害人类自身。人与自然的和谐相处归根结底是自然环境的保护问题，体育的根本宗旨是促进人的全面发展，促进人自身的和谐发展。越来越被人们追捧的户外体育活动使得人们回归自然，还原人类作为自然一部分的本色，从而进一步保护自然，如北京奥运会"绿色奥运"的主题，体现的就是绿色体育、生态体育的内涵。

（三）从疫情的防控措施谈体育的底线教育

1. 教学内容设计

由疫情的防控措施——隔离，联系体育社会学中"社会关系与互动中的体育运动""社会制度中的体育运动""体育群体的社会学分析"等内容设计课程思政——体育的底线教育。

每个人在社会中都不是独立的个体，都要被他所属的群体影响，也都会承担一定的社会角色，以其角色特征制约自身的行为，而每一位社会成员都是以各种角色参与社会生活的。从这个意义上来讲，社会成员在社会生活中要遵守各种角色对其界定的各种行为规范，即各种规章制度。可联系此次新冠肺炎疫情防控隔离中出现的很多正面或反面的事件，引导学生知晓公民责任、增强法律意识的重要性。体育有别于动物之间的"竞争"的根本，是超强的规则意识，体育运动所允许的"对抗"和"竞争"都处于规则所设立的限度内，所以体育被称为"仪式化的战争"。不同运动项目有不同的竞赛规则，违背竞赛规则就要受到惩罚，由此引申出底线教育。

2. 课程思政的教学目标

疫情防控的隔离政策是为了尽早控制病毒的散播，减少感染率、致病率和病亡率，保障人民的身心健康和生命安全。不遵守规定者不只是对自己不负责，更损害了大多数人的利益，因此会受到法律的制裁。这与遵守体育运动规则如出一辙，任何比赛项目只要违反规定都会受到处罚。通过教学，帮助学生正确认识疫情防控措施的重要性，树立主人公的公民责任意识，增强遵纪守法的规则观念。

（四）从团结抗疫谈体育的团结协作精神

1. 教学内容设计

由团结抗疫，联系体育社会学中"社会关系与互动中的体育运动""竞技体育的社会学分析"等内容设计课程思政——体育的团结协作精神。

社会关系是人们相互交往中形成的一切关系，包括人际关系、群际关系及个人与群体的关系，而人际关系和群际关系均包含隶属、竞争和合作，其中合作就是为达到既定的共同目标而相互配合。此外，人类的行动绝大部分是社会性行动即社会互动，从社会互动的内容及性质可以将其划分为竞争行为、合作行为、冲突行为、调适行为以及集合行为，其中合作行为指团结合作。由以上两个知识点延伸出团结协作精神。

体育运动中竞争和合作是并存的，赛场上看到的是对手之间的竞争和队友之间的合作，从另一个角度分析，合作其实是竞争的前提。比如两支球队比赛，队员们首先存在紧密的合作关系，共同协商比赛的规则和方法，两队先达成一致意见，如有一支球队罢赛，则比赛就无法进行。竞技体育是体育文化发展的最高层次，竞技体育群体也是对内凝聚力（即合作精神）与对外排斥力（即竞争精神）最强的一种群体，凝聚力越强表明其竞技运动水平越高。同理，社会的发展也一样，人民群众的团结协作程度越高标志着社会的综合实力越强。目前我国新冠疫情防控取得的成果，正得益于中国人民"同舟共济、守望相助"的团结抗疫精神。

2. 课程思政的教学目标

团结抗疫的艰辛历程，传递出中国人民团结合作、战胜疫情的信心和力量，展现出中国人民团结一致的巨大精神力量。通过教学，引导学生增强团队意识、主动意识以及团队协作意识，帮助学生树立集体主义观念，为祖国和人民做贡献。

结　语

　　高校课程思政教学改革要根据各专业的特点及其课程的知识结构进行,"体育社会学"是"社会学"的分支学科,是"跳出体育看体育",运用社会学的理论与方法研究体育领域中的问题。本文中"体育社会学"课程思政教学以新冠病毒肺炎疫情为典型案例,采取问题导入及案例教学法设计课程思政的教学内容,分别从疫情的控制、疫情的缘起、防控措施以及团结抗疫四个方面谈体育的制度自信、体育促进社会和谐、体育的底线教育以及体育的团结协作精神。课程思政的教学成效是能让学生积极思考新冠肺炎疫情期间社会现象所折射的精神与价值,体会所表现出的思想道德品质,积极学习正能量,自觉抵制不良现象,从而内化成自身的价值体系。

"运动生理学"课程思政典型案例的探索与应用

王雪芹　体育与健康学院

引　言

2018年9月10日，在全国教育大会上，习近平总书记指出，教育的根本任务是培养德智体美劳全面发展的社会主义建设者和接班人，因此既要提高学生的知识水平，也要培养学生的思想道德修养。2017年12月6日，教育部发布《高校思想政治工作质量提升工程实施纲要》，要求课堂教学改革中必须以课程思政建设为目标，通过课程思政内容建设，提升课程育人质量。在思想政治理论课教师座谈会上，习总书记强调要不断挖掘课程和教学方式中的思政资源，不断完善课程体系，做到课程与思政相互匹配，实现全员全程全方位育人。高校专业课程的课程思政，是将专业知识、学科和学术资源中的思政元素挖掘出来，并将这些思政元素融入专业课程教学的全过程，达到育人的目的，实现学生的价值引领作用。

"运动生理学"课程是体育类专业学生的必修课程，本课程组进行了大量的课程建设，包括省级精品课程建设、精品课堂建设、教学团队建设、线上线下混合式教学模式建设、课程思政示范课建设等。尤其在课程思政示范课建设中，明确了课程思政教学目标、课程思政教学手段、思政映射与融入点等，对课程思政的融入进行了教学设计。如何将课程思政元素很好地与专业知识传授融合在一起，还需要不断探讨。本文就课程思政融入"运动生理学"课程的教学活动做了一些探索与实践，现分享"运动生理学"中课程思政内容方面的一些经验。

一、"运动生理学"课程思政设计依据

（一）课程思政教学目标

通过"运动生理学"课程学习，引导学生坚定理想信念，树立正确的世界观、人生观、价值观；引导学生树立求真务实、永不服输、坚持奋斗、勇于开拓的精神信念，培养具有科学思维和逻辑思辨能力，具有创新意识且勇于担当的体育学专业人才。

(二)"运动生理学"课程特点

"运动生理学"是生命科学的一门分支学科,是体育学专业学生的必修课程。它是研究人体在体育运动中,或在长期系统的体育锻炼影响下,各器官系统功能发展变化规律的学科。在教学过程中,主要通过线上线下混合式、探究式、小组讨论、多媒体演示、实验等教学基本手段,在教学中不断挖掘思政元素,如结合新冠肺炎疫情对学生进行生命健康教育、行为规范教育和家国情怀教育。体育教育专业学生通过学习,能够掌握运动生理学基本理论、实验操作技能和一定的科学研究方法,具备初步运用运动生理学理论与方法指导和评价体育教学、体育锻炼及课余运动训练的能力。"运动生理学"是培养适应新时代体育教学发展要求的应用型时代新人的重要课程。

(三)上课学生的特点

"运动生理学"课程开设之前,体育教育专业大一学生已经开设了"运动解剖学","运动解剖学"的学习为"运动生理学"的开设打下了基础。两门课程都在大一开设,课程思政内容的设计和讲授对大学生有重要意义。众所周知,大一学生刚刚进入大学,需要引导的方面较多,如正确的世界观、人生观和价值观的形成,大学生职业规划、职业素养和社会责任等。这些我们都可以通过"运动生理学"课程思政内容进行引导,并帮助学生全面、发展地认识世界,树立正确的人生目标,并适当地进行职业规划引导,为学生以后的发展打下良好基础。

二、"运动生理学"课程思政典型案例设计

"运动生理学"课程思政的整体设计以及案例分析详见表1。

表1 运动生理学知识点与思政元素的融入设计

章 节	思政融入点	课程思政教学设计	思政教学预期成效
绪论1	(1)运动生理学发展史,著名生理学家蔡翘的故事 (2)李宁、刘翔、姚明等著名运动员的事迹	(1)案例式教学法:通过科学故事及名人逸事等激励学生要勇于探索和创新 (2)讨论式教学法:列举世界体育冠军或名人,谈一谈对个人的影响	(1)通过科学史实,引导学生了解学科发展并培养学生的探究精神 (2)通过运动员事迹引导学生在生活、学习上要奋发图强、吃苦耐劳、为国争光、爱国爱家

续表

章　节	思政融入点	课程思政教学设计	思政教学预期成效
绪论2	拼搏、奋斗、自信与成功	案例式或互动交流式教学法：可以从自身经历或其他例子出发，如：日常学习中付出的越多收获也越多；强调"运动生理学"是考研重点课程，引导学生努力学习	通过经典案例或自身经验分享，引导学生制定好大学的学习目标，为后面的高质量就业打好基础
躯体运动的神经控制	艰苦奋斗、精益求精的精神	项目驱动式教学法：学生课前查阅资料、分享艰苦训练使神经系统对躯体的支配达到最佳状态	（1）通过融合内容对大学生进行理想信念教育 （2）通过项目内容分享培养学生精益求精的意识
运动与免疫	（1）新型冠状病毒肺炎疫情的预防与控制 （2）健康中国战略	（1）参与式教学法：新型冠状病毒的结构、引发病情及预防和治疗 （2）案例式教学法：最美逆行者的感人事迹	对学生进行生命健康教育、行为规范教育和家国情怀教育
运动对心血管系统的影响	透过现象看本质，坚持科学精神	（1）实验教学法：动物实验结合实验手法及实验材料，亲身体验 （2）探究式教学法：探讨优异运动成绩的取得与身体脏器变化之间的关系	引导学生利用各种方法，细致思考、努力发现事物的本质，以更加深入地了解这个美丽的世界
运动技能的形成	（1）自信心培养 （2）民族自豪感培养	案例式教学法：以中国女排的发展和排球技能的掌握水平导入女排精神	通过引导，使学生认识到作为一名体育工作者应具备严谨认真、勇攀高峰、自信、为民族自豪的素养
环境与运动	（1）绿色发展观 （2）可持续发展观	（1）情景式教学法：结合国家倡导的绿色步道建设、人文运动公园建设，体现国家对全民绿色健身的重视 （2）启发式教学法：健康中国战略实施以来，越来越多的人参与运动，引出运动环境对身体的影响	通过引导，培养学生在健身及指导健身中要坚持绿色和可持续发展观，要保护生态环境，爱国，爱家
运动过程中身体机能的变化	创新意识和创新能力	（1）案例式教学法：通过国际最新的"核心力量训练法"，引导学生大胆创新，敢于尝试和发明新的训练手段和方法 （2）讨论式教学法：就机体技能状态变化理论进行讨论，询问学生是不是有新的发现和新的想法	（1）在新知识的学习过程中，要敢于质疑，敢于创新 （2）培养学生在学习中发现问题、分析问题和解决问题的能力

续表

章　节	思政融入点	课程思政教学设计	思政教学预期成效
少年儿童与运动	（1）职业素养 （2）社会责任感	（1）案例式教学法：通过优秀教师的典型事迹，引导学生形成良好的职业素养，明确毕业后成为一名体育教师的责任 （2）互动交流式教学法：根据课前准备，请优秀学生进行翻转课堂，并进行交流	以典型案例、互动交流等手法，激发学生的学习热情，培养学生的社会责任感，提升学生的职业素养

（一）成功源自拼搏，勇攀高峰不畏艰辛

运动技能的形成与任何一项能力的取得，都离不开不懈的努力和拼搏。看到赛场上运动员完美的动作技能表演或打破纪录的成绩出现时，你是否想到了背后教练及运动员的艰辛？精选奥运冠军的事迹，展现榜样的力量，激发学生不畏艰辛、勇攀高峰之心，如不断激励国人前行的"女排精神"——勤学苦练、顽强拼搏、团结奋战、无所畏惧，极大地鼓舞了全国人民。通过观看女排夺冠视频，让学生直观地去体会女排精神，通过讨论环节让学生谈一谈体会，加深其对女排精神的认识。

为学生讲述"体操王子"李宁的故事。李宁始终怀揣一颗冠军的心，尽管长期的训练和比赛使李宁伤病缠身，但他还是咬紧牙关参加了汉城奥运会。虽然他在这次比赛中败得很惨，但并没有一蹶不振，而是重新计划人生，并创造了一个运动品牌——"李宁"。通过对李宁精湛运动技能和励志故事的讲解，让学生体会成功源自拼搏，再艰辛也不言放弃，坚持再坚持，胜利必定会属于你。

通过一系列体育冠军的励志故事，让学生在学习和掌握专业知识的同时，其理想信念、家国情怀、社会责任感也随之落地生根。

（二）透过现象看本质，勇于开拓需坚持

长期坚持运动会带来身体素质的改变，同时也会使人体的内脏器官发生一些适应性变化，如神经内分泌调节的改变、心脏等器官结构和功能的改变、肌肉微细结构的改变等，这些都是肉眼看不到的。引导学生透过现象看本质，可以积极动手，通过动物实验和人体实验等去探索科学真理。

给学生讲述中国著名生理学家冯德培（1907—）的故事。冯德培开拓了神经肌肉接头的新研究领域。他对突触的化学传递机理和神经肌肉接头的研究通过一个接一个的实验获得了理想的实验结果，这使他成了这个研究领域的先驱者之一。通过实例的讲解和学习，让学生体会到运动生理学也是生命科学的一个分支，是研究运动对正常人体功能影响的一门学科，也需要大量人体和动物实验去验证。运动员优异运动成绩

的取得与运动员内脏器官、神经内分泌调节等的适应性变化是分不开的,启发学生要透过现象看本质,始终坚持科学的态度,不断创新实验方法,勇于开拓进取。

(三)生命、健康齐抓,勇于探索求新知

课程的"运动与免疫"部分会讲到运动对人体免疫机能和身体健康影响的机理。课程结合新冠肺炎疫情,让学生了解新冠肺炎给人类生命和健康带来了极大威胁。

新冠疫情让大家认识到了生命与健康的可贵,疫情也让全国人民上下一条心,团结一致共渡难关,抗疫成果的取得,体现了我国体制的优势和制度的力量。为了更快更准地控制疫情,国家药监局批准了多个新冠病毒检测试剂盒的研制,包括核酸检测试剂和抗体检测试剂。国人没有被病毒吓倒,而是勇于探索,不断寻求抗击病毒的方法,研制出了一批又一批的试剂盒,为国家的抗击疫情工作做出了突出贡献。通过对学生进行生命健康教育、行为规范教育和家国情怀教育,透过对案例的分析,学生不仅能深切体会专业知识的重要应用,还能更加关注健康,珍惜生命。

(四)坚定理想信念,爱国,爱家,爱生态

课程中有一章内容是"环境与运动"。好的环境是健康的基础,《"健康中国2030"规划纲要》实施以来,越来越多的中国人认识到了运动健身的重要性。为学生讲述"绿色奥运"案例:2008年北京奥运会又被称为"绿色奥运",主张奥运会的开办要保护环境、资源和生态平衡,奥运会的工程实施、住宿、餐饮和活动等要尽量减少对环境和生态的影响,要进行环境保护宣传教育,提高全民环境保护意识。"绿色奥运"案例的讲解既有助于学生理解环境与运动的关系,也启发了学生学习奥运会运动员的拼搏精神,坚定理想信念,为国争光。"绿色奥运"的理念就是运动健身,在保持身体健康的同时也要爱护环境,爱护生态。

三、"运动生理学"课程思政考核评价设计

课程考核方案改革以学生为中心,加大学生平时成绩和实践成绩的比例,包括:①加大课程平时成绩比例和项目组成,督促学生线上资源自主学习,平时成绩由学生考勤(5%)、学习进度(10%)、课堂互动(10%)、章作业测验(10%)、笔记(5%)和单元测验(10%)组成;②增加学生实践操作,促进学生探究和创新。通过实验课让学生多参与、多思考,着重培养学生的创新思维和创新能力,并培养学生解决复杂问题的能力;③结合课程思政,增加应用性分析题,使学生树立正确的世界观、人生观、价值观,培养学生热爱科学、关爱健康、敬畏生命、勇于探索和发现的理念。

结 语

紧跟社会发展的步伐，大力弘扬爱国主义精神，通过课程专业教学与课程思政的融合让大学生树立正确的世界观、人生观和价值观，是开展大学生课程思政教育的主要目的。在课程思政教育的过程中需要做到：(1)根据学生的特点设计思政内容。不同专业学生的专业知识结构不同，接触的领域不同，需根据学生的特点，了解学生的需求，投学生所好，潜移默化地将思政内容有机融于课程教学中。(2)剖析学生的思想动态，因势利导。不同专业不同年级的学生的思想动态存在很大差异，需及时地了解和剖析学生的思想动态，跟上学生的需求，将思政内容融入课程教学，为学生指明方向，为学生打气鼓劲，培养学生的社会责任感和担当意识，等等。

通过课程"运动生理学"专业知识及一些相关激励性案例和体育人文精神的学习和熏陶，增强学生的文化自信、学科自信，培养学生的家国情怀，培养学生的社会使命担当，培养学生的开拓和创新意识，让学生将刻苦奋斗、勇于探索、不畏艰险和勇攀高峰等体育精神转化为提升自身的驱动力，激发学生为实现自己的目标、民族的目标、祖国的目标而不懈努力。

挖掘思政元素，赋能专业教学

——以"中国民俗"课堂教学为例

付玲玲　文学院

引　言

"中国民俗"是文学院汉语国际教育专业的选修课。本课程与人类学、社会学及中国古代文学都有密切的联系，它涵盖的知识面广，可以有效引导学生对社会文化现象的探索研究。新时期，高校教师不仅肩负着传道、授业、解惑等职责，还要深入挖掘课程中的思政元素，积极承担起育人的重任。"中国民俗"课程蕴含着丰富的思政元素，如物质生产民俗、人生礼仪、民间艺术、民间信仰等，历史悠久又不乏现代气息，具有独特的价值，在思政育人中可以发挥应有的作用。深入挖掘、拓展和开发其中的思政资源，需要结合课程内容精心设计教学环节，并在课堂教学模式、教学手段、学生评价等方面大胆改革，最终实现知识传授与思政育人目标的同向同行，进而达成本课程与思想政治理论课程的协同效应。

一、融思政于课堂，形成协同效应

在2016年全国高校思想政治工作会议上，习近平总书记指出："要用好课堂教学这个主渠道，思想政治理论课要坚持在改进中加强，提升思想政治教育亲和力和针对性，满足学生成长发展需求和期待，其他各门课都要守好一段渠、种好责任田，使各类课程与思想政治理论课同向同行，形成协同效应。"思政工作离不开民俗学，原因在于：一方面，民俗文化是人民大众集体创造和共享的物化与非物化风俗生活习惯，有着悠久的历史和丰厚的内涵，它与思想政治教育同属意识形态，体现出共同的接受维度、指导思想、教化指向和灌输方式，也是开展思想政治教育的有效载体；另一方面，民俗民风的形成和发展，除了受政治、经济、地理条件等的影响外，也带有特定时代所赋予的社会特点，反映了人们的思想意识、观念形态和生活方式，并以其特有的调节和控制的方式影响着人们生活的方方面面。作为新时代的大学生，他们也会对民俗有所体认，但在理论上和实践上都有所欠缺。在课堂上夯实学生的民俗理论体系，将爱国主义、集体主义、诚实守信、团结协作及工匠精神等思政元素融入其中，也是这门课程的优势所在。

比如，在讲到物质生产民俗的时候，会让学生思考：在物质文明高度发达的今天，生产工具大大改进，生产效率大大提高，但是人们的秋收冬藏、人参采集、冬季捕鱼、室内养蚕等生产作业，仍要遵从相应的习俗和规范，并世代承袭，其深层的原因是什么？紧接着以闻名中外的查干湖冬捕为例，课堂上播放《舌尖上的中国》关于冬捕的短视频，引导学生边观看边思考这样几个问题：开捕前的祭祀意味着什么？新时代的冬捕，为什么还需要"鱼把头"？渔网为什么要设计成固定的尺寸？怎样看待冬捕被列入省级非物质文化遗产名录？学生聚精会神地观看视频，惊呼场面的壮观，赞叹国人的生存哲学，课堂讨论气氛热烈。从庄重的祭湖仪式到收网的整个过程，人们谨守祖辈留下来的经验和信仰，恪守猎杀不绝的祖训。这些看似"无用"的信仰，恰恰反映了古人高度的智慧——人与自然的和谐、人与人的团结合作，以及对规则的敬畏。

二、以思政为主线，培养德育意识

德是做人的根本，课程思政应将德育置于课程目标之首，倡导并践行社会主义核心价值观和爱国主义精神，强调基于省思基础上的笃信和理论自觉基础上的实践自觉，不断提高学生思想道德素养，提高学生服务国家、服务人民的社会责任感。国情教育和主流价值熏陶，是德育最为基本的两个维度。习近平总书记指出："合格的老师首先应该是道德上的合格者，好老师首先应该是以德施教、以德立身的楷模。师者为师亦为范，学高为师，德高为范。老师是学生道德修养的镜子。"教师的育德意识和育德能力直接关系到课程思政的质量和效果。民俗文化中的道德规范可强化学生的行为自律意识。民俗是一个区域内群体成员共同认可的行为规范，其本身对群体内成员有着约束作用，与法律的强制控制不同，它是一种软性的控制。教师在传授课程知识的基础上，引导学生将所学到的知识和技能转化为内在德性和素养，注重将学生个人发展与社会发展、国家发展结合起来，是高校立德树人的突破口和新抓手，有助于帮助学生解答思想困惑、价值困惑、情感困惑，激发其为国家学习、为民族学习的热情和动力，帮助其在创造社会价值过程中明确自身价值和社会定位。当下，要将民俗文化中的道德规范融入大学生思想政治教育，发挥其德育作用，与法律构成一体两翼的治理格局，最终达成规范强化学生的行为自律意识的目的。

三、以课程为载体，培养家国情怀

民俗包罗万象，历史厚重，民俗文化的核心价值大多是健康、积极、正向的，凝聚着前人的智慧和精神追求。学生通过学习，重温了我们五千年的农耕文明，重新认识了千姿百态的民俗事象，增强了民族认同感及文化自信。教师注重充分运用民俗的力量，教育学生更加深切热爱这片养育我们的土地，不崇洋媚外，增强民族自豪感、自信心，从而达到培育和践行社会主义核心价值观，推动中国优秀传统文化创造性转化、创新性发展的教学目标。例如，民俗学中的物质生产民俗（农业、狩猎、渔业、工匠、商业、交通）和物质生活民俗（饮食、服饰、居住），在人们的日常生产和生活中占据着非常重要的位置。在课堂上通过启发学生对物质生产民俗的回忆、理解、领悟，让他们体会到衣食住行的来之不易；并且有意识地引导学生更加珍惜现有的物质生活条件，反对奢靡浪费和攀比之风，养成积极向上的生活态度，树立远大的理想。"青年兴则国家兴，青年强则国家强"，我们的青年学子更应脚踏坚实的土地，心怀诗和远方，为国家和民族的发展贡献力量。

四、以课堂为阵地，激发民族自豪感

"中国民俗"通过对民俗文化丰富内涵的解读，让学生认识到我国民俗文化的魅力和国际影响力，不崇洋媚外，进一步增强学生的文化自信心与自豪感，激发学生的爱国情怀，进而为学生的学习和成长注入强大的驱动力。在讲授"非物质文化遗产"的章节时，会重点介绍我国入选世界非物质文化遗产名录的各种传统文化表现形式，如昆曲、篆刻、书法、剪纸、妈祖信仰、桑蚕丝织技艺、中医针灸、二十四节气、珠算等，它们都是中华民族传统文化的代表。讲授的同时，还要让学生思考：这些非遗项目传承的途径有哪些？它们为何可以在漫漫的历史长河中保留下来？在新时期又要怎样保护和传承？

为了激发学生的积极性，期中考核做出了重大改革，将期中小论文的形式改为中华才艺的展示，并将成绩占比提高到了40%。要求学生结合"中国民俗"中民间艺术部分的学习，根据自身特长，利用课下时间制作民间手工艺品，也可以是传统民间乐器及才艺的展示。在评价时，会有一定的倾斜度，具有一定传承作用的原创作品会得到更多的关注。图1所示的祥云纹和手鞠球便是这样的作品。据创作者2016级汉语国际教育本科1班的学生尤祥云和王笑介绍，作品是她们从小耳濡目染，跟随家族中的长辈习得的。这些学生作品看似质朴无华、工艺简单，实际上需要一定的技巧：祥云纹的配色要均匀，蓝白之间要有风云变幻之感；手鞠球则需要掌握高超的线条平衡，一不小心便会脱线，功亏一篑。总体来讲，这两个作品比较有创意，个性突出，特色鲜明，还可以追溯传承的历史，非常具有代表性。

图 1　祥云纹和手鞠球

"中国民俗"这门课程不仅注重通过对专业知识的讲授,来激发学生的民族自豪感,还注重利用临沂当地丰富的民俗资源开展多样化的教学。图 2 所示为临沂市兰山区剪纸协会的资深艺人董老师在为 2017 级汉语国际教育本科 1 班的学生讲解剪纸的历史和工艺,并现场传授剪纸的技法。学生认识了剪纸的历史,以及剪纸在现代社会的重要应用价值。一把剪刀一张纸,在一双巧手的剪裁下,可以变化出各种各样的形状,这种巧夺天工的技艺着实让人惊叹。在董老师耐心细致的讲解及手把手的传授下,学生很快掌握了剪纸的基本手法,也明白了剪纸的寓意,并试着剪出了吉祥的图案,欣喜之情溢于言表。这样的课堂新鲜有趣,还有一定的挑战性,同学们在尝试和体认中,提升了两个自信,即对传统文化的自信,以及对自身动手实践能力的自信。

图 2　课堂剪纸

五、以实践为抓手,培养审美能力和工匠精神

习近平总书记于 2018 年在给中央美术学院老教授的重要回信中指出:"做好美育工作,要坚持立德树人,扎根时代生活,遵循美育特点,弘扬中华美育精神,让祖国青年一代身心都健康成长。"高校教师要认识到美育在培养高端艺术人才、提升全民审美素养、塑造青年一代美好心灵、激发全社会创新活力等方面所具有的不可替代的重要作用。"纸上得来终觉浅,绝知此事要躬行",没有实践,就不能体会技艺之美;没有体验,就不能感慨文化之深。在"中国民俗"这门课程中,教师注重学生美育能力的培养,将民间技艺的讲授与学生实践能力的培养相结合,要求学生期中提交一份独立创作的民间工艺作品,并纳入最终成绩。图 3 便是一个美育的典型案例。该作品是一幅刺绣作品,命名为"春树和夏树",其创作者是汉语国际教育 2016 级本科 1 班的学生林美莹和周晓茈。作品采用的是传统的刺绣方式,一针一线,一点一面,构成了生动的图案,春天的萌动和夏天的茁壮形成鲜明对比,让人百看不厌。刺绣讲究构图和线条,讲究整体更重局部,如果有一点疏忽,便会影响整体效果。刺绣作品非常耗时,既培养了学生的审美能力,也锻炼了其耐心和毅力,是匠心和慧心的融合。

图 3　春树和夏花

图 3 还启示我们,审美能力的培养离不开匠心独运,离不开一点一滴的坚持,离不开工匠精神。所谓"工匠精神",就是指匠人要精雕细琢自己的产品,精益求精。再扩展开来讲,它又可归结为一种认真细致、严谨精准的工作态度和价值理念,适用于各行各业,可谓放之四海而皆准。图 4 的篆刻和图 5 的刻纸展示的便是一种工匠精神,其创作者是汉语国际教育 2016 级本科 1 班的学生刘馨和董天宏。篆刻历史悠久,工艺繁杂,需要熟练掌握篆法、章法和刀法,是高超的技艺和审美的完美结合。学生

全神贯注地投入，不放过任何一个细节，每一刀都浸润着汗水，这是用刀刻出来的工匠精神，让人感佩。再看刻纸，它属于剪纸的一种，是剪裁和镂刻工艺的结合，是国家非物质文化遗产之一。该作品布局大方得体，整体形象生动，点面结合，细节刻画到位，眉目唇齿、发丝配饰，无不细致入微，其用功之深可见一斑。

图 4　篆刻　　　　　　　　　图 5　刻纸

课程思政的建设，要在深刻领会习近平总书记的治国方略，尤其是关于社会主义核心价值观和文化自信的讲话精神的基础上，从中汲取营养。我们从中国民俗中提取与思政育人有关的理念、民俗现象，与思政建设有意识地融合，明确二者结合的可行思路。这不仅实现了理论创新，还将思政建设付诸课堂实践，真正做到了理论与实践的统一，实现了价值塑造、知识传授和能力培养三者的融合。

结　语

课程思政是新时期对中国现代高校教育的一个更高的要求，也是一个全新的挑战。它要求高校教育回归教育的本质，思考并用实际行动来回答"培养什么人"和"为谁培养人"的问题。"中国民俗"以课堂为依托，深入挖掘其中的思政元素，融思政于课堂，力图形成与思想政治理论课程的协同效应。课程思政以思政为主线，培育学生的德育意识；以课程为载体，培养家国情怀；以课堂为实施思政教育的阵地，激发学生的自信心和民族自豪感。课程思政真正做到了理论与实践的统一，以及价值塑造、知识传授和能力培养三者的融合，以期达到润物细无声的育人效果。

国际视野下民族情怀和科学精神的培育

——基于 OBE 理念的"第二语言习得理论"课程思政建设

马秀兰　文学院

 引　言

"第二语言习得理论"是临沂大学汉语国际教育专业开设的专业核心课程,以临沂大学在线开放课程教改立项为基石,上线山东省高校联盟,并被山东省教育厅认定为省一流课程。课程在 OBE(基于学习产出的教育模式)理念指导下,以培育学生的民族情怀和科学精神为目标,将思政元素融入专业知识,使之相互映射,焕发出新时代高校专业课程的育人光芒。

一、"第二语言习得理论"课程思政融入点与教学设计

"第二语言习得理论"课程依据课程思政原则,重构了章节内容,将思想政治教育内容与专业教育内容有机融合。表 1 中列出了章节内容的思政映射与融入点,以及课程思政教学设计。

表 1　"第二语言习得理论"课程思政章节设计

章节	思政映射与融入点	课程思政教学设计	课程教学预期成效
概述	(1)语言脑的发现过程、著名医学家布罗卡和韦尼克的故事 (2)汉语课堂的角色和作用、新时代教师的职业挑战	(1)投射引导法:将科学家的事例投射到学生的学习、研究经历,鼓舞学生坦然面对困难 (2)求证教学:通过克拉申在实验条件匮乏的情况下不畏难,积极验证的案例,指导学生建立求证问题的逻辑思维	(1)通过辩证看待母语与外语的关系,引导学生正确处理民族精神和世界情怀的关系 (2)通过汉语教师的语言行为规范,引导学生树立立德树人的教师职业精神,培养新型师生关系
语言能力	(1)乔姆斯基敢于向权威发起挑战的事例 (2)乔姆斯基革命对语言学界的积极影响,科学家们学术争锋的故事	(1)问题式教学:通过层层发问,引导学生思考,培养学生批判性思维 (2)合作学习:把学生分成6个学习小组,共同完成发现问题、分析问题、解决问题的全过程,培养学生合作意识、探究问题的意识,锻炼逻辑思维	(1)通过科学史实培养学生敢于挑战权威的质疑精神、探究精神 (2)通过展示十九大报告以及中国古典诗词中关于传承与创新的论述,培养学生"采他山之石以攻玉,纳百家之长以厚己"的做学问的习惯

续表

章节	思政映射与融入点	课程思政教学设计	课程教学预期成效
语言习得机制	（1）脑神经科学和先天语言习得机制的求证过程 （2）彼得·胡滕洛克等科学家研究大脑突触的史实	（1）现象教学：围绕"语言与大脑"主题，将文学、语言学、哲学、脑科学、医学进行跨学科知识整合 （2）直观教学：采用图片、视频等多媒体方式进行直观教学，讨论科学研究的必备条件	（1）由语言习得机制的提出过程，引导学生不唯书、不唯上、不媚俗 （2）通过科学家的故事，培养学生目标明确、态度端正、勤奋刻苦、脚踏实地、严谨治学的求知精神
语言习得与大脑认知	（1）语音发音的原理、著名科学家 Patricia Kuhl 的研究路径 （2）纠正发音的方法，引入教学案例	（1）发现教学：通过自我观察与体验，感受发音过程，引导学生积极思考，独立探索 （2）案例教学：以日语语音"R"和"L"为例，谈谈"感知磁石效应（Perceptual Magnet Effect）"与前沿学术思想的关系	（1）围绕语音发音原理，培养学生刻苦钻研和探究原理的精神 （2）通过展示科学家勇攀高峰、敢为人先的故事，引导学生不畏挫折、勇于试错，培养学生"叶犹未动花先发，敢为人先傲群雄"的精神
母语关键期与年龄效应	（1）"关键期"概念发展史、诺贝尔奖获得者康拉德·洛伦茨的故事 （2）列尼博格大脑功能侧化等重要发现	（1）情景体验式教学：用视听语言动画片 Peppa Pig 的片段教学引导学生在生活中发现科学知识 （2）案例教学：以美国女童 Genie 事件为例，讨论语言对个人成长的影响和所起到的作用	（1）通过展示洛伦茨与动物一起生活的经历，引导学生建立学术兴趣、学术抱负，实现学术成就 （2）通过科学家事迹引导学生拥有一双发现问题的眼睛，并且建立跨学科研究思维
二语习得关键期	（1）科学家们关于二语关键期的 3 种立场、来历、原因、故事 （2）Josn & Newport 实证研究的经典事例	（1）案例教学：围绕媒体报道案例，引导学生深入思考 （2）项目式教学：对在校大学生第二语言习得经历进行调研，对照分析 3 种立场形成的原因，并提出指导性意见	（1）通过了解学生支持哪种立场，培养其独立思考、探究原理、求真务实的科学精神 （2）通过对文化学、脑神经科学、语言学跨学科的知识整合，引导学生对新文科融合之势形成正确的判断
母语习得特征	（1）语音习得特征、帕特里夏库尔的研究思路和成果展示 （2）wug 实验的有趣故事和研究思路	（1）案例教学：以万能听力者为例，讨论家庭教育的重要性和科学普适急切性 （2）现象教学：围绕个人成长过程，对"天下之不助苗长者，寡矣。以为无益而舍之者，不耘苗者也；助之长者，揠苗者也。非徒无益，而又害之"进行分析	（1）通过经典实验，引导学生审视个人、家庭、学校教育协同和谐的重要性 （2）通过科学史实，引导学生对经典国学进行再认识，如《论语》《孟子》中对"发展合乎规律"的延伸，培养学生家国意识和民族情怀

续表

章节	思政映射与融入点	课程思政教学设计	课程教学预期成效
双语习得特征	（1）美国移民的历史、语言学家们的研究实例 （2）Peal & Lambert（1962）的标志性研究	（1）任务驱动式教学：以 Peal & Lambert 的语言学研究为突破口，查阅1962年前后学术观点出现转折的原因，列举代表性研究案例 （2）情景体验式教学：设置身份情景体验，换位思考面对多语言教育的移民家庭应何去何从	（1）培养学生以"史"的眼光看问题，将事物和现象放到历史的长河中去考察，用发展的眼光来看待一切 （2）"尽信书不如无书"，让学生懂得学术研究是不断偏误与匡正的过程，要正确看待学术研究与政治的关系
双语优势说	（1）Ellen Bialystok 语言与非语言任务的经典事例 （2）大学生 Esti Blanco 的研究故事	（1）项目式教学：以 Ellen Bialystok 实验为参考，设置语言实验项目，完成论证过程 （2）合作学习：把学生分成6个学习小组，对双语优势与智商、情商、疾病等关系进行梳理，培养学生的分工协作意识	（1）脑神经科学实验的介入，展现了跨学科研究的魅力，为培养学生知识整合、迁移、研究能力打下坚实基础 （2）通过青年学生的研究举例，引导学生挖掘学术研究潜能，不惧困难，勇攀高峰
输入与输出	（1）语言输入发展史、克拉申的研究故事 （2）Gass 人脑认知机制习得语言流程、Vanpatten 输入加工理论的研究案例	（1）现象教学：围绕"输入"主题，整合计算机学、语言学、数学、文化学等跨学科知识，培养学生融合思维 （2）案例分析：通过 Christy Brown 的案例展示，分组讨论实验思维对个人成长的作用有哪些	（1）展示从理工科到文科的跨学科发展历程，培养学生迁移研究能力 （2）通过脑瘫患者的事迹，培养学生拥有博大胸怀，宽容仁爱，引导学生无论遇到任何困难都不要轻言放弃
对比分析假说	（1）对比分析假说的发展历程，介绍著名学者查尔斯·福莱斯的研究思路 （2）强式和弱式对比分析假说的区别和评价	（1）合作学习：由学习小组展示对比分析假说的内涵、比较和评价，设计思维导图，带领学生体验学习的乐趣，帮助其建立联系的思维 （2）比较学习：对强式和弱式对比分析假说进行比较，了解辩证法在学习、研究中的作用	（1）引导学生辨证看待学术争论，并开展思想争论（巴甫洛夫：争论是思想的最好触媒） （2）引入评价概念，引导学生用科学的态度进行自我评价、教师评价、他人评价
汉语作为第二语言习得与教学	（1）汉语认知与习得领域中国学者的典型研究事例 （2）汉字认知与习得、汉语句法习得与发展、汉语习得偏误研究	（1）行动导向教学：引导学生进行亲身行为试验，并将问题、方法、步骤一一记录 （2）情景体验式教学：运用图片、视频等多媒体手段展示汉字与汉语之美，调动学生的视听多感官体验	（1）实验与非实验方法的使用，展示了跨学科知识融合的特点，让学生打开眼界，将知识融会贯通 （2）展现汉字之美、汉语之美、中国文化之美，培养学生民族自豪感和家国情怀

续表

章节	思政映射与融入点	课程思政教学设计	课程教学预期成效
人类语言的特质	(1)人类语言的特质,展示语言的规律、规则之魅力 (2)人工智能与语言习得的关系,清华大学教授张钹的演讲	(1)现象教学:围绕"人类语言的特质"主题,将语音学、语法学等语言学科的内容和基因学、动物学、医学、人工智能等知识进行联系,实现跨学科教学 (2)案例教学:以汉语的语音与语法为例,鼓励学生在学习过程中持之以恒,不轻言放弃	(1)通过将动物语言习得与人类语言习得做对比,引导学生正确看待人生、学习、工作的成与败 (2)通过展示人工智能学科前沿研究成果,分享国内人工智能案例,展示大国科技,培养学生创新性思维、家国意识和民族情怀
语言与思维的关系	(1)语言与思维历史之争,莎士比亚《罗密欧与朱丽叶》等西方经典文学描述 (2)萨丕尔—沃尔夫假说,学者Boroditsky、Keith Chen 的故事 (3)路德维希·维特根斯坦的事迹	(1)问题式教学:对语言与思维的争论进行模拟,设置三层问题,引导学生认识到"没有争议就没有科学的进步" (2)任务驱动教学:以"语言与思维"的关系为题进行演说活动,分析"语言与思维的关系"不能以"是"或"不是"来解决,以此让学生突破客观环境的限制,理解更远更深的问题	(1)通过科学史实,引导学生尊重科学发展规律,给其试错的时间,同时让学生相信科学的力量;只有理性分析问题,社会才能得以进步,文明才能得以发展 (2)年轻学者们正用他们不破不立的姿态登上历史舞台,以此引导学生回归科学本真,在国际视野下坚守民族情怀和科学精神

二、拓宽国际视野,培养世界眼光,积极推动对外汉语教学

"第二语言习得理论"是指导汉语教学者如何进行有效教学的必备理论课程,但是最初的培养方案里没有这门课,经多次调研论证,参考北京语言大学等高校人才培养方案课程设置,结合汉语国际教育专业"拓宽国际视野,培养世界眼光"的培养目标,遂在 2014 年人才培养方案修订中,将课程"第二语言习得理论"确定为专业核心课程。

拓宽国际视野,就要有浏览世界之象的胸怀。如图 1 所示,在"关键期"一节,引入诺贝尔奖获得者康拉德·洛伦茨学术发现与钻研科学的案例,跨越动物学、医学和语言学,以国际宏观之眼看语言关键期的由来与发展。在"双语优势"一节,立足整个国际移民历史,探查了美国历史上移民家庭面临的语言困境,结合多个家庭案例,揭示了双语在发展中地位的嬗变。

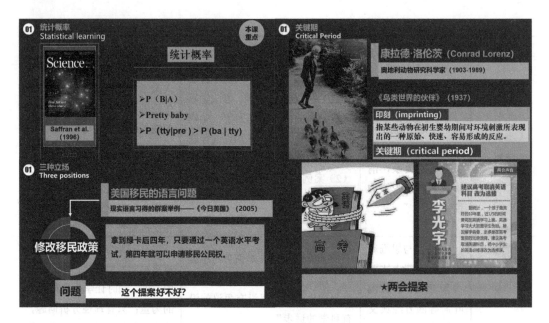

图 1 关于培育"国际视野"的育人片段

学生站在宏观的角度上看问题,逐渐会形成全面、辩证的逻辑思维,在解决具体的语言问题时,不再"看山只是山,看水只是水",而是能够"跳"出来,观山看水,恣意洒脱,了然于胸。

三、绘家国天下,抒民族情怀,做中华优秀文化的传播者

《高等学校课程思政建设指导纲要》建议,通识课程(不含思政课程)、文学、历史学、哲学类、艺术学类专业课程要注重引导学生自觉传承和弘扬中华优秀传统文化,从而增强文化自信。中华优秀传统文化与专业课程相融,能够培养学生解决问题的能力,在多种文化思潮中坚守立场,把中华优秀传统文化精粹转化为一种自信、一种信仰。

本课程深入挖掘内容和教学方式中蕴含的思想政治教育元素,如图 2 所示,课程将汉语特色之美、语言教育改革、中华优秀文化传承与创新、国家语言与外交、人工智能与现代科技、语言文化的传播与国家形象的树立等,与理论知识融为一体,实现"育人"而非"制器"的培养目标。

中华优秀文化承载着先辈们的人文精神、道德规范和意志品质,成为提振当代中国人精神力量的源头活水和不竭动力,更是青年学子思想政治教育的重要源泉。"第二语言习得理论"课程在专业知识中构建思政教育体系,对青年学子价值观的引领、

民族情怀的培养具有重要意义。

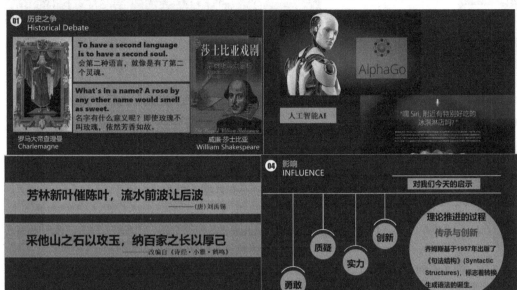

图2 关于培育"民族情怀"的育人片段

四、融合多学科知识，倡导科学精神，助力新文科发展

新文科的提出，恰恰是因为传统文科已经无法满足当今社会需求，表现在课程设置老化、育人效果疲软、知识和价值脱节、手段和目的倒置。新文科建设中的跨学科知识要求，和当前高校课程思政的总体规划在方向上具有高度的一致性。

"第二语言习得理论"课程为了激发学生的兴趣，增加了学生外语习得体验和家庭语言习得教育等内容，同时，吸收语言与脑神经科学前沿学术成果，融合各学科思维，将语言习得与脑神经科学、人工智能、教育改革、科技发展、生命进化、医学治疗等学科知识融合在一起，认识和解决学科本身、人和社会中的复杂问题，旨在培养超越现有专业局限与学科局限，专业素养高、学术能力精、综合实力强、有创造视野的新人才。如图3所示，在"习得—学习假说"一节，引入脑神经科学相关知识；在"语言习得机制"一节，引入神经元和突触概念；在"人类语言特质"一节，引入生物学遗传基因等前沿研究。

课程以坚定理想信念、厚植爱国主义情怀、加强品德修养、增长知识见识、培养奋斗精神以及增强综合素质为原则，促使学生知识与思想内化于心、外化于行，从而为培养国际视野下的复合型国际汉语教师贡献一分力量。

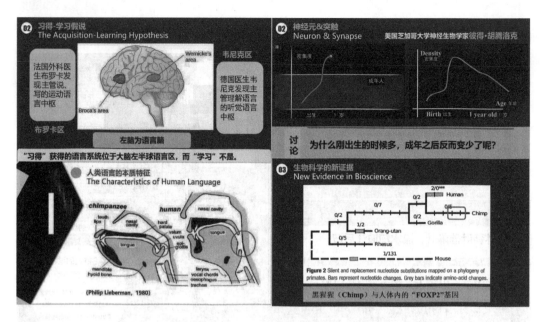

图 3 关于培育"科学精神"的育人片段

结 语

面对百年未有之大变局,"汉语热"为汉语国际教育专业的发展提供了良好契机。国家"一带一路"倡议包含着语言战略构想,这就急需培育一大批国际汉语教师,他们不仅要专业素质高,还要忠诚党的教育事业,维护国家形象,注重师德修养,热爱汉语教育事业,具有语言文化传播的使命感和责任感,这就对高校的课程思政提出了更高的要求。流于表面的课程思政,即"专业课+思政课",是加法,易于操作,但嵌套痕迹过重,仍然是"两张皮"。"第二语言习得理论"课程不嵌套"思政课",而是把视角投向学生本身,点燃学生内隐的思想、动机、信念等,让学生在课堂上唱主角,用青年的语言、青年喜欢的方式传播马克思主义,增强了思政教育对现实问题的解释力,加深了青年学生对马克思主义的理解和认同。同时基于 OBE 理念,对照课程目标,重塑教学内容和大纲,有机融入教学观、教育观等课程思政元素,较为全面地覆盖了专业前沿热点、中国传统文化、科学精神、跨学科视野、世界眼光、民族情怀、大国科技等育人元素,较好地实现了教学与育人的高度统一。

"文学理论"课程思政元素及其教学方法探析

孙瑜　文学院

 引　言

2020年5月28日，教育部印发《高等学校课程思政建设指导纲要》，纲要指出，高等学校要提高人才培养质量，落实立德树人根本任务，培育全面发展的社会主义事业的建设者和接班人，要"全面推进课程思政建设"。可见，课程思政是当前高等教育的一个重要又迫切的任务。所谓"课程思政"，就是把课程教学与思想政治教育相结合，在向学生传授知识的同时培养学生正确的世界观、人生观与价值观，以实现"立德树人"的根本任务。但众所周知，不同课程的教学内容及其思想内涵各不相同，各有侧重，而思想政治教育的元素及方向又非常丰富，如何做到课程教学与思政教育既密切结合又卓有成效，理应是当前高校课程思政研究的重要问题。"文学理论"课程中蕴涵着丰富的课程思政元素，探讨该门课程的思政元素及其教学方法，有助于更好地落实立德树人的根本教育任务。

一、"文学理论"课程思政元素探析

"文学理论"是汉语言文学专业本科学生的一门专业核心课程，作为一门基础理论课程，它侧重于研究文学中带有普遍性、规律性的一般问题，故有"文学中的哲学"之称。文学理论既是对文学实践的概括和总结，又要对文学实践进行指导并在文学实践中得到检验和发展。文学理论对文学实践的总结不是从个别的具体的文学作品及作家出发，而是对以文学作品为中心的整个文学活动（包括作品、作家、读者、社会在内的）的一般规律的总结，因此具有实践性和科学性的特点，而文学作为"人学"的特质，又使文学理论具有人文性的特点。理论与实践的密切结合和科学与人文的不断碰撞，使得该门课程独具特色，也使得该门课程的思政元素丰富而多元。现将"文学理论"课程中蕴含的课程思政元素分析如下。

（一）马克思主义世界观与方法论

"文学理论"课程中含有丰富的马克思主义内容。马克思主义文学理论是马克思主义在文艺领域的具体应用，体现了马克思主义的世界观与方法论。"文学理论"课

程系统地讲授了马克思主义文学理论的基本内容,以及马克思主义文学理论在中国的发展,重点讲授了毛泽东文艺思想、中国特色社会主义理论中的文艺思想以及习近平文艺思想,这些内容是马克思主义的世界观与方法论在不同历史时期文艺理论中的发展和运用。习近平总书记特别强调,要"使各级党组织和广大党员、干部特别是领导干部掌握马克思主义的理论武器,提高马克思主义理论水平和运用能力"。大学是人才的摇篮,大学生是祖国的未来,是社会主义事业的建设者和接班人,结合课程教学内容对学生进行马克思主义世界观及方法论的教育是得天独厚的。

通过讲授并讨论马克思主义文艺理论的内容及其时代性、创新性、综合性等特点,加深了学生对马克思主义世界观与方法论的理解,并使其在学习过程中加以运用,学会解决专业学习及文学实践中的具体问题。例如通过讲解并讨论文学活动的发生及发展动因问题,学生辩证理解这两个问题的过程就是学习运用马克思主义唯物辩证法来研究具体的文学现象、文学活动的过程。

(二)实践和创新精神

文学理论是对以文学作品为中心的文学活动、文学现象的概括和总结。文学活动是一种历史现象,随社会生活的变化而不断发展。古今中外的文学作品中包含着大量的富有创新精神的优秀之作,文学理论的实践性品格使其具有面对文学活动的发展不断总结概括的创新性特点。马克思主义文学理论在中国的发展,是马克思主义文学理论不断发展和创造的成果,习近平文艺思想是马克思主义文学理论中国化的最新成就,不断提出并解决中国特色社会主义社会中出现的各种文艺问题,其实践性和创新性特点鲜明突出。

通过学习马克思主义文艺理论的内涵及其特点,理解中国化的马克思主义文艺理论的时代性、民族性、人民性,学生对我国的文艺理论有了更深刻的理解和认同,对"以人民为中心"的文艺思想与价值取向有了更深刻的理解和认同,激发出了学生的爱国、爱党情感并生成了理论伴随实践不断发展的实践和创新意识。

(三)社会主义核心价值观

文学理论的研究对象是文学活动,是包括作品、作家、读者、世界四个要素的整体。古今中外的文学作品中有大量的富有爱国主义和人文精神的优秀之作;文学作品是客观世界在作家主观头脑中的反映,既体现作家对世界的认知,也反映作家的精神世界,尤其是其价值观念;读者对作品的选择和解读其实也能反映其接受主体的价值观念。文学理论既探讨作为文学活动中心的文学作品的思想价值,也研究作为文学创作主体的作家的道德修养,还研究作为文学接受主体的读者的基本素养,因此具有价值观培育的思政功能。

教师通过讲解并讨论作家的基本素养这一问题,研究作家的社会责任感及高尚的思想道德修养的具体表现及其重要性。学生在分析由教师精选的具有社会主义核心价值观的经典文学作品,以及分析作家人品与其作品关系的案例基础上,更易于树立正确的人生观、价值观,追求高尚的思想道德修养。

（四）对真善美的理解和追求

真善美一直是人类永恒的追求,也是文学价值的基本体现,而"文学的价值与功能"一章就是帮助学生理解文学的主要价值及其功能的。文学的真实性是一种艺术的真实,它来源于生活但是又高于生活,是一种反映社会生活本质及其规律的真实。这种真实必须与"善"相关,体现作家高尚的思想情操,其终极价值体现出来就是人文精神,而文学中的真与善,必须通过美的形式、艺术的规律呈现出来。因此,通过"文学理论"课程教学,引导学生理解真善美的内涵,分析文学作品中真善美的具体表现,追求人生中的真善美,培养高尚的人生品格,是"文学理论"课程思政的元素之一。

通过讨论"文学的真善美价值及其在作品中的表现",或者分析文学作品案例中的人文关怀精神或情感倾向等,明确文学创作的价值追求,使学生对作品的价值和文学创作的价值追求有更加全面、辩证、合理的认识,对生活中的真善美也有更深的理解和追求。

二、"文学理论"课程思政教学方法探析

"文学理论"中蕴含着丰富的课程思政元素,是实施课程思政的条件和基础,而要取得潜移默化、行之有效的最佳课程思政效果,还需要选择运用恰当的教学方法。根据以上对"文学理论"课程思政元素的分析,再结合学校人才培养目标及本课程的教学目标,我们在课程教学中主要采用了以下教学方法。

（一）精心提炼课程思政元素

"文学理论"这门课程是一门基础理论课,知识点非常丰富,而大二的学生理论素养普遍较低,理论知识较为欠缺,理性思维能力较弱。因此,合理安排知识点,突出重点难点,化抽象的理论知识为形象的教学内容,对学生的学习来说很重要。课程思政不是生硬的思想灌输,要达到"润物无声、浑然天成"的育人效果,对于该门课程中蕴涵课程思政元素的知识点,更应该突出、强化、精心提炼并进行合理安排。

例如在讲到马克思主义文学理论的基本内容时,要引导学生从不同的学科视角来研究和分析文学活动,并通过后续的列宁文艺思想、毛泽东文艺思想、中国特色社会

主义理论体系中的文艺思想、习近平在文艺工作座谈会上的讲话,来把握马克思主义文学理论的实践性、发展性、创新性等特点,尤其要突出中国特色马克思主义文艺理论的发展所具有的时代性、民族性、创造性等特点,引导学生深入理解"以人民为中心"的文艺思想和"为社会主义服务"的文艺思想的内涵,学习马克思主义的世界观、方法论,培育学生的民族精神、爱国精神。

(二)精巧选择课程思政案例

理论是晦涩抽象的,但文学理论与文学实践相结合就会相得益彰。"文学理论"课程教学过程中教学案例的使用,可以增加课堂教学的生动性并激发学生学习的积极性。"文学理论"课程的教学要理论联系实际,尤其是要联系一些有代表性的作家及作品。在教学中我们主要选取有代表性的、学生熟悉的例子,而且古今中外都要选,使学生认识到理论的普适性,对理论的理解和运用都能得到巩固。我们在选择教学案例时,特别对优秀传统文化、经典红色文学、民族特色突出的教学案例进行分析和解读,既使学生理解了理论,又使学生接受了优秀传统文化、红色革命文化和民族精神的教育和熏陶,达到了浑然天成的课程思政效果。

比如讲到"主旋律"一词时,先让学生列出"你心目中的主旋律"文学作品,再让学生分析《红嫂》《高山下的花环》等主旋律作品的思想内涵和社会价值,通过这种教学方法,学生不仅了解了主旋律的理论内涵,还受到了红色革命教育和沂蒙精神的熏陶。

(三)精妙设计课程思政问题

新课程理念认为,学生是学习和发展的主体。大学课堂教学要想立德树人,也要遵循这一宗旨。现代心理学认为,凡是经过思考的问题都可以在思考主体的大脑中留下痕迹。课程思政课程教学要激发学生的主动思考,要在学生的头脑中留下深刻的痕迹,不能只靠教师的讲,还需要教师精心设计具有启发性和延展性的问题,使学生在"思"中学,在"讨论"问题的过程中迸发思想的火花,从而树立社会主义核心价值观和对真善美的永恒追求。我们几乎每次课都精心设计讨论的问题,学生对问题的参与度很高,回答问题时也基本可以做到相互补充,不断完善。

在讲述"中国特色社会主义理论体系中的文艺思想"时,涉及"弘扬主旋律与提倡多样性的统一"问题,老师让学生举例分析什么是主旋律,什么是多样性,讨论二者为什么要统一。学生举出了非常多的例子,而且对原因做出了辩证的分析。再如讲到"作家的责任感"时,让学生结合实例讨论作家应该有什么样的责任感,学生参与度很高,热情高涨,而且能够从不同的角度切入,从中也不难看出学生对社会责任感的认同。

（四）有效联结思政课堂内外

大学课堂教学是有限的时空体，对于学生的专业知识学习和思政教育来说都不够充分，教师要有效运用课堂内外的时空及学习资源，对课程思政的教学内容及教学效果进行拓展和强化。我们充分利用线上教学工具及丰富的教学资源开展课程思政，利用给学生布置课外作业的机会，给学生推荐富含该门课程思政元素的课外读物进行课程思政的延伸与强化。比如要求学生课下阅读毛泽东《在延安文艺座谈会上的讲话》、习近平《在文艺工作座谈会上的讲话》《在中国文联十大、中国作协九大开幕式上的讲话》等理论作品并思考相关问题；再有像要求学生阅读《沂蒙六姐妹》《红岩》等文学作品并结合所学理论进行分析。诸如此类的作业既巩固了学生所学的专业知识，又强化了课程思政的效果。

结　语

"文学理论"课程中蕴含着丰富的课程思政元素，选择并运用恰当的教学方法，使专业教学过程和课程思政过程融为一体，将价值引领贯穿于知识传授、能力培养之中，既优化了课程教学与思政教育双重价值的实现效果，又更好地落实了立德树人的根本教育任务。课程思政作为一项重要而又迫切的教学任务，得到了我们"文学理论"课程教学团队的重视及大力实施。随着新一轮教学实践的展开，我们的课程思政也必将与时俱进，不断进步。

新文科背景下"语言学概论"课程思政建设思考与实践

苗守艳 文学院

 引 言

"语言学概论"是汉语言文学、汉语国际教育专业的一门必修的专业基础课,是语言学的基础理论课。课程在介绍语言学基本理论和基础知识的基础上,使学生建立起关于普通语言学的知识体系;介绍人类语言的性质、结构规律、发展演变规律以及语言与文字的关系等方面的基础理论知识。课程教学中培养学生掌握语言系统结构、特征、类型及演变规律的科学方法,提高学生运用新技术、多学科知识分析解决语言现象问题的能力,培养学生马克思主义方法论和唯物史观。课程注重考察人类语言的共同规律和普遍特征,有助于为学生树立马列主义的语言观和语言服务意识;基于汉语言学科基础,坚定学生对汉语言悠久灿烂历史文化的自信,培养学生的中华传统文化人格特质,使其具有家国情怀。

"新文科"概念是高校哲学社会科学发展中引入的新理念,同时也冲击着高校文科传统的培养模式。而课程思政是新时代背景下党中央加强高校思想政治工作的新要求,是解决高校思政教育孤岛困境的新理念(赵鹤玲,2020)。"新文科"同课程思政都对高校人才培养提出了新要求,重塑了高校培养人才模式。在互联网、人工智能时代,"新文科"是培养高素质复合型人才的必由之路,而课程思政则是新形势下立德树人的根本性保障。我们以"语言学概论"课程为例,探索专业课程思政教学的新模式,实践新文科背景下语言学科建设的新思路。

一、立足课程性质,挖掘课程思政元素

课程思政不同于思政课程,没有明确的思想政治教育内容的直接运用。课程思政建设过程中必须依托专业课程内容,梳理其蕴藏的思政元素,巧妙设计课程使其达到"润物细无声"的效果。基于"语言学概论"的课程性质,挖掘梳理思政元素,是课程建设的首要任务。

（一）立足课程性质，挖掘思政元素的重要性

教育的根本任务是立德树人，高校教育的终极任务则是培养高素质的人才。2016年，习近平总书记在全国高校思想政治工作会议上强调，要用好课堂教学这个主渠道，发挥专业课程优势，使得各类课程同思想政治理论课同向同行，形成协同效应。从"思政课程"到课程思政，高校专业课教师作为与学生直接接触的关键力量，成为"三全育人"的践行者（蒙丽媛，2020）。课程思政的首要任务是挖掘专业课程的思政元素，重新策划课程内容。思政元素的挖掘必须以课程性质为本，脱离课程性质强加思政教育的相关内容，立德树人的效果便无法保证，课程思政则会成为无源之水。

（二）"语言学概论"课程的地位性质

"语言学概论"是语言类课程中的基础理论课程，是高等院校中文学科本科专业基础课程之一，是语言学的入门课程。新文科理念是由美国希拉姆学院提出的，它是指将新技术融入哲学、文学、语言等诸如此类的课程中，为学生提供综合性的跨学科学习。因此，在新文科背景下，"语言学概论"课程思政建设在高校教书育人中就显得尤为重要。

语言学课程具有特殊地位，既和人文学科密切相关，又和自然科学相关。语言是一种社会现象，不仅与文学密切相关，还与社会的政治、经济、文化、历史密切相关。中国文化博大精深，而汉语言是文化最直接的体现。课程主要介绍语言学的基本概念、基础知识和基本理论，从共性角度讲述语言的性质、结构、功能、运用、变异以及发展演变规律（聂志平，2010）。"语言学概论"课程在新文科建设中具有得天独厚的优势，这是因为语言的发生与物理、生理、心理等学科密切相关，而现代语言与语言的信息处理（如机器翻译、语码转换等），又涉及数学、计算机科学。新文科背景下，这些学科又为"语言学概论"课程建设提供了便利。立足课程地位性质，挖掘思政元素既贴合课程知识，又符合新文科培养人才的要求。

（三）"语言学概论"课程内容中的思政元素

根据课程性质，结合立德树人的思政要求，课程思政元素的梳理情况如表1所示。

表1 "语言学概论"课程蕴藏的思政元素

思 政 元 素	语言知识内容	思政元素融入点
家国情怀	新词产生与旧词消亡	理想信念
	汉语音节结构/汉字发展演变历史	汉语文化自信
	汉字起源与发展	人民群众是历史创造者
	语言接触与替换	语言战略规划
	不成系统词的借用	国家语言安全意识

续表

思 政 元 素	语言知识内容	思政元素融入点
文化素养与健康品格	古汉语与现代汉语方言的联系	汉语历史文化
	人类语言与动物语言的区别	人的社会性
	语言学家探索语言规律	面对困境的积极精神
	语言组合中的语流音变	包容谦让的意识
	汉字特征/词语结构	正直、善良、诚实的品格
	句法变换/文字改革的方式与历史	创新意识与能力
马克思主义认识论	词汇意义的类型	物质第一性
	思维方式的差异性	意识形态的形成
	音位与音素的差别与联系	对立统一规律
	语言替换原因/方言成为共同语基础	经济基础与上层建筑
	语法发展规律	矛盾发展的不均衡性
	语言单位组合中的规则与特殊性	普遍性与特殊性
	词类划分依据	真理发展规律
唯物主义研究方法	词语搭配条件及句义实现	实践是检验真理的唯一标准
	句子语义结构与人类经验映像	科学文化实践方法
	音位归纳/语言谱系树	历史比较研究方法
	语言演化的不平衡性与渐变性	量变决定质变

思政元素主要分为四大类三个方面：辩证唯物主义和历史唯物主义的语言观，科学辩证的唯物主义方法论，中华传统文化认同、家国情怀。只有课程教学中帮助学生掌握马克思主义世界观和方法论，才能融思政元素于课程专业知识中，进而最终实现坚定学生理想信念，培养学生家国情怀、文化素养及健康人格的思政目标。

二、确立育人目标，构建思政明暗双线并行机制

为了更好地应对新文科育人要求，实施课程思政理念，必须寓世界观、人生观、价值观引导于知识传授和能力培养之中，这才是高校人才培养的根本和主要内容，因此，只有明确"语言学概论"课程的育人目标，才能更好地实施育人措施。

（一）明确课程思政明暗双线，统一显隐性教育功能

"语言学概论"课程内容虽然间接或部分地与实用有关，但该课程的本质目的依然是认识人自身，认识客观世界。新文科建设突出强调文科教育的质量发展路径，也更强调思维、素质和能力的全面提升。"语言学概论"课程落实立德树人的根本任务，要将价值塑造、知识传授和能力培养融为一体，不能将其割裂。我们按照课程性质，把课程育人目标分为明暗两条线，突显育人显隐的两个层面。

1. 课程思政明线的显性育人功能

明线主要保障通过专业课程传递科学认知方法，重塑学生新技术下的思维方式。首先，具有科学发展观，提高辩证运用科学方法理解分析语言现象的能力，培养马克思主义方法论和唯物史观。其次，培养学生发现问题、解决问题的能力，树立马克思主义语言观和唯物辩证方法。最后，学生建立关于汉语特色的语言学知识体系，掌握马克思主义认识论的相关知识，培养马列主义的语言观和语言服务意识。

2. 课程思政暗线的隐性育人功能

暗线主要通过专业知识培养学生的理想信念、文化素养以及家国情怀等。首先，学生理解语言物质性，增强对汉语言悠久灿烂历史文化的自信，自觉弘扬中华传统文化，培养学生中华传统文化人格的特质。其次，学生掌握语言联系发展中的一般规律，增强科学认识事物发展演变中的辩证关系的能力，培养学生的家国情怀和理想信念。

在专业课程思政建设中，明暗双线不分主次，双线并行的机制保证了新文科背景下课程目标任务的有效完成。

（二）明线发挥学生主体功能，学习语言科学的思维与方法

"语言学概论"课程的专业知识目标设定包含着马克思主义认识论和方法论。"语言学概论"课程是一门从理论上对全人类语言的共同规律进行研究的学问，语言学科的建立本身就是历史唯物主义的成果，马克思主义的认识论、科学认知方法贯穿于课程。教学中，坚持以学生为中心，加大对学生认知规律和接受特点的研究，发挥学生主体性作用，教师通过讲授语言科学的相关内容，保证学生学习语言科学的思维体系，使其掌握科学认知方法（见表2）。

表2 明线功能及教学设计

课程内容	教学设计	思政融入点	融合学科及知识
词汇意义的类型	课堂辩论：词汇意义的本质	物质第一性	科社：辩证唯物方法
思维方式的差异性	图像展示：人类大脑构造及功能	意识形态的形成	神经学：大脑中枢功能
音位与音素差别与联系/词义间关系	材料分析：音位与音素差异/下列词语之间的联系	对立统一规律	声学：不同音素的实验图式
语言替换的原因	课堂辩论：语言替换的原因有哪些	经济基础与上层建筑	文化学：人类文化发展演变
语法发展的规律	课题研讨：语法发展的主要矛盾	矛盾发展的不均衡性	科社：主要矛盾和次要矛盾

续表

课程内容	教学设计	思政融入点	融合学科及知识
语言单位组合中的规则与特殊性	小组研学：组合与聚合规则关系	普遍性与特殊性	社会学：组织的要素
词类划分的依据	课堂辩论：词语聚合的规律	真理的发展规律	计算机：词语搭配的形式及规律
词语搭配条件及句义实现	材料分析：语句合情合理合法条件	实践是检验真理的唯一标准	科社：科学文化实践的研究方法
句子语义结构与人类经验映像	课堂讨论：如何做好语言现象分析	科学文化实践方法	心理学：语义的形成
音位归纳/语言谱系树/语法范畴	课堂讨论：音位归纳原则/语法范畴类别 情景展示：人类语言亲属关系	历史比较研究方法	逻辑学：归纳、分析、综合、对比等科学方法
语言演化的不平衡性与渐变性	文献选读：《马克思主义与语言学问题》	量变与质变	计算机：动画"千里之堤，毁于蚁穴"

明线内容主要为语言知识及方法的学习，教师通过课堂教学设计思政教育和新文科建设理念，教学中凸显马克思主义语言观、唯物主义辩证法的学习。

（三）暗线发挥课程内外资源优势，关注学生情怀素养与品格

习近平总书记 2020 年在《思政课是落实立德树人根本任务的关键课程》中指出，要挖掘课程和教学方式中蕴含的思政教育资源，实现全员育人。他还多次对青年提出殷切期望，对青年的理想信念、家国情怀、健康品格提出了要求。语言科学与人文社科密切相关，承载着语言文化教育的重任。青年学生的理想信念、健康品格通过课内外资源进行浸入式教育。课程内外资源及思政融入点情况如表 3 所示。

表 3 暗线教学设计及课程资源

教学设计	思政融入点	课内外资源	预期效果
案例教学：新词产生与旧词消亡规律	理想信念	文献阅读：习总书记关于青年理想、担当等相关文献	青年要有理想，有担当
影像演示：汉字发展演变历史	汉语文化自信	影像资料：汉字发展的不同阶段	上下五千年中华文明所带来的文化自信
讲授：文字起源与发展	坚定人民群众地位	文献阅读：《马克思主义》	人民群众是历史的创造者
案例教学：语言接触与替换	语言战略规划	课程资料：语言接触类型、替换原因	意识到国家语言安全的重要性
课堂讨论：不成系统词汇借用	共享、发展理念	课程材料："一带一路"沿线国家语言系统中的借词	树立人类命运共同体的意识

续表

教 学 设 计	思政融入点	课内外资源	预 期 效 果
影像展示：古汉语与现代汉语方言的联系	汉语历史文化	文献阅读：《诗经》《左传》	增强传统汉语言文化修养
阅读：语言学家索绪尔探索语言规律	困境中积极向上的精神特质	游戏：用8个语言符号组合句子数量	培养克服困难的品质
语言组合中的语流音变	包容谦让的意识	作业：分析音位独立时和在群体中的差异	明白个体与集体的关系，体会包容谦让的重要品质
讨论：汉字特征、汉语特征	正直、善良的品质	学唱：《中国娃》	践行中国人传统品质
案例教学：文字改革的方式与历史	创新意识与能力	课程资料：文字变革的历史	自我变革，勇于创新

教育部在《完善中华优秀传统文化教育指导纲要》中明确提出："加强中华优秀传统文化教育，是培育和践行社会主义核心价值观，落实立德树人根本任务的重要基础。"由此可知，文化育人一直是思想政治教育的核心。教师要提前设定每个学期阅读的经典文献，运用讨论、阅读等方法充分利用课程资源优势，将思政元素融入专业知识，发挥思想政治教育主体的多元化作用。

三、借助信息技术，增加课程思政的融入性

课程思政的最终目的是保障人才培养的政治方向，新文科建设要求将新技术融入文科专业建设中，是为了确保人才培养的技术方向，两者都是在培养符合新时代社会需要的人才。信息时代借助各类新技术增加思政元素的融入性，使得思政理念又保障了新技术的合理运用。

（一）利用信息技术，重塑专业课程思维体系

1. 信息技术有利于跨专业知识的融合

新时代人才具有创新性、战略性，需要具有跨学科获取知识的能力。课程建设中可利用信息技术推进多学科交叉，从而拓宽学生的视野，培养学生的创新与创造能力。新文科建设要推进学科交叉、融合，必须从课程所涉专业、行业、国家、国际、文化、历史等角度，增加课程的知识性、人文性，提升引领性、时代性和开放性。社会需要更多高素质的复合型人才，新文科建设要以培养拔尖人才为目标，新技术融入也要更符合新文科建设的要求。

2. 信息技术有利于增强课堂的趣味性

"语言学概论"课程属于理论课，课程信息量比较大，教师需对课程内容按照文

字、语音、词汇、语法等不同性质划分模块，由于每个模块知识都非常抽象，传统教学方法并不受学生喜欢。据调查，全国各地高校学生均认为语言学课程接受困难。新文科背景下，我们借助数字技术，利用各类信息资源优势，通过影像、计算机技术以及医学发展最新成果，实现了教学内容的时代性、专业性，同时我们在教学过程中注重利用教学手段信息化增加课堂趣味性，让学生感受到知识的生动丰富，以提升学习乐趣。

3. 信息技术有利于评价体系的多元化

学生的差异性决定了在教学过程不同阶段会出现成绩差异。信息技术的运用有助于构建过程性、分层考察的评价体系，做到对学生学习过程的评价能凸显学生在不同学习阶段的优势成绩。在多元化评价中，课程思政建设效果的评价更加简便易行，可以利用大数据对学生阅读文献、网络浏览等信息进行追踪调查，这有利于对学生政治教育的全程育人、全方位育人。根据课程学习模式的多样化设计过程性、分层性等多种评价方法，最终实现评价体系的立体多元化。

（二）强化课程思政，保障信息技术合理运用

1. 信息技术为课程思政建设提供机遇

目前思政工作者已经意识到采用新媒介形式开展德育教育的重要性。数字化交际可以增强课程思政的多边互动性，教育主体在数字时代也必须借助多种媒体手段，实现专业知识和思政相关内容的有机融合。在传统的学习环境中，信息传递是单向的，在课堂有限的空间和时间内，思政工作是在师生之间单向的交流，偶有互动也不足以彰显学生的主体地位。思想政治工作总是以远离的姿态呈现在学生面前。媒介技术的发展改变了人际关系的距离，人们的活动从日常现实生活逐渐向线上转移，突破了空间的局限，呈现"远不是远，近不是近"的现象，这为课程思政建设带来了机遇。

2. 课程思政为信息技术的运用指明方向

将信息技术融入语言学科中，既有利于培养全面发展的人才，又有利于培养人才的创新能力，合理发挥新技术的无限价值。但智能时代，新技术是把双刃剑，如果运用不当会带来毁灭性灾难。新文科建设中，必须保持技术使用者具有正确的价值观、人生观，以及解决问题的科学方法，只有这样才能保证人才正确的发展方向。因此，课程思政的强化设计就显得尤为重要。作为"语言学概论"课程来说，语言承载着自我认同和信息交流的双重使命。在当今充满竞争的国际环境中，语言教育课程建设应该以为我国提高人的素质进而实现国家利益为指导理念。中华传统优秀文化蕴藏在汉语言中，只有坚定汉语言文化自信，做好汉语言教育，坚定语言为人类服务的意识，

才能更好地运用技术服务国家、人民。"语言学概论"课程中融入思政元素,才能更好地发挥新技术的价值,才能更好地服务于国家政治利益、经济利益和文化利益。

结　语

课程思政要求重塑高校教育生态,为高校立德树人指明了培养方向。与此同时,新文科建设为高校人才培养提出了技术知识方面的要求。"语言学概论"课程立足课程与自然科学、人文科学都密切相关的性质,明确育人目标,构建明暗双线并行思政机制;将新技术引入教学过程,重塑课程思维体系,在模块化课程知识当中融入思政元素,为合理运用新技术提供了保障。而新文科背景下进行课程思政建设,也为切实提高汉语言课程教学质量提供了有力保障。

"商务英语精读"课程思政探索与实践

袁静静 外国语学院

引 言

"商务英语精读"是商务英语专业的核心必修课程,其教学目的是提升学生的商务英语基本功、拓展国际化视野与人文素养、提高跨文化交际能力与思辨能力。传统的"商务英语精读"课程以学习商务语言文化知识为主要内容,关注学生的听说读写译技能的训练,而缺乏对学生思想政治的教育。这种传统的教学方式会造成部分学生思想觉悟不高,政治信念不坚定,世界观、人生观、价值观出现偏差等问题。将思政元素融入"商务英语精读"课程中,建立"商务英语精读"课程思政,可以有效地弥补传统专业教学中思政元素的缺乏等问题。"商务英语精读"课程思政中的思政元素包括中国特色社会主义和中国梦宣传教育、理想信念教育、中华优秀传统文化教育、中华优秀传统美德、职业素养、工匠精神等,将这些元素融入"商务英语精读"教学的各个环节中,可以更好地结合商务英语的学科特点,有针对性地对学生进行思政教育,有助于实现如下教学目标。

一是提高学生的文化自信——商务英语专业的学生在学习西方文化的同时,进行中西方文化的比较,在比较中坚持文化自信,客观地看待世界;二是树立正确的世界观、人生观、价值观——把社会主义核心价值观融入教学过程,实现知识、价值、能力培养的有机统一,教育学生具有家国意识,学会承担责任;三是建立正确的商业伦理观,成为政治素质过硬的国际商务人才。

要实现这些教学目标,需要提高教师思政水平,更新教学内容,改革教学方法,创新教学方式,等等。

一、提高课程思政水平,更好地实现育人目标

课程思政要求首先要提高教师的认识,只有教师认识到课程具有什么样的思想教育功能,深入挖掘课程的育人价值,才能更好地实现三全育人的目标。作为教学过程的主体之一、学生的领路人,教师的思政意识和能力是实现课程思政目标的前提和基础。"商务英语精读"是商务英语核心课程之一,每学期的课时通常是大多数其他课程的两倍,这意味着教师有更多的机会向学生潜移默化地进行思政教育,教师要懂得

抓住机会,更好地促进学生发展。

1. 增强思政意识

课程思政是用一种潜移默化的方式达到"春风化雨、润物无声"的育人效果的,教师始终秉持这种育人理念,才能很好地实现育人目标。课程思政注重的是隐性教育,教育的过程不能喊口号,更不能强迫,言传身教才是更适合的方法。教师要注重自身思政意识的提升,给学生树立榜样。"商务英语精读"教师要不断提升自己的国家意识、国际视野、人文情怀、商业伦理观等,实现价值引领。

2. 提高思政能力

如何将思政意识内化成一种能力并传递给学生,是课程思政过程中最重要也最有挑战性的环节。教师只有通过不断的学习,才能逐步地提高自己的思政能力。"商务英语精读"教师要坚持学习中国特色社会主义理论体系,关注国际经济发展情况,引导学生了解中西方经济的体制差异、文化差异等,培养学生的文化自信。

二、更新教学内容,将思政元素潜移默化地融入教学内容中

所有课程都蕴含着丰富的育人资源,每位教师都要深挖课程中的思想政治教育资源。哲学、社会科学课程要注重政治导向,挖掘政治文化的育人价值。

"商务英语精读"这门课采用的是华东大学出版社出版的《综合商务英语》这套教材,共四册,全套书选材广泛,内容丰富,话题基本涵盖了国际商务活动的各个方面,如商务礼仪、企业文化、员工招聘、品牌营销、商务策划、广告、信用卡、国际金融、国际贸易、电子商务、企业变革、项目管理、跨文化沟通、商业伦理、国际商法、组织行为等。

课程内容大多选取自英美等国主流财经杂志期刊或者网站上近期发表的文章,致力于帮助学生掌握商务语言文化知识,提升学生英语应用能力、商务实践能力、跨文化交际能力、思辨与创新能力,提高学生的专业素养与人文素养。将思政元素融入"商务英语精读"课程中,需要基于已有的课程内容进行相应的设计,结合中西方文化差异,关注国内外经济社会发展新形势,挖掘中国文化,自然地将思政元素与专业知识的传授相结合。根据课程思政的基本要求,本课程的思政元素主要包括:中国特色社会主义和中国梦教育、社会主义核心价值观教育、理想信念教育、中华优秀传统文化教育、中华优秀传统美德、法制教育、职业道德、工匠精神等。

表1以《综合商务英语》第一册为例,探讨教学内容中的思政元素及其教学目标。

表1 《综合商务英语》教学内容中的思政元素

章　节	课程思政元素
Brand Marketing 品牌营销	中外品牌对比、疫情期间中国品牌营销策略等，塑造中国品牌影响力，提升民族自尊心和自豪感
E-Commerce 电子商务	电子商务技术、物流、支付等知识，探讨其在疫情期间发挥的作用，帮助学生了解专业知识，树立正确的价值观
Finance 金融	中国特色社会主义经济发展观、中国金融市场发展历史，帮助学生从政治认同和国家意识方面认识中国金融
Corporate Culture 企业文化	中国企业文化特色知识和文化精神，培养学生在日后的工作中运用企业文化知识解决实际问题，维护企业形象
Advertisements 广告	经典国货品牌案例分享、中华优秀传统文化应用，提高学生民族自信、文化自信，将中国文化教育融入广告设计理念
Marketing 市场营销	分享营销案例，布置市场调研任务，让学生自己去感知和应用所学的营销知识
New Technology 新科技	介绍人工智能等前沿技术，探讨由此带来的社会伦理问题，拓展学生视野，提高学生创新能力
International Business 国际贸易	我国"一带一路"倡议的背景和对外直接投资的意义，引领学生坚定中国特色社会主义道路自信、理论自信、制度自信、文化自信
Cross-cultural Communication 跨文化沟通	英汉语言、文化与思维对比，培养文化认同，增强民族自信和民族自豪感
Business Ethics 商业道德	诚信精神、法制教育、服务意识，指导学生重视诚信精神，树立法制意识，培养服务意识和职业素养

三、改革教学方法，提升课程思政效果

传统的教学形式方法单一，教学效果不佳，无法满足现阶段多样化的专业学习和课程思政的教学目标。根据现有的教学内容，深入挖掘课程中的思政元素，根据教学目标采用不同的教学方法，如案例教学法、小组讨论法、启发式教学法、头脑风暴法、情景模拟法、任务型教学法等，以提高学生的学习兴趣，提升思政教学效果。

在《综合商务英语》第二册第四单元商业模式（Business Model）中，课前预习环节给学生提供中国成功的商务模式案例，如阿里巴巴、腾讯、华为、百度、比亚迪、联想、海尔等，让学生讨论并互动交流，回答以下问题：

1．Nowadays, many companies try to innovate their business models. What do you think are the main reasons for it?

2．What do you learn from the business models adopted by Chinese companies? Please illustrate by concrete examples.

通过回答以上问题，学生可以为学习课文做好充分的准备，同时也能更加充分地

了解中国成功企业的商业模式和企业文化，以及中国企业在国际上的地位，从而激发学生的爱国热情和民族自豪感；同时，启发学生思考如何为中国经济发展服务，以增强学生的责任感。

任务型教学法强调"在做中学"，指教师通过引导学生完成任务来进行学习的一种教学方式。这种方法可以更好地体现学生的主体地位。教师需要给学生提供所需的材料、设计好任务并进行点评和补充。在《综合商务英语》第一册第四单元"企业文化（Corporate Culture）"中，两篇文章所讲的都是西方的企业文化和精神。在学习完文章后，给学生提供《中共中央 国务院关于营造企业家健康成长环境弘扬优秀企业家精神更好发挥企业家作用的意见》和习近平在企业家座谈会上的讲话，给学生布置的两个任务是：翻译36个字优秀企业家精神；找出自己的角度，对中西方企业文化或企业家精神进行对比，在课堂上以演讲的方式进行展示。通过材料的提供和任务的完成，可以弥补本单元只学习西方文化而不涉及中国文化的缺陷，避免了学生只学习西方企业文化后进入中国企业而发生"水土不服"的问题，同时也有助于学生在以后的工作中增强爱国情怀，讲好中国故事，弘扬中国企业家精神。

有学者将情景模拟教学定义为"创设教学内容所需要的接近实际工作或生活的场景，由学员在这种场景中分别担任不同角色，教师在一旁进行指导、分析，并做出最后总结的一种虚拟实践性培训方法"。通过情景模拟教学，可以让学生感同身受。在《综合商务英语》第一册"跨文化交际（Cross-cultural Communication）"这一单元中，给学生提供一些中西方文化差异的材料，引导学生将这些冲突用情景表现出来，让学生真实地感受到中西方制度、文化、价值观等方面的差异和冲突，让学生更加了解中国文化，理性地看待西方文化，提升学生的跨文化交际能力。

四、创新教学方式，利用互联网，采取线上线下相结合的方式

随着"互联网+"时代的到来，传统的课堂逐渐被线上加线下课堂的混合教学模式所取代。课程思政也应与时俱进，充分借助各种信息化教学手段和资源，利用各种网络教学平台，实现线上和线下相结合的教学模式。互联网的核心理念是开放共享，这就要求"互联网+课程思政"不能简单搭建网络的教学平台，而要对平台集成和资源要素进行有机整合。教师可以利用的网络资源包括线上教学平台如钉钉、雨课堂等，慕课如MOOC、网易云课堂、智慧树等，网络资源如人民网、新华网、中国日报等，这些网络资源和平台可以丰富教学内容和教学形式。课前，教师可以在教学平台上发布教学资源或链接，对学生进行分组，布置预习任务，各小组可以在平台上发表意见并进行讨论。课上，教师可以就大家的讨论在课堂上进行点评和总结，也可以在课堂

上组织小组活动。课后，教师在平台上布置任务并及时检查任务完成情况。

在《综合商务英语》第四册第四单元"冲突管理（Conflict Management）"中，在教学平台上上传网易云课堂上的冲突管理课堂的链接，让学生观看视频并学习，并使用情景模拟法，让学生模拟贸易冲突场景并探索解决方案。通过视频学习，学生了解到中西方冲突产生的区别和不同的解决方法，从而提升学生冲突解决的能力，以更好地适应职场。

在《综合商务英语》第四册第十单元"公共关系（Public Relations）"中，给学生播放国务委员兼外长王毅在德国发表的题为"跨越东西差异、践行多边主义"的演讲（英文版）。王毅详细介绍了中国为抗击新冠肺炎疫情采取的果断措施和取得的明显成效，讲述了中国人民众志成城抗击疫情和国际社会支持中国抗疫的感人故事。王毅认为，在当今这个时代，各国命运休戚与共，紧密相连，任何一个国家都不可能独善其身。当前的要务是加强全球合作和协作，而不是划清界限，互相指责，要真正做到超越差异，创建人类命运共同体。观看视频后，组织学生讨论，能够扩大学生的国际视野，树立学生的共同体意识。

在《综合商务英语》第一册第十单元"商业道德（Business Ethics）"中，向学生分享人民网收录的《法制日报》文章《再隐蔽的强制交易也绕不过法律》《用公益诉讼反就业性别歧视值得期待》等文章，文章介绍了商界中或职场中可能出现的违反道德的问题，并介绍了相关法律知识，使学生能够自然地学会以后在职场中规避违反道德的行为，同时也知道了哪些法律可以保护自己，从而树立法律意识，培养职业道德。

 结 语

课程思政要求"三全育人"，即全员育人、全程育人、全方面育人。这是今后高校培养人才的重要指导思想和目标。"商务英语精读"是商务英语专业的必修课程，也是重要的基础课程之一。在实施课程思政以后，学生展现出了更强的文化自信和民族自豪感，学习和生活的态度也更加积极向上。在今后的教学中，需要教师继续加强自身政治素养，挖掘课程思政元素，更新教学方法和教学模式，将思政元素与专业知识有机结合，对学生进行潜移默化的思政教育，培养优秀的社会主义建设者和接班人。

"韩国语精读"课教学中思政教育的探索与实践

朱曼曼 外国语学院

 引　言

"韩国语精读"课程是高校朝鲜语专业最重要的专业基础课,其基本任务是对学生的听、说、读、写、译诸方面进行综合训练,培养他们综合运用韩国语的能力。构建人类命运共同体背景下的外语教育不能仅仅传授语言知识与技能,需要更加注重情感、态度、价值观的培植。"韩国语精读"课程蕴含丰富的思想政治教育价值,本文拟结合韩国语精读课特点,针对具体学情,深入钻研教材,讨论如何挖掘"韩国语精读"课程所蕴含的思想政治教育元素,提出在专业课教学过程中通过典型案例融入思政元素的具体方法,以实现价值引领、能力培养和知识传授的"三位一体"教育目标,培养具有国际视野、家国情怀的高素质人才。

一、分析学情,把握思政着力点

本文拟以临沂大学朝鲜语专业本科二年级的学生为例,分析具体学情,以为本课程更好地开展思政教育提供有益参考。总体来看,学生对于"韩国语精读"课的重视程度高,出勤率高,上课抬头率高,教学效果良好,这为该课程开展思想政治教育提供了良好的条件。

大二学生进入自主学习阶段后,学业上开始出现两极分化,心理上也在悄然发生变化。对大学生活的新鲜感退却,失落感加重,开始出现消极负面的情绪,也就是所谓的"大二低潮"现象,再加上疫情期间学生长时间宅在家中可能会出现各种各样的心理问题,这就要求教师在授课过程中,不仅要注重调动课堂气氛,提高课堂趣味性,还要注重大学生心理健康的维护和调适。在传输知识的过程中,要以符合自身特点的方式,不着痕迹、自然而然地融入思政元素,见缝插针地对学生进行心理疏导,让价值引导的成分在课堂教学中如盐在水,达到"春风化雨、润物无声"的育人效果。

二、钻研教材,找准思政切入点

"专业思政"必须立足专业课程,这就要求教师要潜心备课,认真钻研教材,吃

透教材，精通教材，深入挖掘、提炼课程中蕴含的思政元素，找准课程知识内容与思政内容的契合点，找准"道"与"术"的切入点，精心设计教学目标、教学内容，创新教学方法，使课程内容和政治认同、家国情怀、文化素养、宪法法治意识、社会责任、道德修养、思维品质、科学精神、创新能力、人文精神等思政要素自然衔接，有机融合，达到"润物细无声"的育人效果。

临沂大学朝鲜语专业大学二年级下学期的精读课程，采用的教材是由延世大学韩国语学堂编著、世界图书出版公司出版的《延世韩国语4》，韩国延世大学韩国语学堂是韩国国内最早的专业韩国语教育机构，《延世韩国语4》为中国韩国语教育研究学会推荐教材，是极具权威性和实用性的韩国语学习的经典教材。教材内容分为十章，每章有五个小节（最后一节为复习内容），各小节的对话围绕同一个主题展开。教材选取的主题不仅具有多样性，还体现了时代性、真善美等正能量主题的特点。要了解和把握教材中选材内容的方向，找准每个章节主题的切入点、突破口，将教材内容进行深入挖掘，找到不同角度的思政素材，从而更有效地将思政教育融入课堂中。《延世韩国语4》中的思政切入点如表1所示。

表1 教材《延世韩国语4》中的思政切入点

大章主题	小节内容	思政切入点	实例
1. 我的生活	1.1 适应新环境	培养学生的社会适应能力	"孟母三迁"新解读
	1.2 远亲不如近邻	教育学生懂得感恩	"吃水不忘挖井人"
	1.3 减少时间浪费	引导学生树立正确的时间观念	李嘉诚的"时间管理"
	1.4 参加志愿活动	调动学生提供志愿服务的积极性	大学生志愿服务西部计划
2. 人的性格	2.1 内向的性格	培养当代大学生的自信心	"四个自信"
	2.2 丰富的想象力	鼓励学生充分发挥主观能动性，培养创新创业意识	"互联网＋大学生创新创业大赛"；从"中国制造"到"中国创造"
	2.3 做事善始善终	培养大学生的意志力	中国共产党人的"不忘初心、牢记使命"
	2.4 固执的父母	引导学生学会换位思考	中国的"孝文化"，"孝"与"顺"的内涵
3. 日常问题	3.1 购物退换货	引导学生理性消费，树立正确的消费观	中国年轻人"网购成瘾"
	3.2 社区噪声污染	培养学生社会公德意识和责任意识	"高铁霸座"；情侣在公共场所行为过分亲密
	3.3 室友矛盾	倡导构建"和谐宿舍"，追求共同进步	全员考上清华北大的"最牛寝室"
	3.4 退租纠纷	教导学生运用法律武器维护自身权益	专门针对大学生的网络诈骗案

续表

大章主题	小节内容	思政切入点	实 例
4. 现代韩国的文化	4.1 韩国人的解压方式	缓解大学生的心理压力	频发的在校博士自杀事件
	4.2 韩国饮食特点	弘扬中国饮食文化,坚定文化自信	《舌尖上的中国》
	4.3 韩国流行语	弘扬汉字文化,坚定文化自信	风靡全球的"汉语热"
	4.4 韩国社团活动	鼓励学生参加社团活动,提高个人综合素质	临沂大学学生会和丰富多彩的社团活动
5. 时间和变化	5.1 科技发展日新月异	讲解中国科技在新冠肺炎疫情防控中的作用	2020年9月习近平总书记主持召开科学家座谈会
	5.2 双职工夫妇的生活	培养新时代大学生的家庭责任感	90后壮家姑娘覃艳汁的事迹
	5.3 无处不在的摄像头	提醒大学生加强隐私保护及防范风险	韩国"N号房"事件
	5.4 人们对变化的感知	教育大学生紧跟时代,砥砺前行	习近平总书记提出"因势而谋、应势而动、顺势而为"
6. 知识和社会	6.1 错误信息对人的误导	提高大学生的信息甄别能力	新冠肺炎疫情期间的各种虚假、不实信息
	6.2 电视节目的"利"与"弊"	提高大学生审美能力,加强马克思主义主导价值观教育	电视娱乐成"愚乐",充斥着文化垃圾
	6.3 视频聊天和网课	了解网络信息技术发展对学习生活的影响	新冠肺炎疫情期间师生亲历的线上教学
	6.4 通过报纸阅读拓展视野	引导大学生进行有效阅读	令人堪忧的中国人年均阅读量
7. 迷信	7.1 可怕的"魔咒"	加强马克思主义唯物论、无神论和科学精神的教育	雨神"萧敬腾"
	7.2 生活中的禁忌		万建中著《中国民间禁忌风俗》
	7.3 占卜和算命		"假和尚"行骗
	7.4 解梦		大学生的"星座热"
8. 生活经济	8.1 学会攒钱	引导学生树立正确的理财观念,学会存钱	"感动中国"人物马旭的事迹
	8.2 银行储蓄	引导学生树立正确的理财观念	马云和刘强东等人的理财观念
	8.3 信用卡结算	引导学生理性消费,树立正确的消费观	大学生"信用透支"现象
	8.4 广告刺激下的消费		疯狂"追星族"跟风购物

续表

大章主题	小节内容	思政切入点	实 例
9. 节日和庆典	9.1 韩国人的过年习俗	弘扬中国传统节日文化	中韩春节习俗的对比
	9.2 中秋假期拥堵的交通		中韩中秋节习俗的对比
	9.3 江陵端午祭		中国端午节申遗成功；中国端午节和韩国江陵端午祭的区别
	9.4 五月，韩国的"家庭月"		中国的"孝道"及其对韩国的影响
10. 生活在现代的人们	10.1 时间强迫症	缓解大学生的焦虑情绪	大学生抑郁自杀事件
	10.2 拜金主义	警惕拜金主义思潮对大学生的危害，引导其树立正确的价值观	部分女性的拜金主义择偶观
	10.3 健康管理	引导大学生加强体育锻炼	钟南山院士"秀肌肉"
	10.4 厌倦沟通	培养大学生的社会交际能力	低头族的"面对面"社交恐惧症

三、典型案例解析

新课导入是教学实践活动的关键环节，在教学实践中发挥着重要作用。问题是时代的声音，人心是最大的政治，抓住问题才能抓住人心。只有结合专业，引导学生思考和探究国计民生中的热点问题，才能做到"思政"与专业相长，达到事半功倍的育人效果。我们采用问题导入法，即在教学活动开始时，根据教学目标和教学内容，提出一个或几个问题，供学生思考、讨论。这些题目经过教师精心设计，不仅做到了引人入胜，激发了学生参与课堂的积极性，而且不着痕迹、自然而然地将其与时事热点相关联，为开展思政教育提供了广阔的空间。

以《延世韩国语4》第六章第一节"错误信息对人的误导"为例，教材给出了两个课前讨论题：其一是给出关于（韩国）大学生获取信息途径的调查结果，然后询问大家主要通过什么途径获取信息；其二是询问在信息洪流中，我们该如何有效地甄别信息。该教材是从韩国引进的原版教材，题目一明显是针对韩国大学生提出的，再加上教材的时效性问题，很难引起中国学生的兴趣和共鸣。题目二虽说是开放性题目，但是问得过于高深，回答起来难免会有压力，很难调动学生参与课堂的积极性。

这就要求教师在备课、制作课件的时候，根据教材具体内容，结合中国大学生的实际情况，尤其是他们所关注的时事热点，如新冠肺炎疫情防控的相关新闻报道，重新设计图片和题目，以更好地导入新课。此次新冠肺炎疫情引发的大量矛盾信息、谣言,是我们可利用的一个教育时机,如何培养能够理性、客观、谨慎地判断信息的新时代大学生,值得我们深入思考。

因此,我们可以在课件中插入几张关于新冠肺炎疫情谣言的文字图片,然后提问:"疫情期间,你听说过以上谣言吗?你是如何应对的呢?"这个问题就很容易打开学生的"话匣子",因为大家都可能经历过,对此感触颇深。待学生们兴致盎然地讲完他们听到的奇奇怪怪的疫情谣言后,教师点评道:"看,谣言比病毒更可怕!"然后,通过对比中韩两国在谣言方面的整治力度,告诫学生散布谣言,谎报险情、疫情、警情或者以其他方法故意扰乱公共秩序,都是要负法律责任的。最后,教师做总结:"所以,我们不要相信谣言,而是要相信科学,相信国家,相信疫情会烟消云散。"通过这种方式巧妙地将内容进行升华,激发学生的爱国情怀。

此外,教材中的文化拓展板块设有与课文内容主题相关的阅读材料和题目,既能拓展学生的知识面,又能培养学生的辩证思维能力。第六章的文化拓展配图(见图1)很能激发学生的好奇心,但是很多学生表示一眼很难看懂。

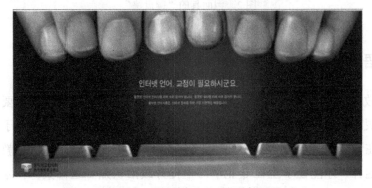

图1 网络语言,需要矫正(《延世韩国语4》)

这就需要教师课前对这张图片的来源、背景知识详尽地进行了解,在课堂上用生动而简洁的语言进行解读。这张图片实际上是在韩国广播广告公司主办的"第26届大韩民国公益广告"大赏中获得金奖的作品,它由檀国大学在校生崔恩英和崔文锡制作完成,被命名为"网络语言,需要矫正"。这时,很多同学会问,为什么用"矫正"这个词呢?这时,教师可以引导学生从上到下仔细观察一下图,很多同学会发现原来这幅图展现的是正在敲击键盘的手指头。这时候,教师可以引导一下学生:"大家联系'矫正'这个词,再看看这八个手指头像什么呀?"同学们就会知道这里说的是牙齿。那么为什么说网络语言需要"矫正"?又应该如何"矫正"呢?这就需要同学们进行一番深入思考。

图2是教师从国内网站上搜到的图,更加清晰、生动一些,教师不仅要让同学们注意观察图中人物的手指,还要让同学们思考:他为什么戴着面具呢?这个面具意味

着什么？可以让同学们分组进行课堂讨论；也可以留作课后作业，让同学们根据自己的想法写篇小作文。这里，教师要引导学生从自己做起，从身边做起，维护良好的网络语言环境，还网络一片净土。

图 2　戴面具的"键盘侠"

（来自网络）

结　语

课程思政建设的关键在于教师，教师承担最庄严、最神圣的使命，要以人格魅力引导学生心灵，以学术造诣开启学生智慧之门，要将思想政治工作贯穿于专业课程建设全过程，在专业课程的教学和实践中，将知识、技能传授与理想信念教育有机结合起来。只有这样，才能让学生在专业学习中提升政治认知、道德素养，才能真正实现以文化人、以德育人。

在写作中铸造学生优良思想品德

——"实用文体写作"思政教育实践

朱祎　传媒学院

引　言

文章是现实的反映、思想的结晶。教授实用性文章写作的"实用文体写作"课程与现实和思想有着密切的关联，是开展思想政治教育的有利场所。"实用文体写作"是一门面向全国高校的网络在线开放课程，讲授党政机关公文、事务文书等实用类文体写作，以培养学生上岗工作所需的实用性文章写作能力为教学目标。在指导学生开展写作实践的过程中，"实用文体写作"将写作要领的传授与思想教育、品德培育紧密地结合在一起，为实现立德树人的目标进行了积极的探索。

一、树立诚信价值观

社会主义核心价值观是思想政治教育的重要内容，党的十八大从坚持和发展中国特色社会主义、整合力量、凝聚共识的高度，提出了培育和践行社会主义核心价值观的战略任务。富强、民主、文明、和谐、自由、平等、公正、法治、爱国、敬业、诚信、友善是社会主义核心价值观的基本内容。这些内容都会在实用性文章写作中被涉及，被贯彻，成为文章作者的思想基础。其中，诚信与实用性文章写作的关系最为密切，它是行文的基本原则，是写作的基本态度，关系到实用性文章写作的文风。

以演讲稿教学为例，其教学的基本目标是传授演讲稿写作基础知识，通过练习，培养学生撰写演讲稿的基本技能。在培养技能的过程中，我们有意识地强化了思政教育环节。

（1）练习项目。"五一"劳动节演讲稿写作。

（2）学情分析。劳动节演讲一般都把歌颂劳动美作为主题，但是学生对劳动美的感受并不都是真切而深刻的，可以分为几种类型：第一种是从自身经历感受到了脑力劳动的艰苦，从父母那里看到了劳作的艰辛，但自身缺乏快乐和美好的感觉。第二种是只看到劳动的外在美，看不到内在美。例如面对一张新闻图片，图中是两名电工在距离地面几十米的高空检查线路，周围是蔚蓝的天空，下方是蜿蜒开阔的大江、鳞

次栉比的城市建筑群,学生从图中能感受到壮阔淋漓的美。但如果换一幅逼仄、晦暗,有点脏、乱、差的背景,学生就感受不到劳动美了。可见他们感受的劳动美更多的不是来自劳动本身,不是来自劳动内部。第三种是能够深刻体会劳动的美。在这三种类型中,第三种占比较小,更多的学生对劳动美感受贫乏或感受肤浅。感受贫乏,会导致对劳动美的歌颂言不由衷;感受肤浅,会导致对劳动美的歌颂人云亦云,满篇套话。

(3)思政教学方法。教师直接介入学生写作的主题提炼环节,引导学生说真话。如果心中没有足够的劳动美感,可以专谈劳动的艰辛,谈辛勤劳作的可敬与可歌可泣,谈对劳动者应有的尊重和关怀。在确立恰当的主题的同时,教师进一步引导学生思考和讨论应当树立什么样的文风,进而再扩展到为文与为人的关系,引导学生思考诚实做人的问题。

(4)教学效果。通过以上教学,帮助学生绕开了虚情假意作文、人云亦云作文的误区,找到了正确的演讲稿主题,顺利完成了演讲稿写作,同时也进一步深化了坚守诚实文风的意识,还对学生进行了做人讲诚信、坚持社会主义核心价值观的教育。

这样的诚信教育,可以融入"实用文体写作"课程的全部章节。

二、矫正社会认识偏差

社会现实是实用性文章的反映对象,客观准确地分析社会现实、认识社会现实是写作的基础。然而青年学生很容易产生对社会现实的认识偏差,导致写作的失误。因此,矫正偏差就成为"实用文体写作"开展思想政治教育的一个切入点。

在第三章"传播文书"第三节"新闻评论"教学中,针对"老人倒地无人扶"现象撰写评论是写作练习项目之一。开展此项练习面对的学情是:"老人倒地无人扶"被认为是一种标志性事件,标识着社会公德的大滑坡,甚至有"道德滑坡五十年"的观点。学生中有不少人是认可、赞同这种观点的,在这样一种基本观点主导下撰写评论,很容易发表片面、偏激甚至完全错误的见解。纠正这类认识偏差的方法有以下两种。

1. 分析认识偏差产生的原因

青年学生对社会现实的认识容易流于偏激,究其原因,主要包括以下几点:一是由于情感充沛,以至于掩盖了理智;二是由于社会阅历浅,涉世不深,见闻不广,看不到现实的多个侧面;三是受网络不良因素的影响,又缺乏在辩论中纠正认识的适当场所,导致错误认识潜藏积淀下来,随时可能散发负面影响;四是由于缺乏使用辩证法的良好思维习惯,知其法而不善用,导致思路偏狭。

2. 通过讨论与剖析进行认识矫正

采用讨论教学法,课上、课下展开充分交流,教师在讨论中剖析现象,指出事物本质。首先，把学生带入数十年前计划经济时代的情境中，指出那时候也有老人倒地扶不扶的问题，并分析那个时代人们可能采取的做法。其次，再与当下人们的做法相比较，指出在过去的时代背景下，扶不扶是一个单纯的道德层面的问题，扶起老人属于学雷锋做好事。但在当今社会背景下，这个问题已经超出了单纯的道德层面，进入了法律层面。扶老人常常引起法律上的纠纷，需要承担法律风险，因此具有了某种程度上的见义勇为性质。不扶老人的人多了，意味着此类事件中见义勇为的人少了，但并不表明在其他事件中见义勇为的人也少了，更不表明做好事的人少了。最后，通过搜集和提供志愿者活动材料，使学生看到学雷锋做好事的人正在化身为一批批志愿者，走进养老院、贫困山区，走向弱势群体……由此得出结论：当今社会正义仍在，良心仍在，友善仍在，光明仍在。不能因为出现了老人倒地无人扶的现象，就感觉社会道德滑坡，已经无可挽回，更不能把当下社会道德现状描绘成一团漆黑，诱导人们的悲观、绝望情绪。

经过矫正之后，学生分析问题的态度更理智客观，看问题更全面，能对事实和现象进行多角度观察，立意的角度也因此更多，评论的思路因此更开阔，完成的评论文稿更有深度和说服力。

可见，矫正学生对社会现实的认识偏差，具有十分重要的意义。对于本门课程而言，能够帮助学生高质量地完成写作练习，实现培养写作能力的教学目标；对于人才培养而言，能够避免错误观念逐步积淀以致形成负面的认识基础，从而抵御错误思想的侵蚀。

三、传播红色"沂蒙精神"

"沂蒙精神"是沂蒙人民在长期的革命和建设实践中形成的先进群体意识，是沂蒙地区人民群众乃至全国人民的宝贵精神财富。习近平总书记把沂蒙精神的特质高度概括为"水乳交融、生死与共"。2013年11月25日，习近平总书记在临沂考察时指出："沂蒙精神与延安精神、井冈山精神、西柏坡精神一样，是党和国家的宝贵精神财富，要不断结合新的时代条件发扬光大。""实用文体写作"的建课学校是临沂大学，我校身处红色"沃土"，把培养具有沂蒙精神特质的人才作为学校人才培养的目标和特色。因此，用沂蒙精神感染人、教育人，也自然地成为"实用文体写作"课程的义务和职责。

"实用文体写作"传播沂蒙精神的主要方法是在开展写作练习时注重选用具有沂蒙精神内涵的素材，在指导学生处理材料、构思文章的过程中注意揭示材料中包含的沂蒙精神，让学生理解沂蒙精神，写出沂蒙精神。

在第一章"党政机关公文"第一节"通知"中，莒县10位农民奔赴汶川抗震救灾的事迹被用作指示性通知的写作素材，处理和利用这些材料的过程也就成了揭示沂蒙精神、传播沂蒙精神的过程。其主要的教学环节如下。

（1）设置写作情境。假设莒县10位农民参加抗震救灾后载誉而归，县政府发出通知，指示各下属机关开展学习10位农民抗震救灾先进事迹的活动，写出这篇指示性通知，就是写作练习的任务和目标。

（2）掌握写作规范。正确撰写标题、主送机关、正文、发文机关署名和成文日期。

（3）撰写正文部分。这一部分是写作的重点，应当陈述下发通知的缘由、背景，以及开展学习活动的时间、方式、学习内容和要求。在学习内容这一部分，需要指出"学什么"，10位农民身上体现的沂蒙精神就是学习的重点。

教师在这一教学环节引领学生认真分析材料，提炼要点，直到学生能够回答"学什么"的问题。莒县属于革命老区，陈毅元帅曾感慨淮海战役的胜利是山东人民用小车推出来的，10位农民的父辈们也曾积极支前，为中国革命的胜利做出了自己的贡献。因此，他们抗震救灾的事迹自然而然地会被视为对沂蒙精神的践行，对光荣传统的继承。沂蒙精神的要点是："吃苦耐劳、勇往直前、永不服输、爱党爱军、开拓奋进、艰苦创业、无私奉献"。其中"吃苦耐劳、勇往直前、无私奉献"在10位农民的先进事迹中都有突出的体现，开展学习活动就是要学习这种宝贵的精神，自觉发扬优良传统，积极建设社会主义新农村。

写清"学什么"和"如何学"，正文部分的撰写也就基本完成了，在这个过程中，撰写文稿就是在领会沂蒙精神，学习沂蒙精神，诠释沂蒙精神，写作与把握沂蒙精神两种行为是合为一体的。而随着课程的对外开放，沂蒙精神也就得到了较为广泛的传播，使沂蒙地区和其他地区的学子的心灵得到净化，对于提高他们的政治思想觉悟发挥着积极的作用。

结　语

课程是教学的最前沿，将思想政治教育元素融入课程之中，会发挥"润物细无声"的教育效果。"实用文体写作"课程的授课教师在十余个学期的教学过程中，自觉参与了学生思想政治教育工作，今后还将继续探索，继续革新，在课程中融入更丰富的思政教育元素，让课程思政教育真正做到入脑、入心。

"会展策划与设计"课程思政典型案例

曲欣欣　传媒学院

 引　言

"会展策划与设计"是面向广告学专业开设的专业课程,根据专业育人目标和人才培养方案,本课程将达成理论、实践、思政三方面的课程目标:一是构建学生完备的会展策划与设计理论体系,二是提升学生从事会展策划案撰写、会展手绘表现与模型制作等方面的能力,三是培育兼有家国情怀与人文素养的会展专业人才。为充分发挥课程育人的作用,落实立德树人的根本任务,本课程践行《高等学校课程思政建设指导纲要》的基本要求,构建全员、全程、全方位课程育人体系。

一、立足课程内容,提炼课程思政元素

(一)课程情况分析

1. 课程理论与思政内容密切相关

一方面,会展类型多种多样,政治、经济会议,文化、民俗活动等都是重要的会展活动类型,其中蕴含着丰富的思政元素;另一方面,政治、经济理论的提出与会展活动密不可分,如"四个自信"就是习近平总书记在庆祝中国共产党成立95周年大会上首次提出的,案例的引入必然会融入思政教育。

2. 课程实践强化思政认同

会展可行性分析势必需要对会展举办地的人口、经济、政治、技术等展开调研,会展设计必将以中国的审美为依据,会展策划必然要遵从我国的政策与制度。课程实践使学生对会展业和国家发展充满自信,不断产生爱国情感与家国情怀。

3. 有良好的课程思政基础

在以往的"会展策划与设计"教学中,选取中国具有影响力的典型会展案例作为话题讨论对象,分析其成功举办的原因,预测其未来发展所面临的问题,并提出切实可行的应对方案,潜移默化融入爱国主义教育的同时,提升学生对中国会展业发展的自信,其形式颇受欢迎。

（二）课程思政元素的提炼

"会展策划与设计"课程体系庞大，涉及内容繁多，课程团队经过反复研讨与提炼，将课程思政元素总体归结为以下四个方面。

1. 理想信念与"四个自信"

坚定理想信念是"四个自信"的思想根基和信念支撑，"四个自信"是坚定理想信念的根本途径和持续性保障。中国会展业应根植于中国历史文化传统，彰显文化自信，进而增强学生的理想信念与家国情怀；以会展要素中的中国元素激发学生的爱国情感与政治认同，进而提升学生的制度自信。

2. 传统文化与时代精神

中国会展活动的兴起与形成根植于中华文脉，具有深厚的文化底蕴，有助于增强学生文化自信；会展设计与媒体传播传递中国传统文化，体现时代精神。

3. 职业素养与工匠精神

学生对成功举办会展活动的渴望，要求他们具备无私奉献的职业精神与使命担当；会展手绘效果图表现，既是践行规范，体悟行业标准，又是开拓创新；会展模型制作要求反复测算、精益求精，在实践中锻造大国工匠精神。

4. 团队协作与红色教育

会展项目策划需要团队协作，不断提升审美水平；组织学生参观银雀山汉墓竹简博物馆、临沂国际博览中心，见习展馆设计，领略沂蒙精神，融入红色教育；期末作业取长补短，学以致用。

二、参照课程思政元素，重构课程内容

教学内容重构前，本课程所选用的教材是湖南大学出版社出版，朱瑞波、常慧娟主编的《会展策划与设计》，教学内容与教材内容基本一致。选用本教材的原因有二：一是内容全面。在当前为数不多的此类教材中，该书的内容包括会展概论、会展设计与媒体传播、会展策划、会展基础设计、会展分项设计、会展设计的表现图技法等，既有理论又有设计实践。二是理论充实，案例丰富。其课程内容与思政元素对应如表 1 所示。

表 1 课程内容与思政元素对应表

课程内容	思政元素
中国会展活动的兴起与形成	传统文化，文化自信
会展活动的作用	爱国情感，家国情怀
会展业发展的现状与趋势	理想信念，政治认同

续表

课 程 内 容	思 政 元 素
参观银雀山汉墓竹简博物馆、临沂国际博览中心	沂蒙精神，红色教育
成功会展的特征	无私奉献，使命担当
会展设计与媒体传播	中华文脉，时代精神
会展项目策划	团队协作，提升审美
展览题材选择	与时俱进，爱岗敬业
会展手绘效果图表现	开拓创新，行业标准
会展模型制作	精益求精，工匠精神
期末作业	检验理论，学以致用

为了更好地实现课程思政育人目标，本课程教学团队成员根据人才培养方案要求、专业特征和学时要求（理论学时32+实践学时32=总学时64），结合课程思政与学情分析，经过多次共同研讨与论证后，参照提炼出的课程思政元素，将课程内容打散并重构，重构后的主要内容与思政元素如表2所示。

表2 重构后的课程主要内容与思政元素对应表

重构后的课程主要内容		课程思政元素
章	节	
一、会展概论	会展活动的兴起与形成	传统文化，文化自信
	会展活动的作用	爱国情感，家国情怀
	会展业发展的现状与趋势	理想信念，政治认同
见习	参观银雀山汉墓竹简博物馆、临沂国际博览中心	沂蒙精神，红色教育
二、成功会展的特征	聚集性、技术性、效益性	无私奉献，使命担当
	创造性、艺术性	
三、会展设计与媒体传播	会展媒体	中华文脉，时代精神
四、会展策划	会展项目策划的内涵及形式	团队协作，提升审美
	会展项目策划案撰写	
五、展览项目前期筹备	展览的题材选择	与时俱进，爱岗敬业
	展览的主题策划	
六、会展设计手绘表现	手绘线、体、材质的表现	开拓创新，行业标准
	物体、空间的手绘色彩表现	
七、会展设计模型制作	材质、工艺与模型制作	精益求精，工匠精神
期末作业	综合实训	取长补短，学以致用

三、基于课程内容重构，优化教学设计

（一）切入思政元素的教学方案设计

课程思政不是生硬地将思想政治理论强加于课程中，更不是喧宾夺主地将专业课

程变成思政课程,而是对应提炼的课程思政元素,因势而新,实现课程思政教育与专业知识学习的相互交融,其实施方案如表3所示。

表3 切入思政元素的教学方案设计

课程思政元素	切入点	基于思政元素切入方式的教学设计
传统文化,文化自信	会展活动的兴起与形成	对比分析:通过图表对比,获得会展活动整体形成脉络;结合《清明上河图》等反映不同时期会展活动特征的图片进行分析;引导学生深刻理解中华优秀传统文化
爱国情感,家国情怀	会展活动的作用	案例教学:分析典型会展活动成功举办的影响;以世界互联网大会永久落户乌镇事例,引出我国网络科技的高速发展以及在互联网领域的话语权,提高学生作为中华人民共和国公民的荣誉感,增强学生对国家的政治认同
理想信念,政治认同	会展业发展的现状与趋势	归纳总结:将具有中国特色的会展业发展优势进行归纳和总结,增强学生对会展业发展前景的理想信念和国家的政治认同
沂蒙精神,红色教育	参观银雀山汉墓竹简博物馆、临沂国际博览中心	实践教学:见习展馆设计,领略沂蒙精神,融入红色教育
无私奉献,使命担当	成功会展的特征	案例教学:以奥运会、世博会等成功的会展活动为例,讲授成功会展的特征,燃起学生想要在会展领域成就一番事业的雄心
中华文脉,时代精神	会展媒体	案例教学:以北京奥运会会徽、吉祥物设计为例,讲解会展媒体,让学生理解中华书法、篆刻文化,体会作品的时代精神
团队协作,提升审美	会展策划	实践练习:优秀策划案的形成离不开团队合作,美观是招展书的基本要求,通过会展策划,可以实现"隐性"课程思政
与时俱进,爱岗敬业	展览项目前期筹备	政策解读:分析会展举办地人口、经济、技术、政治、文化等宏观市场环境;举例分析拓展题材形式的广交会成功举办的原因,引发学生对会展活动与时俱进的思考
开拓创新,行业标准	会展设计手绘表现	启发教学:鼓励学生使用软件进行会展设计手绘表现,优化设计方案,在遵循行业标准的前提下,完成具有创意的作品
精益求精,工匠精神	会展设计模型制作	实践教学:精益求精的专业态度是顺利完成会展模型制作的关键。模型制作前,学生必须熟悉材料及特性,精准计算数据,"差之毫厘,谬以千里",精益求精的工匠精神贯穿于整个制作过程
检验理论,学以致用	期末作业	实践教学:通过综合性作品的完成,检验学习效果,取长补短,学以致用
爱国主义、职业素养	贯穿于课程教学全过程	将爱国主义、职业素养合理贯穿于课程的所有章节,实现"全员、全程、全方位"的"三全"育人目标

课程思政元素的切入，概括起来说就是"动起来""聊起来""画起来"。"动起来"即 PPT 的内容显示尽可能采用动图、视频等动态的形式，如世界互联网大会宣传片、中国—东盟博览会报道、广交会现场食品等，在学习专业知识的同时，了解和关注国家重大会展活动；"聊起来"即教师充分调动学生的学习积极性，发挥钉钉文字聊天的便捷优势，充分考虑当前学生的文字聊天习惯，让所有学生都能参与相关话题讨论；"画起来"即将文字性的策划案转变成直观的、可视的设计图。

（二）拓展课堂维度

打破传统的课堂教学模式，采用线上、线下相结合的教学方式，通过线上理论讲授、线下作业指导、企业参与评价，形成课内、课外联动，学校、企业联合，教师、学生、会展从业者互动的多维课堂。

对授课班级情况进行充分调研、对主要网络教学平台进行综合分析后，本课程选用的线上理论教学平台以钉钉为主，以学习通辅助完成签到、课堂测验、话题讨论、分组任务等课堂活动，章节课件、会展策划案、会展设计实例、行业规范等资料也上传至学习通，以满足学生随时随地学习的需求，实现课堂学习与课后复习的无缝对接。

四、结合全程育人机制，改进课程考核方案

参考教务处的指导意见，根据课程思政要求，本课程采用过程性考核，学业成绩采用"N+1+1"结构化方法，侧重于对专业能力与职业素养的考核，制定多元评价标准，弘扬精益求精的工匠精神。其具体方案如下。

（一）考核构成

学生学业评价与考核以成绩的方式体现。成绩主要由三部分构成，分别为平时成绩（考勤 30%、平时作业 40%、课堂测试 30%）、期中考核成绩和期末考核成绩，三项成绩按百分制打分，然后分别按 30%、30%、40%的比例计入学业成绩。

平时成绩=考勤成绩×30%+平时作业成绩×40%+课堂测试成绩×30%

学业成绩=平时成绩×30%+期中成绩×30%+期末成绩×40%

（二）考核内容

1. 会展策划案的撰写

重点考察学生的团队合作能力、宏观市场分析能力、国家大政方针解读能力、逻辑思维能力、行业标准与规范的熟悉程度以及职业素养等。

2. 会展设计手绘效果图表现

重点考察学生的空间思维能力、理论联系实际能力、行业标准与规范的执行能力、环保意识、大局意识、工匠精神与审美水平等。

（三）评价方式

1. 教师评价

教师根据课程标准及课程思政要求，对考核内容进行评价，以成绩的方式体现。

2. 行业从业者评价

行业从业者结合方案的可行性以及行业标准和规范，对考核内容进行评价，以成绩的方式体现。

五、依据课程思政育人目标，评价课程思政效果

（一）评价本课程教学实践中所提炼的思政元素是否得当

采用调查问卷的形式，以授课班级学生为对象，统计分析课程思政元素，结合本案例提炼的思政元素，完成对思政元素的评价，教师对评价结果进行分析、总结、反思。

（二）评价学生对融入思政元素的"会展策划与设计"课程的接受程度

这部分主要采用问题反馈的形式，设计课程思政教学评价表，对融入思政元素的课程授课情况进行评价。学生的学业考核与课程思政效果评价，是优化教学内容与设计的重要参考，成果将反哺于教学内容的重构与教学设计。

结 语

本案例从课程特征与教学实际出发，以 OBE 理念为指导，贯彻"学生中心、产出导向"的教学理念，重构课程内容，优化教学设计，改进考核方案，评价思政育人效果，提炼课程思政元素并将其有机融入教学中，结合专业特征践行课程思政，推进"会展策划与设计"课程教学改革。

从蓝图到细节:"新闻报道策划"课程思政教学设计

宋桂花　传媒学院

引　言

全面推进课程思政建设是落实立德树人根本任务的战略举措。对新闻学专业而言,落实立德树人根本任务的关键,就是要坚持马克思主义新闻观,用中国特色的新闻理论教书育人,将价值塑造、知识传授和能力培养三者相结合。"新闻报道策划"是新闻学专业必修课,课程内容兼有理论性和实践性,对应着人才培养目标中的采、写、编、评与宣传策划的基本能力,在课程理论教学与实践教学中蕴含着丰富的课程思政内容与元素。文本以该课程为例,从课程大纲的总体设计,到课堂教学组织、教学案例选取、实践教学开展等各个环节融入课程思政之理念,表明课程思政是一个系统工程。通过深挖新闻学专业课程的相关教学环节与细节中的育人元素、内涵与功能,强化新闻人才培养的思想引领和价值塑造,有助于培养造就卓越的新闻传播人才。

一、课程大纲与教学组织中的思政

课程建设是课程思政的"主战场",而课程大纲就是课程建设的方案与蓝图,涉及教学内容组织、教师教学、实践教学等方方面面的内容,只有将课程思政的育人理念贯彻到教学大纲设计中,才能在后续的教学中纲举目张、有的放矢。

(一)调整教学大纲,将专业知识与职业道德教育合而为一

相比于以往,2020年春季学期的教学大纲在具体教学专题上有所调整,将原本"新闻报道策划原则"和"前提"二章的内容精简为一讲,同时增加了"新闻炒作与规避"这一章节的内容,旨在让学生区分"新闻炒作"与"新闻报道策划"的异同,知晓新闻炒作的规避措施,同时从尊重新闻规律、发挥创造精神、提高责任意识和讲求科学方法四个方面强化新闻策划人的素质要求,力求将专业知识教育与职业道德教育融合在一起。

（二）教学内容要以马克思主义新闻观为"魂"

习近平总书记关于新闻舆论工作的重要论述是马克思主义新闻观的新发展，因此要在教学内容的组织中注重贯彻习近平总书记关于新闻舆论的重要论述，不过这种学习贯彻不能硬性灌输，而是要与教学内容有机集合，达到隐性教育的目的。在"课程的概论"部分，指出新闻报道策划的关键就是要把握好"时、度、效"三原则。习近平总书记在关于新闻和宣传工作的多次讲话中，均谈到把握好新闻和宣传的"时、度、效"，以增强新闻报道和宣传的吸引力和感染力。因此，将"时、度、效"视为做好新闻报道策划之"魂"，并在以后的教学中结合典型案例进行阐释，让学生切实体会"时、度、效"在新闻宣传与报道中的运用，引导学生知行合一。

（三）教师言传身教，渗透新闻理想教育

全面推进课程思政建设，教师是关键。该课程通过"业界专家进课堂"的形式，整合校内外优势的教师资源，推进业界、学界协同育人机制，用"好记者讲好故事"的形式，通过"业界专家"自身的言行，强化学生的专业认同和新闻理想，提升其新闻业务技能。2020年春季新冠肺炎疫情期间，我们邀请各位"业界专家"以线上直播的方式为学生授课，其中香港大公文汇传媒集团常驻山东记者丁春丽（见图1）就在被邀请之列。丁春丽从2004年任职于香港《大公报》至今，一直在一线做记者，深耕山东，写了不少优秀的新闻报道。她曾经花一年多的时间调研山东的养鸡产业，涵盖从鸡苗养殖到下游产品销售、上市公司的运营等整个养鸡行业产业链上的相关信息；她曾经克服自己的恐高心理，两次攀上高118米的"蓝鲸2号"进行体验式采访……对此，有同学在课后的心得体会中写道："从业十几年，在其他记者转作编辑时仍然奔走在一线，我相信丁老师对新闻真的有一份热爱，也敬佩她对新闻理想的坚持，并且希望未来能够向其看齐。"可见，好记者的现身说法本身就是一种言传身教，是对学生最好的新闻理想主义教育。

图1　《大公报》记者丁春丽报告海报

二、案例教学中的思想引领和价值塑造

新闻传播学隶属于实践性很强的社会科学，策划型人才是一种决策型与应用型人

才，案例教学有助于强化其思维和技能训练，帮助他们掌握解决问题的方法和技巧。因此，注重通过典型案例（见表1）的选取融入课程思政的理念就显得尤为必要。具体来看，主要包括三类案例。

表1 课程思政的典型章节与案例

章 节	思政映射与融入点	课程思政教学设计
新闻报道策划概述	（1）新闻报道策划的关键是要把握好"时、度、效"（习近平总书记在关于新闻和宣传工作的讲话中多次提及，属于马克思主义新闻观的融入） （2）中外记者参与策划的著名案例（著名记者范长江前往西蒙刺探日军入侵的消息，写成《忆西蒙》，体现优秀媒体人的家国情怀和责任担当）	（1）讨论式教学：这是相关慕课预习中的内容，在课堂教学中借助雨课堂以填空题、判断题等形式考查学生掌握情况 （2）案例式教学：借助中外记者参与策划的著名案例，培养学生的爱国精神和职业素养
会议新闻报道策划	（1）抓到会议中的新闻，报会不见会（体现媒体人的职业精神和使命担当） （2）做好会议新闻报道策划的核心：求新、求深和求变（融入习近平总书记提出的要抓好"三个创新"的理念，体现马克思主义新闻观教育）	（1）案例式教学：通过讲述"中共北京市委宣布天安门事件完全是革命行动"这一电讯稿面世背后的故事，培养学生的新闻理想和担当精神 （2）讲授法：结合案例，讲解做好会议新闻报道策划的思路和方法，融入马克思主义新闻观
节庆日新闻报道策划	（1）节庆日报道策划的意义和价值（中华优秀传统文化的传承与创新） （2）清明节的报道策划（传达英模的爱国情怀）	（1）讨论式教学：通过"我们为何要对传统节日进行报道策划？"这一问题，引导学生讨论和思考传统节庆日的价值和意义，并加深对中华优秀传统文化的理解和传承 （2）案例式教学：通过《人民日报》纸媒和"两微一端"对2019年清明节报道，培养学生的爱国主义精神
典型人物报道策划	（1）第29届中国新闻短视频新闻一等奖的《臊子书记》（传达青年一代的奉献、爱国和担当精神品质） （2）对比以下三篇有关张定宇的相关报道，谈谈你觉得哪篇报道更出色，或者谈谈各自的特点以及带给你的启发（抗疫精神）	（1）案例式教学：通过《臊子书记》典型人物宋鹏的报道，增强学生的奉献精神和时代担当使命感 （2）课后习题与讨论：提供报道链接，通过抗疫英雄张定宇的相关报道，传达抗疫精神和责任担当

续表

章　节	思政映射与融入点	课程思政教学设计
参与式报道	（1）参与式报道的意义和价值（强调媒体人的职业精神和使命担当） （2）体验式报道策划（融入中国共产党党报理论中对体验式采访的重视，以及践行"四力"的马新观内容）	（1）案例式教学：通过邵飘萍的"金法郎案"、记者暗访"山西汾阳矿难"等案例，强化学生追求真相的职业精神 （2）讲授法：结合《人民日报》关于《我住进了东北棚户区》的相关报道，阐释体验式报道的价值，强调重视体验式采访、深入一线素来是中国共产党党报传统的一部分，并融入新时代对记者"四力"的考察中 （3）讨论式教学：通过《内蒙古日报》的官方微信推出的《记者带你探秘地下600米矿井！》文章引发的有关"猎奇"讨论，引导学生做好体验式报道的规范
新闻炒作及其规避	（1）新闻炒作与新闻报道策划的区别（专业精神与人文关怀） （2）新闻策划人的素质要求（新闻策划人才的职业素养）	（1）案例讨论式教学：结合媒体有关北京妇产医院接生"五胞胎"报道案例，讨论新闻炒作与新闻报道策划的区别，强化学生报道的客观专业精神与人文关怀 （2）讲授教学：阐释新闻策划人的四种主要素质要求——创造精神、责任意识、遵循新闻规律、讲求科学方法

（一）注重典型人物报道案例的思想引领

在"新闻典型的报道策划"一讲中，通过荣获第 29 届中国新闻短视频新闻一等奖的《臊子书记》，讲述了天津大学选派的 80 后青年教师宋鹏，在甘肃大寨村担任第一书记的三年间，通过挖掘地方特色小吃——臊子面，打造电商产业链的事迹，揭示了在典型人物报道策划中，首先要做到选材典型。作为扶贫干部的宋鹏，其典型性主要表现为奉献精神和时代性，作为 80 后的青年教师，为了党和人民的扶贫事业，毅然离开即将分娩的妻子，奔赴扶贫一线，利用"互联网+扶贫"方式帮助大寨村脱贫……这表明新闻选材要善于挖掘那些"富有时代气息、代表社会主流、具有广泛认同度的人和事"，只有这样才能打动人。其次是内容上重视细节，以情动人。满满 3 本、200 多篇扶贫日记，记录了主人公扶贫道路上的点点滴滴；十几年的荒山上唯一的土路，竟然是由宋鹏带领村民在种花椒的过程中一步一步走出来的……真是"豁出一条命，也要挖断穷根"，正是这种大爱与温情，让群众爱听爱看，产生了共鸣，感动了众多网友。最后是报道手段创新，采用"网民喜闻乐见、轻松易懂，能够引起共鸣的网言网语，制作有'网感'的短视频"，充分体现了习近平总书记"弘扬主旋律，传播正能量"的宣传思想，要"多用通俗易懂、群众喜闻乐见的方式讲故事、讲道理"，只有这样才能贴近群众，发挥正面宣传的鼓舞人和激励人的作用。借由这个案例的讲解，学生得以领会典型人物报道策划在选材、内容与形式上的创新，同时也希望宋鹏这种"心系人民、爱撒乡村、无悔青春、不负韶华"的情怀能够感召青年学子，在未来的工作中也能将自己的青春和才华投身到祖国和人民最需要的地方。

（二）注重中外优秀媒体人案例的职业精神教育

职业精神的熏陶，需要优秀媒体人作为榜样和引领，在"新闻报道策划"课程教学中渗透着众多优秀媒体人的案例，这些无疑都会成为新闻学子职业精神和价值塑造的重要"精神食粮"。在"课程概论"的讲述中，在中外记者参与的著名策划案例中，着重介绍了中国记者范长江在 1936 年只身前往西蒙额济纳旗刺探日本入侵西蒙的消息。范长江把此次经历写成《忆西蒙》，发表在 1937 年的《国闻周报》上，体现了他身为记者为了家国利益的勇气与担当。在"会议新闻报道策划"中，通过讲述《中共北京市委宣布天安门事件完全是革命行动》这一电讯稿面世前的故事，表明会议报道要善于抓取"会议中的新闻"，做到"报会不见会"的同时，追溯了记者编辑在 1978 年的政治背景下采用"天安门事件是革命行动"这一标题，是面临着一定政治风险的。当时亲自刊发该新闻的新闻社原社长曾涛曾对穆青说过："如果这篇稿子出了问题要坐牢，你可得陪我一块儿去。"穆青说："行，我跟着你一块儿去。"正可谓"铁肩担道义"的生动写照。这些著名记者、媒体人的行为本身就是一种新闻专业精神的最好诠释，也是对新闻学子的精神引领。

（三）注重节庆日报道中英模案例的爱国主义教育

大力弘扬以爱国主义为核心的民族精神和以改革创新为核心的时代精神，是教育引导学生理解和传承中华优秀传统文化的精髓，这也是课程"节庆日报道策划"章节中重要的课程思政点。在该讲中主要以 2019 年清明节《人民日报》纸媒与"两微一端"的报道为例，集合了"凉山火灾""第六批在韩中国人民志愿军烈士遗骸回国"等相关报道，通过抗美援朝的革命英烈与当下奋不顾身的救火英雄相映照，表明"一个有希望的民族不能没有英雄"，深化清明节缅怀英烈的主题。同时，还分析了人民日报微信公众号转载的中央政法委长安剑《今年清明，我们的主角是 5 个女人》这一报道，该报道通过精心策划，选取了公检法领域牺牲的五位英模的妻子为主要人物，她们追溯了丈夫生前难忘的故事。其中新疆阿勒泰地区青河县委副书记、政法委书记王红星在中蒙边境巡边时，突发心源性猝死，倒在了距离边境线不到 300 米的国旗脚下，享年 50 岁。其妻子李晓清在他牺牲后才发现，原来他的衣服口袋里一直有一张入党誓词："随时准备为党和人民牺牲一切。"通过对该案例的讲述以情动人，以细节感染人,引发学生共鸣,加深对家国意识、爱国情怀的精神熏陶。

三、实践教学中的国情教育和实践育人

加强国情教育,就要强化新闻学专业课程教学的实践育人作用,通过课程实践教学环节,推动学生深入基层,深入群众,培养学生为党、为国、为人民的深厚情怀和担当意识。在 2020 年新冠肺炎疫情背景之下,通过完成课程期中和期末作业,即以新闻报道策划作品的形式,用项目式教学来强化学生将知识转化为能力的过程。

(一)项目式教学聚焦时代,强化国情教育

项目式教学借助期中和期末作业以项目形式考查学生将所学新闻报道策划的理论运用于实践的能力。在完成项目的过程中,学生要体验和实践整个新闻报道策划的流程:从选题调研策划、策划书的撰写,到完成新闻报道,以及总结最后的报道心得,可以说是对其采、写、编、摄整个业务能力的综合考察。而作为作业题目的设置所要融入思政育人的元素,也要具有时代性。期中作业是以"身边的抗疫故事"为话题,让学生自行策划选题,并完成新闻报道作品。很多同学将目光聚焦在身边的抗疫大学生志愿者、保安,村里的基层抗疫人员,甚至有的同学还千方百计地采访到援鄂的医护人员。很多同学在采写的过程中被身边抗疫人员的精神所感动,也有的同学善于从自己所在村庄发现"新闻",例如,家住江西赣州的谢同学以一篇《走进疫情下的脐橙落地果——落地果风靡小乡村的背后》的新闻报道,讲述了五月初村民扎堆捡拾脐橙落地果的事情,探求了落地果 2020 年因为新冠肺炎疫情价格突涨的原因,写出了落地果潮下果农的烦恼……在新闻报道策划的实践中,学生走进田间地头,深入基层,写出了散发着泥土气息的鲜活新闻,这本身也是对中国国情、民情、社情的一种调研和了解。

(二)实践教学锻炼能力、陶冶人格

新闻学专业实践教学项目(作业)的评价,除了授课教师与其教学团队的综合评价之外,大众媒体与业界专家点评也是重要的一环。因此,在项目式教学开展的同时,作为教师要及时把关,从选题到采访再到写作的每个环节都要与学生多沟通,并鼓励大家发表优秀稿件。2018 级新闻采编与制作专业陈付燕同学的期中作业《防控疫情,青春力量在行动 | 一个"00 后"的抗疫故事》在完成之后,很快得以在"琅琊新闻网·在临沂"客户端发表,并被大众网、新浪网等其他众多网络媒体转载,这本身就是对学生新闻采写业务能力的一种检验和肯定。

在期末作品中,2018 级新闻学王慧媛同学报道了一名消防员"以实践诠释青年担

当"的爱国情怀，并在总结中写道："通过这次采访，我了解到了一线部队的生活，了解到了消防员的日常，对森林火灾、消防员、祖国的部队建设有了一定程度的了解。尽管报道仍有许多不足，但是通过这次新闻报道策划，我得到了锻炼……"可见，实践教学不仅增强了学生的知识、技能，还有助于其走进基层与群众，了解社情民意，或者借由对典型人物的采写，潜移默化地影响着其自身人格和家国情怀的形成。这一切都有助于"进基层、懂国情、长本领"的新闻传播人才的培养。

结 语

专业课程是课程思政建设的基本载体，只有科学设计课程思政的教学体系，将课程思政融入课程教学建设的全过程，才能有助于全面提高人才培养的质量。因此，只有充分结合新闻学专业特点和具体的课程性质，有针对性地挖掘新闻学专业课程教学中的思政元素，才能更好地保证课程思政的效果。"新闻报道策划"兼具理论与实践教学内容，以马克思主义新闻观为主导，在课程教学案例和实践教学，以及教师层面蕴含着丰富的课程思政元素，借此充分融入职业精神教育和国情教育等内容，实现对学子的价值引领和人格塑造。这必然有利于思政理念入心入脑，起到润物细无声的育人效果。

讲好中国故事，传播好中国声音

——"电视采访学理论与实践"课程思政建设研究

吴　越　传媒学院

 引　言

立德树人是高校的立身之本，在高校的人才培养过程中，如何将这一指导思想目标化、具体化和可操作化，需要我们深入思考。"电视采访学理论与实践"课程在课程思政建设过程中，遵循了广播电视编导专业新闻传播实践育人的人才培养目标，将课程思政融入教学方法、教学内容、教学设计等教学改革路径中进行探索，力求真正实现"立德树人"的根本目标。"电视采访学理论与实践"课程旨在培养学生电视新闻采访能力以及融合媒体环境中的影视创作能力，提升创新复合型影视传媒人才的竞争力，引导新时代中国特色社会主义文艺事业的接班人与建设者讲好中国故事，传播好中国声音。

广播电视编导类课程的目的是培养影视制作、新闻传媒等方面的专业人才，"电视采访学理论与实践"课程是根据广播电视编导专业培养、实践复合型传媒人才的培养目标而制订的专业选修课程，开设在本科三年级下学期，力求能够满足学生对个性化发展与专业能力提升的要求。大学教育的基础是专业，专业的重点是课程，思想政治工作的基本起点是课程思政建设，在影视传媒类人才培养过程中，如何将这一指导思想具体化和可操作化，需要我们深入研究。本文以"电视采访学理论与实践"课程的课程思政作为切入点，深入分析课程思政在影视传媒人才培养过程中的重要作用。

一、教学目标：三维目标实现思政育人

根据广播电视编导人才培养方案中的培养要求，为实现矩阵中的知识、能力、素养三个目标，"电视采访学理论与实践"课程制定了三个基本教学目标：知识目标、能力目标和价值目标（见图1）。在这三个目标中，知识目标是课程思政元素融入的切入点，能力目标中加入思政元素的实践创新思维，价值目标中融入思政元素的价值内涵。

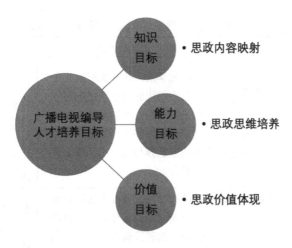

图 1　教学目标思政融入设计

首先，课程的知识目标是帮助学生掌握电视采访的基本流程、电视采访的原则与规律以及电视采访的实践技巧，比如采访策划、采访问题设计、沟通技巧等专业知识与能力；加强学生对广播电视编导专业以及传媒行业的理解，提高学生的专业素质。

其次，课程的能力目标是通过对各类电视节目采访技巧的学习，提高广播电视编导学生的电视新闻节目以及其他影视节目的制作能力，并且通过知识与技巧的学习，提高学生对广播电视新闻和其他影视节目制作专业的认知与理解；能够运用马克思主义新闻观分析、策划电视新闻节目以及提高其他电视节目的采访能力，指导新闻传播实践活动，提高学生参与社会活动与政治传播的能力。

最后，课程的价值目标是通过学习优秀的电视新闻采访记者的工作方法和思维能力，让学生能够树立崇高的职业理想，传承电视新闻工作者以及优秀电视媒体人的职业精神；提高学生对中国特色社会主义的政治认同、情感认同以及主流价值观的认同，以获得坚定的专业信念和崇高的职业理念，讲好中国故事，传播好中国声音。

二、教学设计：主流新闻价值观融入思政育人

课程共有 10 章内容，理论课程 16 学时，实践课程 32 学时。课程以实践教学为主，立足影视传媒类专业学科定位和课程思政内涵，思考课程的思政价值范式和意识形态内涵。教学内容涉及电视新闻从业者的专业内容、制作技术以及职业精神。在课程思政教学内容设计（见表 1）过程中，将教学内容分为理论内容、策划内容、采访实践内容、职业前沿实践内容。

表1 "电视采访学理论与实践"思政教学内容设计

教学模块	章 节	思政元素融入点	思政教学预期成效
理论内容	第一章 电视采访学理论与实践	案例分析教学法：选择央视新闻走基层节目中的优秀电视采访案例，如"塔里村小学生上学难""悬崖村扶贫记事"等案例，将记者"四能"的职业素养与社会主义核心价值观相结合	提高对中国电视新闻事业历史的认识；通过优秀职业记者的案例潜移默化地影响学生对电视新闻媒体人的职业素养认知，使学生建立崇高的新闻理想，树立正确的人生观和价值观
	第二章 电视采访的思路与方法		
策划内容	第三章 电视采访策划	小组讨论教学法：模拟采访编辑部小组进行新闻采访策划，以央视新闻的优秀案例和经典电视纪录片为主，如《新闻调查》《再说长江》等，侧重于启发学生采访的思维以及提升电视新闻业务素质，将个人能力的提升与社会主义核心价值观进行精准对接	获得采访实践能力以及与专业相关的策划能力；提升学生对主流社会价值观念的理解与认知能力；此外，通过学习提升学生自身的媒介素养，培养学生正确的舆论观
	第四章 采访准备		
采访实践内容	第五章 电视采访摄像的基本技巧	项目式教学法：通过组织学生模拟采访编辑部为单位的采访小组为主要教学方法，模拟采访现场；以央视新闻频道、央视新闻客户端、央视抖音、《人民日报》客户端等媒体平台在新冠疫情期间的采访现场以及优秀的出镜记者现场采访为案例，将视频中所呈现出的全民战疫精神、医护人员无私奉献精神以及职业媒体人的敬业精神与课程思政结合，引导学生树立正确的人生观和崇高的职业信仰	掌握记者现场出镜采访的相关知识与拍摄技巧，提高电视新闻从业技能；通过对知名记者现场出镜报道的分析，提高学生对新闻事业的认知，培养学生树立正确的社会舆论价值观，提升学生的媒介素养，并培养学生树立崇高的新闻职业理想
	第六章 电视采访呈现方式		
	第七章 电视记者出镜采访		
	第八章 各类电视节目采访		
职业前沿实践内容	第九章 融合报道采访	案例分析教学法：在课程讲述过程中融入央视新闻客户端、央视抖音、《人民日报》客户端等融合媒体产品的采访报道，加入黄远生、邹韬奋等中国优秀的新闻记者的事例，将习近平总书记关于增强新闻工作者"四力"的讲话内容渗透到教学内容中，并将央视新闻"走基层"系列作品融入课程设计中，增强学生对职业记者"四能"职业素养的理解	使学生掌握职业记者的职业道德素养和职业法规等基础知识；提高学生对职业记者行业的认知程度；通过融入优秀新闻工作者的案例分析，帮助学生树立崇高的新闻理想、积极向上的职业态度以及社会主义核心价值观
	第十章 记者的道德素养与行为规范		

课程在思政教学内容设计选择上采用了央视新闻的经典新闻案例,以"润物细无声"的德育培养方式潜移默化地影响学生的职业理想和思想政治价值观。将悬崖村扶贫记事、新春走基层、战疫纪实等央视新闻推出的弘扬正能量、树立积极人生观的电视采访案例作为主要教学案例,通过对白岩松、柴静、蒋林等知名记者的现场采访案例进行分析,让课程思政入脑入心,潜移默化地培养学生的专业认同感,激励学生的传媒理想,从而培养学生树立崇高的新闻职业信仰。此外,在 MOOC 课程以及钉钉课程学习群的线上内容中也引入了课程思政的元素,为学生提供了央视新闻优秀的案例,如《走基层》《在远方》《大国工匠》等,通过线上观看与线下互动的形式,使学生对整个课程思政内容的理解加强。

三、教学内容:社会主流价值观融入思政育人

"电视采访学理论与实践"的教学重点在于帮助学生获得传媒实践能力中的采访与沟通能力。因此,在教学设计过程中,课程采用了以问题为导向的项目式教学方法,通过模拟编辑部的方式,以小组为单位进行电视采访、策划、执行、编辑与制作。在整个教学过程中注重学生实践能力的培养、影视行业操作技能的训练,以及对融合媒体环境下电视采访理念革新意识的培养,激发了学生对影视传媒行业的热爱与激情,提高了学生解决问题的能力,真正让学生体会到了影视传媒行业的职业规则、电视新闻采访的内涵与真谛,从而培育了学生对职业信念的坚守。在课程思政建设的教学目标下,以第二章"电视采访的思路与方法"中的第一讲"电视采访的具体思路"为例,探讨了课程思政是如何以"润物细无声"的方式融入实践课程的教学内容开展中的。

本节的教学目标是让学生掌握电视采访的具体思路,从整体采访、策划到访谈提纲的整个采访流程都需要被熟知与掌握。因此,在教学设计中采用了模拟编辑部进行的项目化教学方式,结合案例分析教学方法将改革开放 40 年来中国人的奋斗历程、中国共产党建党献礼影片《红色气质》等融入课程内容中。通过分析本片的采访思路,以被采访人的主观视角切入,以国家相册中的历史群像为影像内容,激发学生掌握采访的具体思路,并潜移默化地将爱国主义、创业精神等社会主流价值观融入学生的课堂学习中。

在教学中融入反映主流价值观的短片,以"润物细无声"的方式培养学生树立主流的价值观与舆论观。中国共产党人不忘初心,无论在任何时代始终永葆初心,坚守为国为民的信仰与理念。新华社记者们以崇高的新闻理想和职业操守为原则,为中国历史留下了影像见证。职业信念是蕴含在职业操守、职业理想中的一股力量,新闻工作者的职业信念包含坚持新闻真实性、坚持客观报道、坚持用事实说话等。通过寻找

这样经典的案例为学生建立崇高的职业信念，将以德育人的思政目标潜移默化地融入课程中，帮助学生建立积极向上的人生观与价值观，树立崇高的新闻事业理想。

四、教学效果：思政育人助推学生创新实践

"电视采访学理论与实践"课程遵循广播电视编导专业人才培养方案矩阵中的学生实践能力提升以及学生个性化培养的重要原则，也是课程思政教学的价值目标的体现。

从学生的学习效果来看，将思政元素融入教学内容之后，学生的思政教学效果表现良好，使学生在策划采访选题的过程中思维更为开阔。2017级学生拍摄了《都市夜归人》《临大之荫》等作品（见图2），这些作品围绕着创业奋斗、岗位坚守、职业理想等主题展开采访报道，体现了学生积极、主流的价值观以及职业媒体人的专业素养。

图2　学生作业

课程特别以传媒学院影视媒体中心为单位，组织学生以创新创业的形式进行教学内容的推进，形成了直接与影视传媒行业对接的良性循环。在课程中，将影视传媒公司的实践创业项目引入到教学过程中，既能帮助学生了解影视行业的前沿趋势，让学生在实践中体验并掌握所学习的知识，又能够搭建实践平台，给学生提供讲好中国故事、传播好中国声音的实践平台。

这个平台的搭建，让学生有了在融合媒体时代实践创业的机会，使学生将所学知识运用到实践创业中来，既能收获知识与实践能力，又能收获自信感，并能够将自我职业规划与学习结合起来形成第二课堂，发挥学生的积极性与主动性。

结　语

"电视采访学理论与实践"在课程思政建设的过程中融入马克思主义新闻观，在中国特色社会主义新闻理论的基础上，在教学设计中融入了思政元素，在教学内容上做出了创新性改变，加入了《走基层》《大国工匠》等代表主流价值观的新闻作品，

通过《再说长江》《超级工程》等主流纪录片以及央视新闻客户端、央视微博、央视抖音的融合媒体内容,潜移默化地影响了学生的价值观、舆论观、人生观,使学生树立崇高的新闻职业理想。目前在教学反馈中思政教育目标达成良好,学生作品符合主流价值观念,并融入了创新精神,特别是创新创业的结合,能够让学生适应媒体深度融合和行业创新发展,使学生能够讲好中国故事,传播好中国声音。

弘扬爱国主旋律,奏响时代最强音

——对"经典影片赏析"课程思政的探索与实践

徐玉梅 传媒学院

 引 言

作为一门专业课程,"经典影片赏析"不但为广播电视编导专业的学生夯实了基础知识,培养了创作技能,提高了艺术素养,也起到了突出价值引领、聚焦立德树人的作用。本课程融思想教育和艺术教育于一体,坚持专业教学与思政教学同向同行的要求,在"三全育人"的大格局和体系下,结合临沂大学区位特点与本地区经济社会发展的需要,以独特有效的方式助力思政课堂。

一、思政元素对照融入课程内容

在课程内容设计上,"经典影片赏析"课程自觉弘扬主旋律与传统文化,课程内容具有一定的系统性,呈现出鲜明的思政特色。本课程结合中外经典影片进行思政元素的对照融入。这些影片具有较强的针对性,也兼顾到了欣赏性与时效性。

(一)中国经典电影分析

本课程选择体现民族优秀文化因子、具有普遍价值感召力、承载社会主流意识形态的优秀中国经典电影,进行细致而深入的学习(见表1)。这些电影中,主要人物身上有忧患意识、家国情怀,重视修身养性,以天下为己任等传统人文精神,这不仅使得人物形象更丰满和立体,还传达了时代精神,有效地完成了意识形态的传递。

表1 中国经典影片分析过程

授课主题	课程教学内容	思政元素融入
《小城之春》:民族电影的代表	(1)《小城之春》如何取景,表现了一个怎样的影像世界,如何利用摄影机的摇移运动和双人镜头营造独特的时空 (2)掌握《小城之春》的创作风格,对"可爱的一朵玫瑰花"和"划船"两场戏的镜头语言和场面调度进行分析	(1)中国电影的意象与诗意美学 (2)中国艺术电影中的传统文化元素和民族精神体现

续表

授课主题	课程教学内容	思政元素融入
《南征北战》：战略思想下的英雄群像	(1)《南征北战》的英雄群像塑造与全景式战争场面 (2)"十七年"电影的英雄叙事 (3)《南征北战》的视听语言与主题的内在联系；"攻占摩天岭"这场戏中的"平行蒙太奇"	(1)英雄叙事观念与战略思想体现 (2)中国史境下英雄叙事话语与观念及其演变过程
《阿诗玛》：文化的边疆	(1)"十七年"少数民族题材电影的内容和表现形式 (2)《阿诗玛》的视听语言探索	基于国家形象构建的少数民族题材电影的传播影响力
《红高粱》：生命活力与斗争精神	(1)《红高粱》如何创造了一种强有力的视觉效果 (2)《红高粱》在中国电影史上的地位 (3)电影《红高粱》与电视剧《红高粱》的表达重点有什么不同	(1)抗日题材的表现方式 (2)生命意识与抗战情怀的融合
《人到中年》：行业英雄	(1)《人到中年》的思想内容和艺术特色 (2)《人到中年》的时代背景	(1)行业英雄的表现方式 (2)抗疫英雄的呈现方式
《智取威虎山》：经典红色电影的改编	(1)孤胆英雄的设计 (2)艺术形式的变化：从革命样板戏到商业电影	(1)艺术文本改编与历史的变迁 (2)革命中国的想象机制
《流浪地球》：新主流电影的探索	(1)掌握新主流电影在空间场景上的奇观化叙事特点和英雄人物的成长曲线模式 (2)分析当下新主流电影的几种创作方向，预测未来新主流电影的发展趋势 (3)结合《我和我的祖国》《夺冠》分析中国电影的自我建构	(1)新主流电影的界定：主旋律电影商业化和商业类型片的主旋律化 (2)影视剧中的行业英雄与战斗英雄 (3)全球文化视野中的民族认同

（二）外国经典影片分析

本课程选择一部分国外有代表性的影片（见表2），分析英雄成长背后所蕴含的深意，进而分析这些影片如何传递本国主流文化精神，实现政治认同和国家意识的传播，并重点分析这些影片给中国电影主旋律叙事带来的启示。

表2 外国经典影片分析过程

授课主题	课程内容	思政元素
《七武士》：日本民族的灵魂	(1)黑泽明电影创作主题分析 (2)《七武士》的取景、镜头切换、构图特点、长焦镜头、机位设置 (3)英雄群像的塑造方式 (4)《七武士》的动态表演风格与民族性 (5)如何运用动作以外的手段表现战争场面	(1)了解日本电影史的发展阶段以及社会背景 (2)把握《七武士》所呈现的日本电影的民族风格 (3)如何运用电影最高级的表现形式表现民族精神

续表

授课主题	课程内容	思政元素
《雁南飞》：真正的人	（1）《雁南飞》体现出来的苏联诗电影特征 （2）蒙太奇剪辑对于当代西方流畅剪辑的影响	（1）战争题材英雄主义影片的表达方式 （2）如何表现战争面前强大的人性光辉
《巴顿》：好莱坞的策略	（1）战争场面的表达方式 （2）空间对于人物性格和人物情绪的作用 （3）巴顿将军开场演讲如何体现电影的本质特征	（1）好莱坞主流宣教片的典范如何体现 （2）一战、二战影片的叙事
《辛德勒的名单》：有缺点的英雄	（1）美国好莱坞电影在英雄塑造方式上的特点 （2）把握《辛德勒的名单》对布莱希特和斯坦尼斯拉夫斯基表演体系的综合运用，掌握《辛德勒的名单》中的镜头运动方式和场面调度以及色彩的运用 （3）比较《南京大屠杀》与本片中的屠杀场面处理上的异同	（1）新好莱坞式的有缺点的英雄为什么能够得到认同 （2）战争片与人类文明进化史
《东京奥林匹克》：运动作为主旋律	（1）掌握运动电影的类型元素，以及运动镜头的拍摄方式 （2）《东京奥林匹克》在取景、镜头运动上的显著特征 （3）结合影片《夺冠》《火之战车》《激战》《勇士》《百元之恋》《摔跤吧，爸爸》《烈火战车》《速度与激情》《奥林匹亚》，分析运动镜头的拍摄方式所蕴含的文化背景	（1）运动电影是生命、速度、激情相互混杂的场 （2）运动电影是克服困难、自我梦想的场 （3）运动电影是艺术学、社会学相互作用的场

二、教学过程激发活力，产学研服凝聚合力

"经典影片赏析"以案例教学为切入点，教学过程坚持主导性与主体性的统一，通过理论教学和实践教学，充分激发学生的活力。课程以深化产学研服务合作模式为突破口，为扎根沂蒙、服务社会凝聚力量。

（一）教学过程：由点到面，触类旁通

1. 理论教学案例分析

通过扶放有度的"案例学习"，提供学习目标和解决方案。以电影《红高粱》的教学为例。

首先，精心准备代表性段落，进行细致拉片。通过启发式、讨论式等多种行之有

效的教学方法,加强学生对作品的理解。用学习通 App 进行抢答的方式鼓励学生讨论《红高粱》的拍摄方式以及文化意义。之后老师进行总结,并将电影版《红高粱》与电视剧版《红高粱》做比较分析,挖掘后者的儒学化表达。

最后,通过活动教学,进行情境训练。以情境为中心,基于情境,始于情境,超越情境。通过有针对性地做一些经典片段的模拟训练,如分角色表演、体验式朗读等,增强学生对《红高粱》的解读能力。

2. 实践教学案例分析

实践阶段研读经典作品片段,根据二度创作的剧本和分镜头脚本,分析本片段所含影视造型的各个环节要素:景别、机位、角度、构图、焦距等,掌握银幕空间的组织方式和运动法则。以《东京奥林匹克》为例,让学生通过模拟学习拍摄自行车运动场景,分析运动题材电影叙事与人文精神内涵的关系。

另外,通过学习通 App 和钉钉群实时实地地进行交流,使课下学习与课堂学习相结合。通过对经典的红色电影进行拉片,让学生自己寻找解决问题的方式,对案例教学过程中的疑惑进行分析,大部分同学都能够做到有理有据、结构清晰、内容充实。最后,请同学们以《红高粱》电影文本为基础,进行视频论文的创作,要求兼具学术性与欣赏性,注意动态影像素材和静态资料画面的结合、解说词与画面的匹配以及音乐的使用。视频论文的方式既有效地突出了影视艺术的专业性质,也不排斥抽象思维能力,使得两者相得益彰。

从课内到课外,从理论到实践,教师的教学由扶到放,由高支持到低支持,表面看是老师的支配一点点变少,实际上学生的内在能力却在一点点提高。

(二)产学研服一体化

"经典影片赏析"课程负责人积极参与主旋律影视剧的创作与研讨,并带领学生开展"服务沂蒙、回报社会"的活动,为促进区域经济和社会发展贡献专业才智。课程负责人的研究方向为主旋律电影、跨文化传播和高校影视教育,主持国家社科基金"基于国家形象构建的主旋律影视剧海外传播研究"、山东省社科规划项目"山东红色影视剧的儒学化转向"、山东省人文社科项目"鲁剧的海外传播研究"、山东省艺术教育专项课题"全媒体视阈下山东文化创意产业人才培养模式研究"等课题。研究与创作的结合,提高了课程教学的深度与力度,对课程思政起到了重要的推动作用。

结 语

课程思政的对象是人,目标是培育时代新人。要构建课程思政的育人大格局,需要因事而化、因时而进、因势而新。

"经典影片赏析"课程思政从"应急性"角度出发，以创新驱动创意，以创意提升创作，实现教学模式创新，充分挖掘蕴含在相关知识中的思政因素，将时代的、社会的正能量内容引入课堂。比如在新冠肺炎疫情期间，回应时代的呼唤，结合行业英雄类题材，利用线上教学，把培育筑梦新时代、民族复兴的精神融入课程，组织学生积极参加抗疫短视频文案写作。

渗透在文化结构中的价值态度、情感倾向是通过一定社会的生活方式与文化方式体现出来的。"经典影片赏析"课程根据国际形势借势谋势，有重点地引导学生，通过"外国青年影像计划"，分析外国人眼中的中国形象构建。通过探究这些作品对国家形象的构建方式，引导学生用艺术的形式表现积极、开放、包容、多元、丰富的国家形象，从而将中国形象的自塑研究，延伸到新时代背景下的他塑研究。

作为一门艺术，电影在生活光源之外再燃艺术光源，形成与生活相互映照的关系。课程思政是一项永远在路上的工作。"经典影片赏析"课程也将在学校政策的指引下，在各级领导的支持下，继续坚持课程思政的探索与实践，在教师和学生之间，不断唤起审美关系的场，奏响爱国主义的主旋律。

以思政之道，驭课程之器

——浅析"影视特效与栏目包装"课程思政的实践途径

陈珊　传媒学院

 引　言

思政之道走在课程教学设计环节的最前端，需做深做实。艺术设计类课程"影视特效与栏目包装"是一门将美术专业技能与工科设计手段相结合的课程，要求学生：既能继承和发扬历史文化又可以不断开拓创新，既有扎实的科学文化知识又富有时代的人文精神，既有技术应用能力又具备相当的艺术素养，既有单兵作战的技术能力又能团队协作、互补互助。在这门课程的教学环节，基于"一个理念，一条主线"的课程设计思路，寓价值观引导于知识传授之中，寓德于教，以道驭器，融合课程与思政，隐性渗透，深耕课程中的思政教育元素，探索出了一条适用于艺术类专业课程思政的实践途径。

一、课程思政之道

道德构筑人的审美标准。"影视特效与栏目包装"课程的核心是用作品与受众建立内心深处的共鸣。艺术设计者是否拥有良好的道德素养，对其创作能力和艺术作品传达的价值观具有决定性作用。

艺术类专业的学生往往从初高中阶段开始，就花费了大量时间和精力在专业课程的技能提升上，道德理论素养的重视程度明显不足，尤其是思政类无法立竿见影地显现成效，课程会被逐渐边缘化，同时艺术类学生崇尚个性化，追求自由，在作品设计上往往难以输出积极稳定的文化导向。

结合学生的学情分析和课程规划，针对"影视特效与栏目包装"课程，提出了"一个理念，一条主线"的课程设计思路。"一个理念"即用思政知识武装头脑的培养理念，"一条主线"是以不断培养和强化设计能力为主线。

学生通过本门课程的学习，能够具备"思政知识武装头脑、艺术素养奠定基础、艺术能力赋予创意、设计能力服务社会"的复合型创造能力，利用思政思维想问题，做事情，探索事物本质，形成一种新的思维方式和工作模式。

二、课程思政之器

思政知识武装头脑,是为"道";设计能力提升,是为"器"。以道驭器,课程教学环节的设计就是最好的抓手。

"影视特效与栏目包装"课程是大三学年的专业课程,课程的教学能力目标和学生就业的岗位需求离得很近。学生将来主要从事影视制作、动画设计、栏目包装等文化传播相关度极高的工作,这份工作既是美育的传播者,更是德育的践行者。因此,通过本门课程,让学生理解"德"在学习中的重要性,陶冶道德情操,培养价值意蕴、设计精神,创造出符合时代价值的艺术作品,就显得尤为重要。

为了将思政元素有效融入课程内容中,避免机械式的空谈,导致思政和课程内容泾渭分明,课程团队组织了教研活动,探讨了将课程思政隐性融入教学环节的途径(见表1)。其主要实践途径包括以下几种。

(1)对照中外影视特效现状,论创新意识和使命担当;
(2)对照意境动画,论传统文化和文化自信;
(3)对照弹性动画细节,论大国工匠精神;
(4)融合校园文化,论红色精神;
(5)对照专业技法训练,论学以致用和服务社会。

表1 思政主题与教学内容

章节	专业维度(器)	思政维度(道)
影视特效沿革历史	(1)影视后期行业介绍(艺技相融的特效专业人才,尤其是创意人才极其匮乏,人才瓶颈日益凸显) (2)国内外影视特效差距的原因剖析(从制作精度、工业化流程、资金投入和上下游衍生品的利用率角度分析)	(1)用人单位不缺人但缺人才,谈创新人才和社会责任 (2)通过划时代意义的特效影片赏析,谈知识储备和艺术素养 (3)从中美特效电影的差距,谈技之强大、国之荣耀
影视技术标准规范	(1)特效视频的基本术语与参数(PAL 和 NTSC 电视制式、扫描格式、视频编码解码) (2)工作流程讲解(分阶段讲解符合媒体技术标准规范的作品的制作流程)	(1)通过不同制式谈行业标准和职业规范的重要性 (2)依据影视特效合成师岗位需求,培养职场意识
文字层动画设计	(1)文字图层讲解和文字动画预设(探讨文字动画与普通图层动画的异同点) (2)Amortype 完全讲解及应用(属性的细节调整带来效果的千变万化)	(1)从两种图层的异同点的比对,谈技能强化和探究意识 (2)通过预设插件 Amortype 的引入,谈创新思维、敢破敢立
关键帧与形状图层动画	(1)时间线本质和运动规律讲解(运动规律十大信条) (2)图表编辑器和动画曲线调整(非匀速动画的设计和图表调整的关系)	(1)结合动画师生存手册谈行业的自我管理,坚持不懈 (2)结合动画是对现实世界运动规律的模仿和再创造,谈创新和精益求精

续表

章　节	专业维度（器）	思政维度（道）
数字跟踪与抠像技术	（1）画面跟踪及摄像机反求（运动跟踪和稳定跟踪的案例分析） （2）多维方法配合的综合抠像技法	（1）结合跟踪点设定规则，谈团队协作意识 （2）通过从多种方法中寻找最优化解，谈学习的探究精神
UI动效	（1）意境类特效表现（加入中国水墨画、吉祥物、书法艺术等元素） （2）传统佳节的表现（制作二十四节气动画、端午节及清明节等传统佳节动画）	（1）通过意境动画中的中国元素，树立中华民族的文化价值观 （2）通过中国风韵和二十四节气动画，倡导传统文化，树立文化自信
MG动画的制作与实现	（1）骨骼动画的本质（通过骨骼绑定的连带作用，感受人体运动本质） （2）MG动画的设计（注重设计视觉的表现形式）	（1）在烦琐的骨骼动画中强调精益求精、工匠精神 （2）通过扁平化设计，建立严谨负责的职业道德观
综合实战	（1）动画主题的设定（倡导主旋律和积极向上的动画） （2）以"我用专业来……"为主线拟定动画体裁	（1）通过动画主题的设定，培养正确的艺术素养和价值取向 （2）以服务社会的形式感受价值归属，树立学以致用、反哺社会的意识

（一）对照中外影视特效现状，论创新意识和使命担当

在讲解"中外电影特效的发展历程"章节时，授课老师鼓励学生敢破敢立，破除既有的"特效大片是好莱坞专属领地"的思想束缚，理性地吸收借鉴国外电影特效。视效领域从来都是一个"创作和实践"并行的野心之地，是一个不断以颠覆性破坏式创新才能敏感把握观众需求的领地，而90后和00后每一位学习"影视特效与栏目包装"的科班学生，都应该担负起中国视效电影创新突破的责任。不立潮头，不勇于创新，那么国产电影特效就会一直被冠以"五毛钱"特效的骂名，但如果能够在创新的道路上坚定地走下去，定会有追平甚至赶超好莱坞的一天，届时中国也定能做出炫酷特效。

（二）对照意境动画，论传统文化和文化自信

习近平总书记指出："文化是一个国家、一个民族的灵魂。文化兴国运兴，文化强民族强。没有高度的文化自信，没有文化的繁荣兴盛，就没有中华民族伟大复兴。"

在课堂讲解"意境动画"章节时，选取了有中国传统文化特色的水墨画、二十四节气、中国传统佳节等作为课堂素材。文化是一个国家最好的名片，中国的传统文化历史悠久、内涵深远，我们的学生作为社会的知识分子，理应做好传统文化的传承和发扬工作。课堂熏陶要为学生提供一个核心的文化参照系，这个文化参照系就是中华民族的文化系统。要以中华民族文化价值为导向，让学生从中国文化传统的认识出发，培养学生的文化自信心。

（三）对照弹性动画细节，论大国工匠精神

在"影视特效与栏目包装"的课程教学中，高强度的密集训练是学生提升技能水平的唯一途径。课堂授课之余，大量业余时间都需要用来坚持技法训练，一个 5 秒的特效镜头，花费 2～3 天的时间来完成也是常事。有时学生在反复训练中会出现疲劳厌烦的情绪波动，为了能让学生坚持不懈，授课老师往往会将长短期作业交叉结合，将长期作业设置成关卡模式，每过一关都有相应的激励机制，鼓励学生精益求精，学生在最终完成作品时，都会体会到过程的艰辛和满满的成就感。

同时要求学生的作品坚守品质，引导学生反复打磨，注重细节，在每一个成品中都要渗透"工匠精神"，"宁可放弃 10 个 59 分的作品，也要完成一个 60 分的合格作品"，在作品质量上严格把关，保质保量，用行业的质量标准要求学生，培养学生的敬业精神。这也是未来艺术设计类人才所需具备的基本职业能力和价值取向。

（四）融合校园文化，论红色精神

临沂大学地处沂蒙腹地，学校的每一个细节都突出着沂蒙精神这一"红魂"。将课程思政与学校的红色文化融合，从课程中提炼更多立德树人的沂蒙精神，大力弘扬红色文化，不仅是对民族文化的再审视，更是在挖掘红色文化的内在价值，发扬红色文化的德育功能。

在讲解"栏目包装"章节时，学生通过《临沂大学宣传片头》（见图 1）《我的大学时代》（见图 2）等可选主题，通过特效镜头和精彩文案表达了对红色文化的崇敬、对校园的热爱和对集体生活的留恋。

图 1　学生作品之《临沂大学宣传片头》

图2 学生作品之《我的大学时代》

（五）对照专业技法训练，论学以致用和服务社会

专业学习的最终目的是学以致用，以用促学。"影视特效与栏目包装"课程的结课作品要求学生用所学的专业技能，以动画的形式来讲评时事，共议热点，解读新闻，科普公益。

学生策划的公益主题《枪响之后，没有赢家》《林漠》《塑料的奇幻漂流》《人类之殇》等MG动画，弘扬传统文化主题的《谈南论北》《端午》《舌尖上的年味》《那些在B站听京剧的年轻人》，反对校园暴力主题的《放学别走》，反映留守老人主题的《独居》，科普体裁的《"蛀虫"放大镜》，反对网络暴力主题的《指尖上的责任》，还有结合当下新冠疫情主题的《疫·镜》《"疫"战到底》等MG动画，都是用专业的触角去感知社会，反哺社会。

课程思政和教学内容的融合让学生在服务社会的同时感受到价值归属，学习越发有动力，不仅为自己积累就业砝码，也拉近了学校和社会的"最后一公里"。

结 语

用德育工作引领价值塑造，将德育融入能力培养和知识讲授中，是每位教师在课程设计中的第一要务。课程思政走在课程教学设计环节的最前端，需要深耕，深思，深虑，知行合一；发挥思政元素在课程中的核心地位，以道德素养为理念，以能力素养为准绳，将"一个理念，一条主线"的培养理念贯穿课程的各个环节；将爱国主义、家国情怀浸入到课程的灵魂里，将文化自信和使命担当根植到学生的心中，融合课程与思政，隐性渗透，深耕课程中的思政教育元素，既形成"浊浪排空"之势，也产生"润物无声"之效。

"三位一体"：把思政融入课程教学全过程

——"传播学概论"课程教学实践

李洪彩　传媒学院

引　言

"传播学概论"是传媒类各专业的理论基础课，主要传授基本的传播知识和传播理论，同时肩负着培育未来职业传播者和信息把关者的社会观、价值观、传播观的责任，使之树立"大新闻""大传播"的视野、坚定的传播立场和严谨的职业操守，具备分析解决实际传播问题、应对各种信息挑战的能力。这就要求教师深入挖掘该课程的思政元素，提炼课程中蕴含的人文精神、文化自信、爱国主义情怀、社会正义感和社会责任感，将知识传授与价值引导有机统一，并充分融入教学的各个环节，为学生提供精神指引和价值导引。基于此，"传播学概论"坚持立德树人，以提高学生的立场意识、职业操守及综合媒介素养为目标，在教学设计环节广泛而深挖课程思政内容，在教学实践环节润物无声地传递给学生正确的三观，在考试环节加强课程思政内容的考核，从而建构起"内容设计—教学实践—考核评价"之"三位一体"的课程思政教学体系，使学生做到未来职业传播者的身份自律、执业自律和道德法规自律。

一、深入挖掘课程思政元素，丰富教学内容

"传播学概论"课程思政坚持问题导向和目标导向相结合，依据传媒类学生的特点制订培养目标，尊重学科规律和知识逻辑，精心设计教学内容。在课程内容设计环节，高度关注学生的接受度，紧紧服务于学生的成长成才，用意义驱动学生学习；在完善知识体系的基础上，优化学生的认知结构，深入挖掘课程中蕴含的思政元素，科学选取教学案例和作业内容，力求做到思政内容与专业内容的有机融合，让学生在掌握传播理论知识的同时，实现价值认同、文化传承、创新探索和人格成长等的全面发展。

二、以学生为中心翻转课堂，创新教学方法

在课程教学实践环节，努力把课程思政内容自然融入教学过程（见表1），实现课

程思政"春风化雨,润物无声"的育人效果,实现大学全面育人的教育功能。

表1 教学内容与思政融入关系

章 节	教 学 目 标	思政映射与融入点
第一章 人类传播与传播学	(1)了解人类传播的历史 (2)了解传播学科的建立与发展	(1)中国在人类传播的历史进程中做出了重要贡献 (2)发展中国本土的传播学
第二章 传播符号	(1)了解传播符号及其类型 (2)激发学生热爱中国传统文化符号,增强文化自信	符号是文化的载体,介绍汉字、中国结、故宫、长城、民族音乐等有中国特色的文化符号,传承弘扬中国优秀传统文化,增强文化自信
第三章 传播媒介	(1)传播媒介的发展演变及相关研究理论 (2)我国在媒介发展中所做的贡献 (3)提升学生的媒介素养和科技自信	汉语、汉字、造纸术、雕版印刷术、活字印刷术等的科技发明体现了中华民族的智慧,推动了人类文明的传播与社会进步;当前,华为的5G技术领先世界,腾讯、QQ、微信、淘宝、支付宝等应用技术发展完善,是民族科技的骄傲
第四章 传播受众	(1)了解受众及其地位变化,熟悉受众研究理论 (2)介绍中国网民的现状,提高学生的综合媒介素养	(1)信息爆炸时代,我们如何应对过度传播的海量信息、参差不齐的公众号、真假信息、海外信息、渗透与侵略信息? (2)引导学生要做一个有头脑、有立场、清醒冷静的高素养受众
第五章 大众文化传播	(1)了解西方与我国大众文化的差异及传播现状 (2)研究传播策略,讲好中国故事,弘扬中国优秀传统文化,提升文化自信和文化软实力	(1)文化是一个国家的"软实力",发达国家借助自身科技优势向其他国家发动文化渗透与侵略,对青年受众的世界观、价值观、社会观产生了很大影响 (2)《中国诗词大会》《汉字书写大会》《经典咏流传》《舌尖上的中国》、李子柒短视频,为增强文化自信、提升中国文化软实力做出了应有贡献
第六章 传播效果	(1)了解大众传播效果,深入理解大众传播的社会功能 (2)培养学生作为职业传播者的责任感与使命感,提升其综合传播能力	"拟态环境"下,大众传播对个人成长和整个社会的文化规范产生了重大影响。信息开放的同时,要严格预防不良信息的影响;合理设置议程,引导和培养学生良好的媒介素养,力争在对内对外传播中探索理想的传播效果
第七章 传播制度与传播控制	(1)了解历史上几种传播制度,掌握传播背后的控制问题 (2)提高学生的理论素养,培养学生的大传播理念	资本主义国家从表面上看宣扬民主、自由,本质上是为垄断资本服务。我国的传播制度在共产党领导下坚持"为人民"的传播立场,真正为人民发声。在不良声音的挑战中,引导学生不要被信息的表面现象所迷惑

（一）向学生推荐课程思政的学习资源，拓展学习视野

"传播学概论"是一门交叉性学科，拥有十分丰富的课程思政相关学习资源。如"学习强国"中的电台—云听平台，其中国家级播音员担任解说的"当诗遇上歌"板块，既能应和学生的兴趣爱好，锻炼提升学生的播音发声能力，还能学习中国优秀传统文化，实现思政育人的目标；同时，推荐一些优秀的MOOC课程、网易公开课、学堂在线、短视频等网络课程资源，都能开阔学生的视野，培养学生主动学习、自主学习和研究性学习的能力。

（二）翻转课堂，激励学生探究表达自身观点

改变"传播学概论"课程以往重理论轻实践的单向灌输式教学方法，推动以学生为中心翻转课堂。例如在讲解第二章"传播符号"的基本知识后，以"你感兴趣的中国特色传播符号及其承载与传播的社会意义"为题，让学生分组研讨，将研讨成果做成PPT，于第二周进行课堂汇报。很多学生选择了故宫、长城、汉服等体现中国工匠精神、东方建筑智慧和传统服饰文化的中国特色符号，分析了它们的历史价值和时代价值；有些同学选择了哪吒、孙悟空等具有中国特色的艺术符号，分析了他们在当下时代的含义。这样的学习方式培养了学生的探究式学习能力，思政内容的拓展也促使学生去关注和深度理解中国传统传播符号，由此以德育思维实现了课程思政的价值引领与文化育人作用，培育了学生的爱国情怀。学生在积极主动的表达中学习，在思想的交流碰撞中提升认知，凝聚共识。

（三）加强模块教学实践

"传播学概论"课程在讲解传播理论知识的基础上，注重培养传媒学子的传播实践能力，尤其注重培养学生关注社会现实民生，为民生的现实需求发声的社会正义感和社会责任意识。为达到这个目标，教师设计了模块教学，指导学生利用所学传播理论积极参加社会调查、撰写相关论文、参加大学生创新训练项目和"互联网+"创新大赛，在这些实践活动中，学生真正实现了传播理论与传播实践的有效结合，既锻炼了学生创新创业的意识与能力，又反过来夯实了所学理论。学生在深入社会实践中更加贴近民生，了解民生，为培养学生关爱民生，树立"为天地立心，为生民立命"的职业理想打下了坚实的思想基础。

三、以过程考查和素质考查为目标，调整考核方案

在课程考核评价环节，为适应课程思政教学改革，教学效果评价改变了以往"考勤+作业+结课论文"的考核模式，采用"考勤+课堂问题讲评+模块+课业成就奖+结课

考试"的过程性综合评价机制,更加注重思政教育内容,使得考核模式和标准变得更加多维和多元。

其中,考勤占 10%,考查学生的基本学习态度,为未来的职业自律树规矩,全勤得 10 分,迟到、旷课、请假 1 次分别扣 0.5 分、2 分、1 分,扣满 4 分取消该课程的最后考试资格;课堂问题讲评占 20%,突出课程思政的内容培育,考查学生占有相关资料的能力,理解问题的能力,分析解决疑惑、提出相关结论的评价能力,根据学生语言表达状态、思政内容的挖掘延伸情况、综合讲评效果进行赋分;模块占 20%,分组开展传播实践活动,考查学生的实践能力、关注社会民生的情怀及其团队意识、领导组织能力、专业展示能力等;课业成就奖针对学生在本学期内结合本课程发表的论文或参与的学科竞赛等活动酌情进行加分,占 5%;结课考试占 45%,侧重从传播学基本概念、基本传播问题、重大传播理论、传播案例的解析四个方面,考查学生课程思政的效果和运用所学传播理论分析现实传播问题的能力。

结 语

"传播学概论"的课程思政取得了一定的成绩,一方面学生的学习能力和传媒业务能力得到了较大提升;另一方面,学生的社会观、世界观、价值观、传播观得到了正确的价值指引,实现了价值认同和文化认同。当然,课程思政的探索还需要一个更长的过程,仍然有很多问题需要进一步完善和创新。比如在教学内容中如何挖掘更多的思政元素使之系统化?教学模式如何在创新中不断升级?考核标准如何才能更加细化并与思政元素一一对应?这就需要我们把课程思政教学改革持续深入地进行下去。

在播音创作中擦亮人生底色

——"播音创作基础"课程思政探索

秦敏 传媒学院

 引 言

"播音创作基础"是播音与主持艺术专业的核心课程，该课程主要培养学生的语言感受能力，在使学生具备播音创作所需的理论知识和实践能力的同时引导学生树立良好的职业素养。播音与主持艺术专业的学生毕业后主要从事播音员、主持人的工作，播音员、主持人作为党和政府的"喉舌"承担着媒介传播的重要责任，言行举止都会产生广泛的影响。因此，培养具有强烈社会责任感的播音员与主持人是每一位专业教师的职责所在。本文将以"播音创作基础"为例，探索如何让思政教育入耳入脑入心，从而引导和激励学生坚定理想信念，做一名"讲好中国故事，传播好中国声音"的时代发声者。

一、修订"播音创作基础"教学大纲，将思政元素融入课程内容

"播音创作基础"这门课程本身就蕴含着丰富的思政元素，在课程已有思政元素的基础上结合播音与主持艺术本科专业人才培养方案中基本素质规格与要求、知识规格与要求和能力规格与要求进一步拓展，从课程教学目标、教学内容、教学方式等环节融入思政教育，引导和激励学生坚定理想信念，树立家国情怀，把自己的人生追求同国家发展进步、人民伟大实践紧密结合起来。

该课程是朗诵、演讲、新闻、广播剧等创作的基础，主要从播音的正确创作道路、播音语言的态度、情感、内部技巧、外部技巧等专业知识的学习方面，掌握播音创作的方法和技巧。在训练材料选择方面，我们会选取习近平总书记系列重要讲话的内容、"学习强国"的新闻稿件、时政热点。在一呼一吸间、在朗诵和播报中，做到将习近平总书记新时代中国特色社会主义思想入脑入心，为"讲好中国故事，传播好中国声音"打下坚定基础，充分做到理论联系实际。该课程深挖教学中的思政融入点，融入点初步设计如表1所示。

表 1　课程思政与"播音创作基础"融合

章　　节	思政映射与融入点	课程思政教学设计
第一章 绪论	树立职业素养，坚定"发好中国声音"的理想信念	讨论式教学：1940年12月30日，延安新华广播电台开始播音。从1940年到今天，诞生了非常多的优秀播音员，也留下了很多名篇佳作。本章将带领学生走进中国播音史，通过《谁是最可爱的人》《县委书记的好榜样——焦裕禄》等，让学生感受播音创作过程中有声语言的力量，讨论播音员、主持人在时代发展中的重要作用，树立学生们的职业责任感
第二章 播音的正确创作道路	爱岗敬业，弘扬时代精神，担负时代使命	案例式教学：广播剧《目标：武汉》根据众多逆行者无畏生死、彰显人间大爱的真实事迹创作，描写了各行各业的人拧成一股绳，众志成城，全面阻击新冠肺炎疫情的感人故事
第三章 播音语言的特点	树立爱国主义情怀，培养具有使命担当的时代新人	案例式教学：通过对2019年新中国成立70周年国庆大阅兵解说词的学习和训练，学习康辉和海霞在解说中的"庄重性"和"分寸感"，带领学生回顾历史，感悟新中国从"一穷二白"中艰难走来，在砥砺奋进中拼搏成长的不易，让学生牢记革命历史，传承红色基因
第四章 创作前的准备	强化爱国主义情怀，增强同学们的爱国热情	情景式教学：选择一些极具时代特色的代表性稿件进行分析，掌握"备稿六部"的具体方法。如稿件《钱学森回国》，通过情景式教学，在感受钱学森决定放弃一切回到祖国并为建设新中国贡献自己全部力量的伟大事迹中，体会浓浓的爱国主义情感
第五章 感受、态度、感情	使青年切实体会到作为新时代青年的担当和奉献精神	案例式教学：通过党的好干部——焦裕禄的事迹影响当代青年树立起对党忠诚、为党分忧的担当精神。在训练中通过消息类稿件《河南兰考：脱贫一年间　加速奔小康》融入焦裕禄的事迹，联系当下青年如"猪状元""鸡大夫"等在脱贫攻坚中的典型代表，进行分析并具体感受
第六章 情景再现	弘扬沂蒙精神，厚植爱国情怀；结合学校所在地临沂这片红色热土讲述沂蒙山上的红色故事	情景式教学：通过朗诵《沂蒙花开》《红嫂》等，采用情景教育法，将学生带到沂蒙革命纪念馆、红嫂纪念馆等地进行现场教学，使学生真正了解沂蒙精神的深刻内涵
第七章 内在语	引导广大青少年战胜困难，珍惜时间	案例式教学：通过稿件《假如给我三天光明》，了解海伦·凯勒传奇的一生，告诫身体健全的人们应珍惜生命，珍惜自己拥有的一切
第八章 对象感	培养当代大学生的社会责任感和服务意识	讨论式教学：录制广播剧《地震来了，我们怎么办》，调动思想感情并使之处于运动状态，设想节目受众，尽量做到有稿似无稿，在充分理解创作客体感受的基础上调动起自己的播讲愿望

二、利用线上线下相结合的教学模式

（一）利用好线上资源，用活钉钉、微信等软件

以纪念齐越先生等老一辈播音艺术家、传承发扬"齐越精神"为目的创办的"齐越朗诵艺术节"涌现了大量优秀的艺术作品。课前利用线上平台让学生们充分观看优秀作品，并思考作品中运用的创作技巧；课上结合课程目标分析播音创作中具体技巧的运用，从播音的正确创作道路，播音语言的态度、情感、内部技巧、外部技巧等专业知识的学习中做到坚持从内容出发，理解稿件—具体感受—形之于声—及于听众，扎实掌握播音创作的方法和技巧。在夯实专业能力的同时，坚定理想信念，树立职业信仰，传播堂堂正正的中国之声。

（二）充分利用好"学习强国"平台

在意识形态纷纭变化的今天，作为一名手拿话筒，未来将面向世界传播中国声音的播音员、主持人，必须做一名中国共产党领导下时代风云的记录者、社会进步的推动者和公平正义的守望者。在训练内部技巧和外部技巧的过程中，"学习强国"推荐的要闻、新思想、每日一景等重要内容（见图1）为训练学生的播报能力和图片解析能力提供了非常丰富的素材，学生在训练过程中不但掌握了播音创作技巧，还表达了自己的思想和观点。

图1 "学习强国"等平台推送的热点新闻播报、解说

（三）通过主题学习，深化专业技能

2020年一场突如其来的新冠肺炎疫情给人们的生活带来了巨大影响，在抗击疫情的过程中让我们感受到了中国力量、中国速度和中国担当，在这个过程中涌现出了很多感人的事迹和优秀的文艺作品，如抗疫题材广播剧《目标：武汉》等。学生在课前通过线上对主题内容进行学习，提前思考并将自己对主题内容的观点上传到微信群供大家学习讨论。课上我们通过案例式教学和讨论式教学的方式，使学生掌握正确的播音创作道路的同时，还感受到有声语言的人文关怀，并塑造学生服务受众、关心社会的情怀。如在以"抗疫精神"为主题的学习中，学生充分表达自己对抗疫精神的理解和看法，线下专业教师对援鄂医疗队员进行了面对面的访谈，使理论与实践相统一。学生通过广播剧、视频资料的形式进行学习，在致敬医护工作者的同时树立自己的职业信仰，增强自身的时代使命和责任担当。

三、坚持OBE（基于学习产出的教育模式）教育理念，培养应用型人才

坚持"学生中心、成果导向、持续改进"的教育教学理念，始终牢记我们想让学生取得什么样的学习成果，为什么要让学生取得这样的学习成果，以及如何有效地帮助学生取得这些学习成果。积极搭建学生学科竞赛和学生科技活动的实践平台（见图2），结合播音与主持艺术专业的特点，通过演出和参赛的形式增强学生的主动性。

图2　组织各种播音创作实践活动

结 语

要在课堂中融入思政元素,使学生在掌握播音创作方法和技巧的同时,为他们将来成为党的政策主张的传播者、时代风云的记录者、社会进步的推动者、公平正义的守望者打下坚实的基础。在将思政内容融入课程的初步探索中,我们欣喜地发现更多学生开始主动创作红色题材的作品,并且情感更细腻更真挚。但是课程思政作为课程教学设计环节的先行者,还需要不断地思考和探索,只有这样才能使思政和课程的融合相得益彰。

三个向度指引下的课程思政建设

——以"世界现代史"教学为例

李桂峰　历史文化学院

 引　言

课程思政是上海市相关高校为解决大学生思想政治教育的"孤岛"困境，尤其是解决思想政治理论课与其他课程之间实际存在"两张皮"的现象探索过程中提出的概念。课程思政的概念提出后，逐渐流传开来，不仅受到学界关注，教育部也相当重视，在其颁布的相关通知、文件以及领导讲话中就曾多次提及"课程思政"这一概念。2020年5月教育部更是出台《高等学校课程思政建设指导纲要》，为高校课程思政建设提出了要求和指明了方向。"世界现代史"作为历史学专业必修课程之一，承担着塑造学生正确的"世界观、人生观和价值观"的教学任务，这一点是与课程思政建设目标相契合的。基于这一契合度，本文结合自己"世界现代史"的教学经历，从教师、课程建设和课堂教学三个向度就课程思政谈一下浅见。

一、强化教师课程思政意识，做好课程思政的"主力军"

正如《高等学校课程思政建设指导纲要》所指出的那样，教师是践行课程思政的"主力军"，在践行课程思政的探索过程中，任课教师发挥着不可替代的作用。这要求任课教师要不断提升和强化自身的课程思政意识，做课程思政理念的真正接受者和传播者。

教师在课程思政的践行过程中，应该时刻牢记自己的使命，充分认识课程思政的必要性。正如上面所提及的，课程思政理念的提出，是解决以往高校教育中存在专业教育和思政教育的"两张皮"问题的逻辑使然。教书育人是教师的本职工作和神圣使命，这自然蕴含着专业知识的传授和道德教化的垂范两项功能。然而，在过去很长一段时间里，不少教师在教学过程中却更多地注重知识传授，忽略了思政教育，认为思政教育是公共通识课的责任，这也就是"两张皮"现象出现的原因。因此，要解决"两张皮"的问题，每一位任课教师都应该调整心态，回归教书育人的本源含义，充分认识当下课程思政的重要意义，真正把课程思政放到落实立德树人根本任务的战略举措

的高度。

教师作为课程思政建设的践行者，应该深刻领会课程思政建设的目标和内容重点，为课程思政建设找准方向。对于课程思政的建设目标和内容重点，《高等学校课程思政建设指导纲要》从六个方面给出了纲领式的解读。简而言之，课程思政建设的重点内容是"系统进行中国特色社会主义和中国梦教育、社会主义核心价值观教育、法治教育、劳动教育、心理健康教育、中华优秀传统文化教育"。只有抓住这一根本，才能真正正确地推进课程思政建设。

作为一名任课教师，要了解自己所教授课程与课程思政的契合度和契合点，做事情不能"眉毛胡子一把抓"，应该有重点，抓住问题的核心；应该充分认识自己所教授课程在课程思政建设中的作用和地位，找准契合点，精准课程思政，避免陷入满堂无意义的灌输和说教误区。正如上面我们提及的，作为历史学专业核心课程的"世界现代史"，同其他本专业的核心课程一样，都承担着塑造学生正确的"世界观、人生观和价值观"的教学任务，这一点正是其与课程思政建设目标的契合之处。在具体的教学中，"世界现代史"正是基于对这一契合度的充分理解，在教学内容、教学过程上下功夫，实践课程思政的育人目标。

此外，任课教师还应该在学生教材的选取上下功夫，选取高度体现课程思政理念的教材。近几年来，"世界现代史"课程就根据教育部门和学校的相关要求，以"马工程"教材《世界现代史》（上下）作为学生的指定教材。在教学大纲的撰写、教学方案的拟定和教学内容的设计等方面，都以"马工程"教材为依托，充分贯彻课程思政的理念。

总之，推进课程思政建设，教师是关键。广大教师应进一步强化育人意识，找准育人角度，提升育人能力，确保课程思政建设落地落实，见功见效。

二、深化课程建设，发挥课程思政建设"主战场"的作用

课程建设是课程思政建设的"主战场"。根据《高等学校课程思政建设指导纲要》的要求，历史学专业的各类专业课程应该在课程教学中帮助学生掌握马克思主义世界观和方法论，从历史与现实、理论与实践等维度深刻理解习近平总书记新时代中国特色社会主义思想，引导学生深刻理解社会主义核心价值观，自觉弘扬中华优秀传统文化、革命文化、社会主义先进文化。这要求任课教师深化课程建设，完善课程内容，充分挖掘课程思政的要素，实现教书育人的目标。

在课程建设中，课程思政要素的挖掘是一项重要内容，要求精确并利用充分。以"世界现代史"为例，该课程以历史学专业本科生为讲授对象，主要向历史学专业学生系统地介绍1900—1945年世界资本主义发展中，英、法、美、德、日、俄、意等主要

大国的社会发展状况,俄国社会主义革命与建设的历程,国际体系从凡尔赛—华盛顿体系向雅尔塔体系的转变,亚非拉地区民族民主运动的风起云涌以及科技文化思想的新发展等内容,通过课程的学习,让学生把握世界现代史的主要线索和时代特征,正确认识世界现代史上的重大事件和重要人物,树立正确的历史观和世界观。在具体教学中,结合实际情况,我们选取了如下教学内容为突破口,作为课程思政要素(见表1)。

表1 "世界现代史"课程思政要素一览表

章 节	涉及课程思政的内容	达成课程思政目标的手段
导论	在介绍现代民族解放运动以及第二次世界大战部分时,凸显中国在其中的历史地位、扮演的角色,以及中国对二战的突出贡献,树立学生正确的历史观,塑造学生的民族和国家认同感	作为课程的导论部分,以教师的讲授为主,辅以课堂讨论等形式,引导学生在课下积极预习,实现课程目标
社会主义从理想到实践	"什么是社会主义,如何建设社会主义",一直是我们在不断探索的问题。社会主义作为一种理想由来已久。中国古代的"大同理想"和近代西方的"乌托邦思想"都可以视为社会思想的精神渊源。此后,直到近代马克思和恩格斯创立了"科学社会主义思想体系",为社会主义革命与建设指明了方向。但是,近代社会主义革命的实践仅仅经历过巴黎公社的短暂尝试。而进入现代后的俄国十月革命以及其后的苏联社会主义建设,才真正使社会主义从理想变成了现实。俄国十月革命和苏联社会主义建设由于其首创性,成为日后各国进行革命和建设的重要参照,其革命道路和建设模式也为二战前后多个国家所参考。在课程的讲授中,引导学生通过学习了解俄国十月社会主义革命道路的一般性和特殊性,以及苏联社会主义建设模式的成就与不足;通过将俄国十月社会主义革命与中国毛泽东思想的形成和实践相比较,凸显毛泽东为主要代表的中国共产党人在革命的实践过程中几经挫折,"不唯书、不唯上、只为实",以"实践是检验真理的唯一标准"为指南,开创了具有中国特色的革命道路,并最终取得了革命的胜利	该部分在讲授过程中,通过史料分析、课堂讨论等方式,特别设计俄国革命和中国革命比较环节,通过具体的史实向同学们展示中国共产党人是如何历经磨难,最终在毛泽东等人领导下选择了正确的革命道路,实现了革命成功的目标的历程。同时,在讲授苏联斯大林模式的成就与不足方面,通过与当今中国改革开放的伟大决策对比,凸显改革开放的正确性,用事实告诉学生,"实践是检验真理的唯一标准"
20世纪上半期国际格局的转变:从凡尔赛—华盛顿体系到雅尔塔体系	中国是世界的一部分。在20世纪上半叶的国际格局大转变中,中国也扮演了自己的角色,做出了自己的贡献。如果说第一次世界大战中的中国未能扮演更重要的角色,那么第二次世界大战中中国则是毋庸置疑的主角。在第二次世界大战和雅尔塔体系缔造的讲授过程中,将中国的抗日战争还原到其应有的历史环境中,凸显从1931年开始的抗战在整个世界反法西斯战争中的地位,以及中国为世界反法西斯战争的最终胜利做出的巨大牺牲和贡献。同时,让学生了解在战后世界格局的缔造中,中国在开罗会议等大国会议以及联合国成立中的作为,以及今天在联合国任理事国地位的由来	该部分通过史料研读、课外阅读、课堂讨论等方式,结合教师的讲授,让学生真正能够以大局观和全球视野认识中国在20世纪上半叶国际格局转变中的地位与作用

续表

章　节	涉及课程思政的内容	达成课程思政目标的手段
20世纪民族民主运动	当时，中国同众多的发展中国家一样，依然处于半殖民地半封建社会，面临着争取民族独立和人民解放的重任。中国的辛亥革命是当时亚洲觉醒的重要组成部分，中国的抗日战争也是两次世界大战间民族解放运动的重要组成部分。这些是课程思政育人的有机切入点	课程借助史料分析、课堂讨论等方式，在对20世纪上半叶民族民主运动进行整体讲授的同时，把中国当作重要的个案来分析，通过比较等方式，突出中国的辛亥革命、五四运动、第一次大革命、抗日战争等在中国乃至世界民族解放运动史上的地位和作用

将以上内容进行充实，作为课程思政要素，贯穿于整个教学之中，有助于在潜移默化中深化"四史"教育，让学生在比较中接受德育教育。

三、打造精品课堂，发挥好课堂教学课程思政的"主渠道"作用

课堂教学是课程思政建设的"主渠道"。课堂教学是一门艺术，进行课程思政实践，完成全面育人之目标，更需要发挥课堂教学的艺术。在以往的思政课教育中，简单地灌输、唠唠叨叨地劝诫已经很大程度上失去了吸引学生注意力的功能，这需要我们在现实教学中创新课堂教学模式，创新学生学习评价模式，采取灵活策略，真正实现课程思政目标。

在新媒体时代，创新课堂教学模式应该充分发挥新媒体的优势，利用学生对新媒体的关注度，发挥现代传媒技术的优势，将思政教育与现代技术有机结合，提升教学效果。不过，任何事物都有度，过犹不及。在实际教学中，现代多媒体只是教学辅助，切不可喧宾夺主。任课教师生动诙谐和有启发意义的讲授，应该是也必须是课程思政理念实现的主体。

要推进德育教育，实现课程思政目标，在课堂教学中还应推进学生学习评价模式的多样化改革。以往的学生学习效果评价侧重于考试（包含期中和期末闭卷考试等），此种形式有其优势，但是对于课程思政目标的实现助益不大。在课堂教学中，任课教师可以充分发挥组群讨论、史料研读、现场问答、名著阅读（如经典著作《共产党宣言》，以及《科学社会主义概论》等）、角色扮演等方式，让学生参与其中。学生亲身感悟，其效果更佳。经过以往的"世界现代史"课程实践，要真正实现评价模式的多元化，还有很长的路要走。这是因为受学生学习兴趣、知识范围、课前准备和课外阅读等多重因素的制约，总体效果比预期的要差一点。不过，这并不影响在日后的教学

中我们大胆尝试，小心求证，以利于推进学生学习效果评价模式的改革。

 结　语

　　课程思政建设是关乎落实立德树人根本任务的战略举措，对于一门课程来说，要真正落实课程思政的目标，需要从任课教师、课程建设和课堂教学三个方面着手，下真功夫。"路漫漫其修远兮"，"世界现代史"课程一直致力于将传授专业知识与德育育人有机结合，取得了些许成效，但依然任重道远。

课程思政之传统价值观融入"文化创意策划"课程建设研究

张勇 历史文化学院

 引 言

"文化创意策划"作为文化产业管理专业的核心必修课程,旨在培养学生基于文化学、市场营销学、传播学等多门学科的文化产品与文化品牌创意策划的能力与素质。近二十年来我国的文化产业取得了长足发展,但与发达国家同行相比还存在着很大差距,原因之一便是在价值观与文化产业深层融合传播的理论认知与整合力度方面远不如国际同行。因而借鉴西方发达国家经验,将融会古圣先贤智慧结晶的中国传统价值观全面深度整合融入"文化创意策划"课程建设,无疑具有相当深远的学科价值和现实意义,同时也是课程思政的育人要求。

中国传统价值观以"志于道,据于德,依于仁,游于艺"为价值信仰的根本原则,以仁义忠孝、勤政爱国、天人合一、自强不息为精神修养的核心理念,以诗教、乐教、礼教有机统一为全方位的思想教化体系。传统价值观在"文化创意策划"课程中的融入整合,对于文化艺术管理专业学生的道德情操与理想信念重塑深具潜移默化的内在影响。更重要的是,其基于以价值信仰为理论底色的新型课程体系,在文化产业实践中所策划的渗透价值观与生活样法、激发深层人性与高尚情感的高端文化产品,极有利于促进国人整体道德水平的提升和社会风气的净化。

一、文化产业视域下传统价值观的理论梳理与内涵提炼

传统价值观是国人价值信念与民族精神的核心支柱,它对中华民族历经劫难、动荡沉浮而终久不息、顽强生存与发展起到了重大精神支撑作用。在几千年的历史发展中,从先秦时期的百家争鸣到西汉时期的独尊儒术,再到隋唐宋明时期的儒释道三教对立互融与最终合流,逐渐形成并构建了中国传统价值观的丰富理论体系。中国古代传统价值观的理论内容大致而言主要包括心性论、修养论、天人观、德福观、义利观、

家国观、审美观等几个方面。在这一理论体系中,心性论和修养论居于核心和基础地位,它辐射和影响着其他诸种价值观念;天人观反映了人类对宇宙真相与人生真实的探索,包括天人合一与天人相分,而天人合一的思想对中国传统文化影响至大;德福观和义利观体现了国人对人生中道德与幸福、索取与奉献的基本态度;家国观是儒家忠孝持身、仁义道德观念推及家国的体现;审美观则体现了古人对生存世界与艺术创造的美丑评判与喜恶态度,形成了中国书画、乐舞等艺术作品独特精致的神韵与境界。

依附于有形文化内容与文化产品的诸种传统价值观对文化产业的发展实有大道无形胜有形的促进作用。而国内学界与企业界对此重视远远不够,需在文化产业发展与学科建设的双重宏观视域下,对传统价值观的内涵理念进行系统提炼、现代转换与产业植入。

如在兰陵文化的产业开发中,可将荀子著名的"虚壹而静""人何以知道"的心性论思想与《荀子·劝学篇》部分文句作为产业园的设计元素之一,并有机融入相关建筑设计中。兰陵荀子文化园(见图1)即根据《劝学篇》中"青,取之于蓝,而胜于蓝"的名句作为文化元素和设计理念,激励前来参观游学的广大学生,以使他们刻苦钻研,拼搏上进。

图1 兰陵荀子文化园

再如,中国传统文化中影响极大的天人合一思想,在现代文化产业开发中也有广泛的运用。不论是建筑群落与景观设计(图2)、田园设计(图3),还是文化产品研发等,处处可见古人天人合一思想的巧妙运用和天然痕迹。这种蕴含人与自然和谐相处意蕴的匠心独运之设计,给人以视觉感官与心灵的强烈震撼与冲击,效果自然不同凡响。

图 2 夏岩集团设计的"夏巢"野奢度假综合体

图 3 田园太极八卦图

二、传统价值观融入课程的具体方式与途径

在"文化创意策划"课程的体系设计中,传统价值观的具体融入方式与途径大致有以下几方面。

首先是传统价值观与课程教材中关联内容的融入整合。这种关联既包括文化创意与策划的理论内容,也包括具体的实践案例,尤其是后者。如教材"文化创意策划的底蕴:文化"篇,可对传统的价值观内容进行集中、重点阐发。再如对民俗文化的设计开发中,可结合荀子的民俗思想进行具体植入整合(见表1)。

表 1 "文化创意策划"课程思政案例植入举例

章 节	涉及传统价值观的内容	课程设计与产业开发中的植入整合
创意策划的底蕴:文化	传统价值观体系:心性论、修养论、天人观、德福观、义利观、家国观、审美观等	系统概述诸种价值观的内涵,并适当举例诠释某种价值观如天人合一思想在产业开发中的运用
文化创意策划的思维规律与运作方式	心性论与中国古代哲学的思维方式	形象思维与直觉(灵感)思维在文化创意实践中经常会起到出其不意的效果;在教案编写中梳理相关创意案例,在讲授中注意启发学生的此类思维方式

续表

章　节	涉及传统价值观的内容	课程设计与产业开发中的植入整合
文化策划的主要业态	传统价值观体系：心性论、修养论、天人观、德福观、义利观、家国观、审美观等	在编写与讲授演艺、品牌、广告、影视、短视频等业态的文化创意策划时，注意植入整合相应的传统价值观内容
创意策划文案的写作		在创意策划文案的写作中，应注重对传统价值观内容的融入整合，发挥传统价值观的影响和导向功能
文化产业园区策划	天人合一思想	在园区建筑群落宏观布局设计中，宜融合天人合一的和谐观念，以充分体现中国古典审美情趣和艺术造诣

其次是价值观与学科课程结合的载体形式，如文字、图片、视频、音乐等。多媒体技术的发展丰富了课程讲授的形式，PPT课件中的图片、视频、音乐的运用使得课程的讲授更加生动。在此基础上，将传统价值观的相关内容依托于图片、音乐、视频等形式进行展示，可使枯燥单调的抽象理论变得生动形象，更易于为学生所理解和接受。在历史人物的影视剧中，可截取主人公论说传统价值观思想的视频片段，插入PPT课件中播放并辅以讲解。如电视剧《孔子》的相关片段和剧中插曲可用以讲解孔子儒家价值观与思想。

最后是关于价值观与学科课程结合的教学方式。针对地方院校的学生学习积极性、主动性较低这一客观情况，在传统的理论讲授基础上，综合采用多媒体课件、交流讨论、专家报告、观看影片、参观考察、论文写作等多种形式，以收价值观教育中的"春风化雨、潜移默化"之效。如参观曲阜三孔、兰陵荀子文化园、沂南诸葛亮文化园等文化景点，以近距离感悟古圣先贤的文化思想；再如，观看相关热播影片以增进学生对传统价值思想的理解。2020年元旦前后突然在年轻人中重新流行的老电影《牧马人》，其剧情以镇北堡影视城创始人兼董事长、作家张贤亮的前半生坎坷经历为蓝本创作而成，学生观看后可细细体会张贤亮创意策划思想形成的文化土壤和人生阅历基础。

三、传统价值观融入课程的案例库建设

在经济管理类课程中，案例库建设是一个非常重要的基础性工作。知名策划人王志纲创建的国内策划行业第一品牌"智纲智库"，多年来一直将案例库建设作为公司的主要工作内容，可见其重要性。有关传统价值观植入整合的相关案例库建设，对"文化创意策划"课程建设也有着重要的基础性作用。

关于国内"文化创意策划+价值观"融合典型案例的材料搜集工作，首先应以常

规的文化创意策划案例搜集整理为前提，在此基础上，遴选出与传统价值观思想有关联的案例，进行汇编整理，同时，也应有意识地主动、直接搜集显著相关案例。这种案例既包括传统的纸质书籍整理，也包括网络数字资源，因此需要加大资金投入建设力度，并以包括学生在内的团队组织形式来进行这一工作。

在对"文化创意策划+价值观"案例的课堂学习中，应坚持以教师为主导、学生为主体的原则，让学生在前期阅读的基础上，通过教师对其中涉及的传统价值观思想所进行的分析与阐发，引发学生深入思考，并引导学生自觉、主动地进行交流讨论。在思想激荡的碰撞中，让学生体悟价值观对文化产业、文化创意策划的重要性，增强课程学习的兴趣和积极性。

结　语

综上所述，课程思政中的中国传统价值观的融入整合，对于"文化创意策划"课程的进一步建设具有不可忽视的学科价值和时代意义。其课程整合建设应在文化产业宏观视域下，首先对中国古代传统价值观思想进行理论梳理与内容选取，然后将其与课程教材中关联的内容进行融入整合，并在编写PPT课件时进一步辅以图片、视频、音乐等多种载体形式，同时要加强案例库建设，采取多种行之有效的课程讲授与专业实践方式，以实现传统价值观融入课程的教学目标。

理 工 类

第工業

课程思政视野下"高等数学"课程教学改革与探索

李 静 徐传胜 杜彦武 数学与统计学院

 引 言

在2016年12月7日召开的全国高校思想政治工作会议上,习近平总书记强调:"要坚持把立德树人作为中心环节,把思想政治工作贯穿教育教学全过程,实现全程育人、全方位育人,努力开创我国高等教育事业发展新局面。"全面推进课程思政建设,就是要寄价值观引导于知识传授和能力培养之中,帮助学生塑造正确的世界观、人生观、价值观。

"高等数学"课程在理工科各专业的教学计划中是一门十分重要的基础理论课程,为学习后继课程和进一步获取数学知识(如概率论与数理统计等)奠定必要的数学基础,也是硕士研究生入学考试的必考课程之一。通过本课程的学习,一方面使学生掌握函数与极限、一元微分学、一元积分学、多元微分学、多元积分学、无穷级数、微分方程等基础知识,能熟练地运用其分析、解决一些实际问题;另一方面通过各个教学环节,培养学生具有一定的抽象思维能力、逻辑推理能力和空间想象能力,尝试在数学文化的浸润和滋养过程中提升学生的综合科学素养,激发学生科学探究的兴趣。

作为高校数学教师,应积极进行"知识传授与价值引领相结合"的课程思政教学改革分析探讨。然而我们在日常的教学工作中却总是习惯按照"定义—定理—推论—例题"的模式展开教学,使得我们的教学淹没在形式主义海洋里。在"高等数学"教学过程中植入数学文化和道德教育,思考如何将思政元素有机地融入教学过程中,考虑从教学内容、教学方法手段、教学资源等方面适时载入思政元素,使得教书育人能够"润物细无声"般地贯穿整个课堂。教学过程中,一方面,注重培养学生精益求精的"大国工匠"精神,激发学生科技报国的家国情怀和使命担当;另一方面,注重培养学生科学的思维方式以及科学探索、追求真理、永攀高峰的使命感和责任感。

一、注重数学史以及相应学科专业的动态前沿介绍

数学史作为一门研究数学思想方法和社会关系的学科,不但在数学的各个领域各个分支发挥着不可或缺的作用,而且对于整个人类社会的发展也具有非同小可的影

响。对数学史和数学文化不熟悉就是对整个数学学科的了解不够全面。

（一）数学思想

在学习定积分基本概念时，采用"分割—近似求和—取极限"的数学思想，也即"化曲为直、以直代曲"的思想。首先，没有平铺直叙直接引入概念，而是从具备实际生产生活背景的溢流坝问题出发，拓宽学生认识问题的途径，促使学生产生对该问题的好奇心，将问题具体化。事实证明这是一种行之有效的教学方式。其次，利用小矩形面积近似代替小曲边梯形，提出问题，引导学生观察并得出结论。最后，重新回归到最初的待解决的实例问题中，完成整次课的任务。这种教学方式既能体现数学来源于实际，又能反过来服务于实际。

（二）数学史

将中华文明与数学史、数学知识有机融合，探索古代数学与中华文明发展的历史足迹。从"第一类数学问题"和"第二类数学问题"的发展引出定积分。事实上，古代数学家刘徽的割圆术最早体现"化曲为直、以直代曲"的数学思想，而空间解析几何的卦限则可联系古代的伏羲八卦等。此外，数学史的引入要合理准确，切忌胡编乱造。

（三）学科发展动态

在微分方程的学习过程中，可先简要介绍微分方程发展的四个阶段：第一阶段来源于质点运动，主要寻求微分方程通解；第二阶段来自初值问题的研究，即解的存在性、唯一性等；第三阶段为方程解析理论的研究；第四阶段为20世纪中期以后由于工程技术的发展而产生的新型问题和新分支，如随机微分方程、泛函微分方程等。在学生整体把握微分方程发展情况下，关注教材中的一二节微分方程的通解求法等问题，有意识地强调数学思想和数学方法，启发学生认识事物的本质，培养学生发现问题、分析问题、解决问题的能力。

二、数学知识和方法与思政元素相融合

高等数学本身具备与课程思政有机融合的独特优势，为了构建公共数学课程思政的育人体系，下面以课程内容为试点进行教学改革，将数学史、数学思想、数学文化中蕴含的思政元素植入教学课堂。

（一）不定积分的概念与性质

十六七世纪，随着天文学、航海业等的发展，产生了著名的"第一大类数学问题"

和"第二大类数学问题",借此通过数学史的发展,阐明不定积分的由来及作用。"百科全书式"的全才、英国数学家牛顿和富于想象、喜欢推广且大胆的德国数学家莱布尼兹在总结前人经验的基础上创建了微积分学。

不定积分这一概念所展示的互逆思想,能够启发学生不仅从问题的正面出发,还可以从问题的反面出发来寻求解决之道,能够充分利用科学的思维方式来分析问题、解决问题等。

(二)定积分的概念与性质

以祖国的发展、祖国的文明、当今的新冠肺炎疫情为题材,将爱国主义、数学文化与数学素养融入高等数学课堂教学中来,是我们始终坚持的改革的目标。

"分割、近似、求和、取极限"这一经典数学思想在解决"溢流坝的建设成本"问题中充分展示了"化曲为直、以直代曲"的定积分概念。这一思想在我国古代数学家刘徽的割圆术中早有体现。结合数学史中的名人轶事来说明这一思想的重要性,可以增强学生的民族自豪感和自信心,同时也启发我们解决实际相关问题时可尝试化整为零、逐一攻破的原则,等等。

(三)一阶线性微分方程

一阶线性微分方程中所用到的"常数变易法",是数学方法中重要的"从特殊到一般"的推导,也体现了探究式教学中"直觉—探索—思考—猜想—验证"的过程,有助于培养学生科学正确的思维方式。

创造这一著名方法的 18 世纪意大利著名数学家拉格朗日被拿破仑称赞为"一座高耸在数学世界的金字塔","拉格朗日常数变易法"的实质是矛盾转化法,其精妙之处在于能洞察到数学对象之间的深层次联系,从而创造有利条件,使问题迎刃而解。但是常数变易法这一思想方法的由来却不容易,这是拉格朗日历时 11 年的科研成果,也充分揭示了科学道路上锲而不舍的钻研精神。

(四)常系数齐次与非齐次方程

案例式教学中采用 1947 年"美国华盛顿州塔科马海峡大桥坍塌"事件,阐述实际问题中的弹簧振动问题与二阶微分方程的关系,一方面展示理论与实际相结合的魅力,另一方面可以适时培养学生的"大国工匠"精神。此外,弹簧振动问题中的共振现象虽然引起了大桥垮塌,但是这把"双刃剑"也为乐器以及建筑中所用的振荡器提供了有利的支撑,由此可以让学生感知事物都有两面性这一哲学道理。

数学除了具备抽象性和逻辑性外,还体现在数学家力图用最简洁、最精确的语言来刻画现实世界中的各种现象,以及数学家敢于挑战、勇攀高峰的精神。

（五）空间直线及其方程

以我国建筑行业中的优秀作品为切入点，采用案例式教学结合探究式教学的方法，从直觉的曲线向分析的直线出发，建立专业课与公共课的联系，两者相辅相成，为将来我国建筑事业的发展贡献力量。

与此同时，数学的科学美和艺术美也得以体现，比如空间直线的对称式方程就向我们充分展示了对称美，让学生在美的享受中体会数学，学习数学。

（六）方向导数与梯度

生活中常用的"天气预报"（见图1）如何与多元函数中的方向导数与梯度巧妙地联系在一起呢？借助视频资料的视觉冲击效果提高学生的注意力，与此同时也能激发学生的求知欲和学习兴趣，从而引发相应的思政探索。

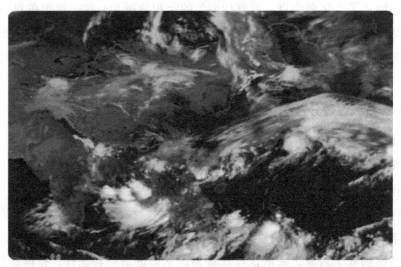

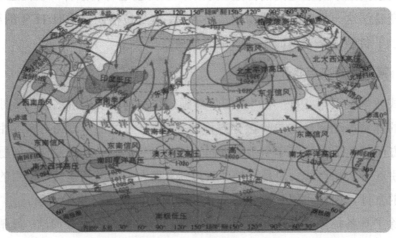

图1　天气预报

（七）幂级数及其审敛性

通过问题导入展开新课教学，结合科学精神教育案例，比如幂级数求解过程中要用到的阿贝尔定理由 19 世纪挪威年轻数学家阿贝尔提出，这位英年早逝的数学家直到去世多年后，成果才被认可。可借阿贝尔生前追求科学真理的执着精神培养学生积极的科学态度以及锲而不舍的精神。

此外，我们引以为豪的中国数学成就数不胜数，祖冲之让中国在圆周率的计算方面领先西方约 1000 年；杨辉三角的发现早于其他国家 400 多年；"中国剩余定理"比高斯的方法早 500 多年；等等。这些具有代表性的数学成就，能够极大增强学生的民族自豪感和自信心，激发学生的爱国情怀。

三、融入思政元素的教学方法和手段改革

思政教育并不是一门课程，也并不是单纯的一项活动，而是将思想政治教育融入课程教学和改革的各个环节和方面，教学方法和手段上要注重探索和创新。要将原理性教学方法（如启发式、发现式等）、技术性教学方法（如讲授法、讨论法）和操作性教学方法以及信息化教学手段综合运用，将传统的"讲授—记忆"为主的教学方法逐渐转变为"直觉—探索—思考—猜想—验证"为主的探究式教学，采用多元化教学提升课堂教学效果。同时在教师教学以及学生学习过程中，适时巧妙地切入思政元素，并在实施过程中加以引导。

（一）课堂讲授

讲授过程中注意层次清晰分明，重点醒目突出，忌灌输，倡启发，在课堂上鼓励学生当家做主，对教师的讲授过程"指手画脚"。与此同时，联合现代多媒体技术，添加适当的相应学科专业科研发展素材，使学生对于所学知识和应用能够产生直观的印象。"引科研进课堂"是我校多年来一直倡导的教学方法。

（二）学生自学

根据学生的学习状态，不定时抛出相关问题（主要以问题的形式给出），组织学生自主学习解决所给问题，从而顺利完成该章节的学习任务。

（三）问题模块讨论

翻转课堂教学，当学习完一部分完整的内容后（如导数及导数的应用），可以根据当前热门话题创设相应问题，让学生以自愿或分配的方式组成小组，通过对问题的多种解法来促进学生对所学知识的吸收，让学生成为教学的主角。

（四）教授讲座

在学期中或学期末，主要邀请本院教授结合相关内容以及国内外相关的科研新成果，为学生举办别开生面的报告。这有利于学生及时了解学科发展动态，利用教师严谨的治学态度感染学生。

此外，针对教学特点，创新教学设计。随着计算机网络的发展，互联网学习资源层出不穷，"慕课""微课""在线学习"等，将教师为主体的教学模式转变为以学生为主体的教学模式。

四、课后任务与教学效果——结合课堂教学资源，感受数学魅力

尝试在数学文化的浸润和滋养中，提升学生的综合科学素养。在教与学的过程中引用相当数量的图片、视频等资料。这些资料包含数学发展史、我国以及外国数学家成就介绍、我国在军事以及建筑领域取得的辉煌成就等。这些资料无不向我们展示着数学大师们的魅力，使学生感受数学中传递的情感和价值观。这也是数学素质教育中学生可以获得的极大的情感体验和收获。

数学建模渗透到课堂教学或课后任务中，能够极大提高学生利用数学知识解决实际问题的能力，可以充分利用学校建设的各种资源平台，来调动学生的积极主动性。比如众所周知的 SIR 传染病模型，其本质是用数学语言揭示传染病的规律，通过数学理论预测传染病高峰时期、传染范围等，最后利用优化理论给出预防方案。当然，"高等数学"课程思政的资源种类繁多，有些资源的开发需要一定的时间。比如为了使信息化教学手段更好地应用于教学中，就需要教学团队共同努力、共同准备，寻求良好的网络教学环境作为"高等数学"教学中融入思政元素的支撑。与此同时，要充分发挥教师的人格魅力，用教师的世界观、情感、素质以及教态时时感染每位学生。

下面以"高等数学"中第十二章第八节"二阶常系数非齐次线性微分方程的解法"为例，展示如何有效地将思政教育与教学内容相融合（见表1）。

表 1　二阶常系数非齐次线性微分方程教学案例

	教　学　过　程	教学方法、手段
引入（5分钟）	用数学的眼光发现世界 ◆实例引入：1947年美国华盛顿州塔科马海峡大桥在风的作用下发生坍塌，问题可归结为微分方程中的弹簧振动问题	实例引入、问题导向
新课教学（35分钟）	一、知识点回顾 　　二阶常系数非齐次线性方程的一般形式为 $$y'' + py' + qy = f(x) \quad (1)$$ 通解表示为它的一个特解和其对应的齐次方程的通解的和，而方程特解的形式与右端的自由项 $f(x)$ 有关，这里只就 $f(x)$ 的两种常见的情形进行讨论。	回顾知识、类比教学

续表

教 学 过 程	教学方法、手段
$f(x) = P_m(x)\mathrm{e}^{\lambda x}$，其中 λ 是常数，$P_m(x)$ 是 x 的一个 m 次多项式：$P_m(x) = a_0 x^m + a_1 x^{m-1} + \cdots + a_{m-1} x + a_m$； $f(x) = \mathrm{e}^{\lambda x}[P_l(x)\cos\omega x + Q_n(x)\sin\omega x]$，其中 λ, ω 是常数，$P_l(x), Q_n(x)$ 是 x 的一个 l, n 次多项式。（本节在第一种类型基础上展开第二种类型的探讨，展开回顾内容） 二、$f(x) = P_l(x)\mathrm{e}^{\lambda x}\cos\omega x + Q_n(x)\mathrm{e}^{\lambda x}\sin\omega x$ 型微分方程 $$f(x) = P_l(x)\mathrm{e}^{\lambda x}\cos\omega x + Q_n(x)\mathrm{e}^{\lambda x}\sin\omega x$$ $$= P(x)\mathrm{e}^{(\lambda+\omega i)x} + \overline{P}(x)\mathrm{e}^{(\lambda-\omega i)x}$$ （板书或课件展示推导过程，化未知为已知） 即要求形如 $$y'' + py' + qy = P(x)\mathrm{e}^{(\lambda+\omega i)x} = f_1(x) \quad (2)$$ $$y'' + py' + qy = \overline{P}(x)\mathrm{e}^{(\lambda-\omega i)x} = f_2(x) \quad (3)$$ 两种方程的特解	探究式、引导法：同类型函数类比教学法，与第一种比较

新课教学 （35 分钟）	先考虑方程（2）的特解 $y_1^* = x^k R_m(x)\mathrm{e}^{(\lambda+i\omega)x}$，而 k 按 $\lambda+\omega i$ 不是特征方程的根或是特征方程的单根依次取 0 或 1，同理可得方程（3）的特解 y_2^*，即原方程通解为 $$y^* = y_1^* + y_2^*$$ $$= x^k \mathrm{e}^{\lambda x}[R_m(x)\mathrm{e}^{i\omega x} + \overline{R}_m(x)\mathrm{e}^{-i\omega x}]$$ $$= x^k \mathrm{e}^{\lambda x}[R_m^{(1)}(x)\cos\omega x + R_m^{(2)}(x)\sin\omega x]$$ $$= x^k \mathrm{e}^{\lambda x}[R_m^{(1)}(x)\cos\omega x + R_m^{(2)}(x)\sin\omega x]$$ $R_m^{(1)}(x), R_m^{(2)}(x)$ 是 m 次多项式，而 k 按 $\lambda \pm \omega i$ 不是特征方程的根或是特征方程的单根依次取 0 或 1。 ◆例题选讲：无阻尼强迫振动方程 $$\frac{\mathrm{d}^2 x}{\mathrm{d}t^2} + k^2 x = h\sin pt$$ 对应齐次方程通解为 $$X = A\sin(\omega t + \varphi)$$ 关于非齐次方程的特解。当 $p \neq k$ 时，原方程的通解为 $$x = A\sin(kt+\varphi) + \frac{h}{k^2 - p^2}\sin pt$$ 当 $p=k$ 时，原方程的通解为 $$x = A\sin(kt+\varphi) - \frac{ht}{2k}\cos kt$$ 思政点：此处分析共振现象造成塔科马海峡大桥的坍塌，阐明共振现象，展示我国港珠澳大桥等案例	学生动手完成 y_2^* 首尾呼应，解决实际问题

课堂小结	特解类型 $y^* = x^k \mathrm{e}^{\lambda x}[R_m^{(1)}(x)\cos\omega x + R_m^{(2)}(x)\sin\omega x]$ $R_m^{(1)}(x), R_m^{(2)}(x)$ 是 m 次多项式，而 k 按 $\lambda \pm \omega i$ 不是特征方程的根或是特征方程的单根依次取 0 或 1	回顾总结
思考与作业	分析物体有阻尼强迫振动方程振动规律 $$\frac{\mathrm{d}^2 x}{\mathrm{d}t^2} + 2n\frac{\mathrm{d}x}{\mathrm{d}t} + k^2 x = h\sin pt$$	知识检验
预习	弹簧振动问题	

结 语

国际现代化的发展，无不向我们展示着对各种创新性人才的需求，这对我们从传统模式的教学向现代教学的转变提出了更加符合社会发展的要求。教学模式的多样性、学生自学能力的培养，无不引导着我们结合专业的实际制定出更加符合专业要求的标准课程。课程思政与数学教学相得益彰，融为一体，借助典型案例，植入思政元素，使学生能够充分理解数学中所包含的概念、性质、公式、定理等所蕴含的道理，明白数学知识来源于实际生活，同时也反过来服务于实际生活。教师课程思政理念的提高，需要对原有的教育理念做出相应的调整，在教学目标上，应注重联系；在教育理念上，应注重更新；在职业操守修养上，应注重担当；等等。

思政课程与课程思政协同发展的思想政治教育，事关中国高等教育事业发展的未来，事关大学生自身未来的发展。"高等数学"课程的思政教育虽已起航却并未成熟，针对数学课程育人来说，我们永远在路上。

课程思政理念下"概率论与数理统计"教学改革初探

高理峰 谢焕田 王成永 数学与统计学院

 引 言

"概率论与数理统计"作为理工科专业普遍开设的一门处理随机现象统计规律性的基础课程,是学生学习相关后继课程的前提和工具,对培养学生的辩证思维能力、抽象思维能力、逻辑推理能力及数学建模能力等具有重要作用。自20世纪以来,"概率论与数理统计"蓬勃发展,其衍生的理论与方法已广泛应用于信息科学、控制论、工农业生产、经济和医学等诸多领域。

临沂大学数学与统计学院"概率论与数理统计"课程教学团队,自觉落实"与思想理论课同向同行,形成协同效应"的教育要求,革新教学内容,优化教学方法,以课程知识为载体,多措并举,从教师思政育人意识和育人能力的提升、学生的爱国主义教育、辩证唯物主义思想的渗透、学生科学创新精神的锤炼等四个方面入手,将思政元素和理念融入日常教学活动中,实现了"知识传授"和"价值引领"的有机统一。

一、提升教师的思政育人意识和育人能力

2020年6月教育部颁发的《高等学校课程思政建设指导纲要》指出:"全面推进课程思政建设,教师是关键。要推动广大教师进一步强化育人意识,找准育人角度,提升育人能力,确保课程思政建设落地落实、见功见效。"教师是课程教学的组织者和实施者,提高教师的思政育人意识、找准课程思政的育人角度、提升课程教师的育人能力是实现课程思政的关键。

(一)增强教师的思政育人意识

具备思政育人意识是教师落实课程思政的重要前提。只有教师具有思政育人意识,自觉把课程思政贯彻落实到教育教学各环节,才能潜移默化地调动学生的积极性。实际中,我们一方面注重育人的方向性,深入挖掘课程的思想政治教育功能,做到有的放矢;另一方面,在教学实践中坚持育才的价值性,保证育人方向,进而上升到育人的高度,发挥协同育人效应。

（二）找准课程思政的育人角度

切实把握思政育人角度，在教学研讨上下大功夫。通过对课程内容体系和教学模式的集体讨论，挖掘课程中蕴含的思政教育资源，进行归纳梳理，明确对应的思政角度。课堂上，针对性地开展教学，让学生掌握事物发展规律，丰富学识，增长见识，塑造品格；课堂外，合理利用辅导时间和业余时间，通过网络或课程辅助材料的形式，向学生灌输中华优秀传统文化和社会主义先进文化，做到教书育人同步进行。

（三）提升课程教师的育人能力

教师只有不断提升育人能力，用心、用力、用情投入教学实践活动，才能持续提升自己专业的思政技能。一方面，通过课程思政培训，在课程教学中增加价值的维度和育人的理念，拓展价值教育的本领和能力；另一方面，将育人运动延拓到课外，对学生的日常学习生活、所思所想，尽可能及时掌握、及时沟通交流，全方位深化对学生的认识，有针对性地提升育人实效。

二、挖掘课程史料，对学生进行爱国主义教育

教学中，从源远流长的"概率论与数理统计"发展史中，选取我国科学家的感人事迹和学术成就进行讲解，不仅可以使学生掌握课程的发展脉络，更能增强学生的文化自信和民族自豪感，进而激发学生的爱国情怀。

（一）解读先辈学者的爱国情怀

充分利用课程史料，结合课程进度，发掘经典案例，学习前辈学者献身祖国、献身科学的精神，增强学生的民族自豪感，激励学生为祖国的繁荣富强和中国梦的实现而努力学习。

范例1：在上第一次课的时候，介绍我国在这方面研究的先驱者——许宝騄教授。许教授在加强独立随机变量序列强大数定律结论、参数估计理论、假设检验理论等方面都取得了卓越成就，并且是世界公认的多元统计分析的奠基人之一。他曾在英国伦敦大学学院留学并任教，但他心怀祖国，学有所成后，选择了回国效力。许教授在北大举办了国内第一个概率统计的讲习班，为我国培养了一批概率统计学科教学和科研的人才。许教授献身祖国、献身科学的精神永远值得我们学习。

（二）展示我国概率统计学家的卓越成就

自20世纪以来，我国很多学者在概率论或数理统计领域取得了举世公认的成就，如早期许宝騄教授和江泽培教授等在统计推断、概率极限定理、马氏过程等多方面开展的工作，以及近些年来马志明、严加安和彭实戈三位院士在概率论领域所取得的丰

硕研究成果。课堂上，有选择地对学生进行讲解，激发学生的民族自信和文化自信。

范例 2：讲数学期望的时候，通过引导阅读，让学生了解除了经典的数学期望外，还有非线性数学期望。作为目前国际上研究的热点，我国彭实戈教授在这方面做出了卓越贡献，他建立了动态非线性数学期望理论——g-期望理论，其已经成为研究金融数学的非线性动态定价问题以及动态风险度量问题的重要工具。

三、萃取教学内容，渗透辩证唯物主义思想

习近平新时代中国特色社会主义思想的方法论就其实质而言，是从中国实际出发，对辩证唯物主义和历史唯物主义世界观和方法论的创新性发展。在"概率论与数理统计"这门课程中，蕴含辩证唯物主义思想的案例俯拾皆是，在教学过程中有意识地进行解读，可以引人以大道、启人以大智，培养学生辩证的思维方法，帮助学生树立正确的世界观和人生观。

（一）对立统一的观点

辩证唯物主义认为，物质世界无处不存在着对立统一。比如频率与概率，体现了偶然性与必然性的对立统一。频率是个试验值，具有偶然性，可能取多个不同值；概率是客观存在的，具有必然性，只取唯一值。当试验次数较少时，频率与概率偏差较大，体现为对立性；但当试验次数很多时，就会发现频率稳定在某一常数（事件的概率）附近，反映出统一性。

范例 3：抽烟和肺癌的关系。对个体而言，吸烟不一定得肺癌，具有偶然性；但是以大量人群作为研究对象，经常吸烟的人比不抽烟的人得肺癌的概率高出很多倍，就是必然性。统计数据显示：如果不吸烟，75岁前患肺癌的概率为0.3%；若长期吸烟，这种概率会直接上升到16%，整整翻了50倍；若每日吸烟数量超过5支，那么这个概率或许会更高，可能会达到25%。

（二）实践第一的观点

实践第一的观点是辩证唯物主义的基本观点，这个观点在概率论和数理统计中体现得非常充分。我们知道，"概率论与数理统计"是研究随机现象统计规律性的一门科学，而实践是统计规律性产生的源泉；没有实践，就无法总结经验，发现规律。

范例 4：最大似然估计法。最大似然估计法的基本思想是：在随机试验的实际观测中，既然某个样本出现了，那就表明试验条件对这个样本的出现"最为有利"，因而在所有的样本中，该样本出现的可能性（即概率）就理应最大。这正是"实践第一"观点的具体体现。

（三）看问题不可绝对化的观点

辩证唯物主义思想告诉我们，世间万物，能被绝对肯定或绝对否定的事是很少的，如果苛求获得一个百分之百正确的结论，那或许什么都得不到。要用联系的、发展的观点看问题，思想上不可偏执一端。

范例5：假设检验。假设检验作为非常重要的一种统计推断方法，一方面给出检验假设的方法和结论，另一方面又指出对假设的检验总是会犯错误。因为样本具有随机性，这种随机性导致了结论的不确定性。对两组不同的样本，我们可能会得到截然相反的不同结论。当然，这都可以在概率意义上进行描述。

四、理论联系实际，锤炼学生科学创新的精神

作为一门应用性很强的课程，在"概率论与数理统计"的教学中，要求追根溯源，揭示背景，让学生知其然也知其所以然。我们从概念探究、案例分析、实践创新三个层面，递进式地强化理论和实际的密切联系，通过启发式教学、案例式教学、课外实践等方式训练学生的数学建模思维和创新意识，提高学生分析和解决问题的能力。

（一）概念探究

在介绍基本概念时，不直接给出定义，而是从其衍生背景出发，通过具体例子抽象出其概率思维，形象化地展现基本思想。比如在讲解"统计规律性"这个概念时，从下面的例子出发。

范例6：福尔摩斯"跳舞的小人"（见图1）。每个跳舞的小人都是一个字母。大侦探福尔摩斯如何解密？（探析统计规律性的含义）

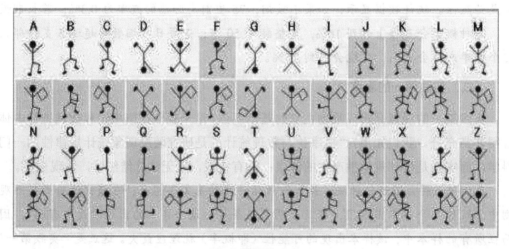

图1 跳舞的小人

类似的教学范例还有:通过高尔顿钉板问题理解随机现象概率的内涵,了解正态分布的形态及其广泛的应用;用二战盟军对德国坦克数量的估计问题,引入基于截尾分布的参数估计;用小孩与猎人的打猎问题,引入假设检验思想;等等。这些都是基本概念探析的生动素材。

(二)案例分析

对基本概念和计算方法的教学,遴选生动有趣的生活案例作为练习,巩固强化。比如学习完"条件概率"这部分内容后,给出下面这个复杂的选择性实例。

范例 7:三门问题(图 2)。参赛者会看见三扇关闭了的门,其中一扇的后面有一辆汽车,选中后面有车的那扇门可赢得该汽车,另外两扇门后面则各藏有一只山羊。当参赛者选定了一扇门,但未去开启它的时候,节目主持人开启了剩下两扇门的其中一扇,露出其中一只山羊。主持人随后会问参赛者要不要换另一扇仍然关着的门。问题是:换另一扇门会否增加参赛者赢得汽车的概率?要不要换门?

图 2　三门问题

类似的实际案例还有很多,如:数学期望的"平均值陷阱"、生育问题中男孩女孩的比例估计、新药物有效性的假设检验等。

(三)实践创新

课堂教学之外,积极引导学生进行课外实践和学科拓展,主要通过让学生参加数学建模竞赛、参与导师科研项目等方式,从无到有、以点带面地慢慢培养学生的科学素养和创新能力。近几年,学生参与各级各类数学建模竞赛,取得了美国 MCM/ICM 一等奖、全国大学生数学建模竞赛国家一等奖等诸多好成绩;通过参与导师科研项目,在 SCI、EI 和中文核心期刊发表论文十余篇。

结　语

　　课程思政是高校落实立德树人根本任务的基本途径，要求课程门门有思政，教师人人讲育人。因此，专业课教师要把育人作为首要任务，潜心挖掘课程所蕴含的思政元素，找准思政教育与教学内容的切合点，在教学内容、方法策略、组织过程等各方面不断探索、实践和创新，将课程思政落到实处，使课程思政收到实效，最终实现立德树人的根本目标。

电子信息类专业核心课程思政育人探索与实践

——以"电磁场与电磁波"为例

韩荣苍　物理与电子工程学院

引　言

"电磁场与电磁波"是普通高等学校电子信息类本科专业学生的一门专业核心课程,其内容是电子科学与技术和信息与通信工程学科必备的基础知识,主要研究宏观电磁场的理论基础及其数学描述,包含静态电磁场、似稳电磁场、传输线理论基础、电磁波的辐射、平面波的传播等。本课程是电子信息类专业的重要支撑,是微波电子学、无线通信技术的理论基础,是微波技术、天线与电波传播和微波电子线路等课程的先修课程。其课程目标如下。

目标1:掌握宏观电磁场与波的基本属性、运动规律和基本问题的描述方法。

目标2:训练分析问题、归纳问题的科学方法,培养使用数学方法解决与电磁场和电磁波相关问题的能力。

目标3:通过学习宏观电磁场知识及典型工程案例,掌握分析问题的方法论,并塑造正确的世界观、人生观和价值观。

2020年,教育部等八部委联合印发《高等学校课程思政建设指导纲要》,课程思政已经从教学理念上升为教育指导方针。作为一名与国防现代化和工业信息化密切相关的专业教师,更是深感开展电子信息类课程思政教育的紧迫性和必要性。另外,中国工程教育专业认证通用标准提出了对毕业生的素质要求,其12条毕业要求中关于"工程与社会、环境和可持续发展、职业规范、个人和团队、沟通、项目管理、终身学习等方面的素质和能力",只通过思政课程无法达成,需要通过在覆盖面更广的专业课程实施课程思政,促使学生逐渐达到毕业生的素质要求。因此,作为专业课授课教师,开展思政教育是落实人才培养目标的现实需要。

本文以"电磁场与电磁波"课程为例,分析了高等学校电子信息类专业教师在知识传授、培养学生专业素养的同时,开展课程思政教育的可行性,并给出"电磁场与电磁波"课程实施课程思政的基本路径和具体做法。

一、"电磁场与电磁波"开展课程思政的客观条件

"电磁场与电磁波"的特质及其重要性表现在以下几个方面。

第一，电磁场（或电磁波）作为能量的一种存在形式，是人类的共同财富，是不可或缺的重要能源，例如电力、微波医疗仪器、微波加热等。同时，电磁波也是一种不可再生的资源，无线电技术的快速发展使无线电频谱越来越紧张，开发和利用新的无线电频谱领域已成为国际竞争日趋激烈的舞台。例如，毫米波波段及THz波段研发中国标准迫在眉睫，这关系到中国在下一代通信技术领域的国际话语权和相关产业布局。

第二，电磁场（或电磁波）作为信息传输的载体，是人类社会获取信息、探测未知世界的重要手段。例如通信、导航、广播、射电天文等。这些领域与国计民生密切相关，以信息技术为驱动的产业集群在很大程度上依赖于无线通信技术的进步，5G产业就是典型的代表。

第三，电磁场与电磁波的工程应用是国防信息化的重要支撑。例如军事电子对抗、海空预警、微波武器、航空航天电子系统等，均是以电磁波的传播和电磁设备为基础的。再如，中国自主研发的预警机——空警2000最主要的部件就是相控阵雷达，而该雷达的最重要部件则是相控阵天线。可见，作为电磁场最典型的应用——天线技术，事关国防安全。

第四，电磁场与电磁波是近代科学的重要增长点，特别是一些交叉学科和新兴边缘学科发展的基础。例如生物电磁学、电磁兼容等。这一点，对于培养学生的学习兴趣、拓展专业视野具有重要意义。

因此，对于学习"电磁场与电磁波"课程的学生而言，了解课程背后的科技生态、国计民生、国防安全和科学研究具有重要意义。笔者认为，这正是本课程必须具备的育人目标。

二、"电磁场与电磁波"开展课程思政的路径与探索

1. 沿无线电电子学的发展脉络，讲好绪论，激发学生的学习兴趣

电磁场理论的发展、成熟是无线电电子学的基础。在"绪论"中首先回顾电磁学的发展历史，以典型人物的重大发明、理论发现为线索，呈现科学技术发展的内在规律。在教学过程中，重点讲解以下实例。

（1）库仑定律。库仑定律是电学发展史上的第一个定量规律，它使电学的研究从定性进入定量阶段，是电学史上的一块重要里程碑。

(2）法拉第电磁感应定律。电磁感应现象是电磁学中最重大的发现之一，它揭示了电、磁现象之间的相互联系，对麦克斯韦电磁场理论的建立具有重大意义。法拉第电磁感应定律的重要意义在于：一方面，依据电磁感应的原理，人们制造出了发电机，使电能的大规模生产和远距离输送成为可能；另一方面，电磁感应现象在电工技术、电子技术以及电磁测量等方面都有广泛的应用。人类社会从此迈进了"电气化时代"。

（3）麦克斯韦位移电流假说。麦克斯韦的这一假设更加深入地揭示了电现象与磁现象之间的联系。位移电流是建立麦克斯韦方程组的一个重要依据。在麦克斯韦方程组建立的基础上，1864年麦克斯韦从理论上预言了电磁波的存在。

（4）电磁波的实验验证。1888年，海因里希·赫兹用实验证明了电磁波的存在；1895—1896年，俄国科学家波波夫和意大利科学家马可尼独立发明了第一个无线电报系统，把人类带入了"无线电电子学时代"。科学的大发现，促进了工程技术的大发展。后来，无线电电子学在商业无线电广播、雷达、导航、电子对抗、遥感、空间探测等诸多方面得到了广泛的应用。通过这一部分的讲解可以看出，人类历史的发展特别是电气时代的来临，无线电电子学时代的开启，其根本原因是电磁场理论的贡献。这将极大地促进学生对课程的求知欲的提升和学习兴趣的培养。

2. 跟随经典科学发现的轨迹，讲好基本理论，培养学生的创新精神

经典电磁场理论的基础是系列实验定律，例如电荷守恒定律、库仑定律、高斯定律和法拉第电磁感应定律以及麦克斯韦方程组等。这类理论知识的讲解侧重以实验原理讲解与重现，站在现代科学的视角分析这些科学发现的实现路径，激发学生的创新意识。在理论推导方面，强调内在联系，以矢量分析为主线，呈现波动方程和达朗贝尔方程的推导过程，使学生亲历电磁波的"语言"。在现代电磁理论的新发展过程中，伴随计算机技术的迅速发展，计算电磁学成为电磁场理论的新领域。通过电磁场数值方法的简单案例和计算电磁学的发展背景，介绍计算电磁学代表性的科学家包括Harrington、Born、Yee等人的历史贡献，使学生清楚电磁场理论发展的来龙去脉，以及现在工程计算用到的电磁场仿真软件的发展状况。在此教学过程中，其中重要任务之一就是讲解我国科学家及华裔科学家在电磁学领域中做出的杰出贡献、取得的重大成果以及目前在世界电磁学研究中所处的位置，培养学生的爱国热情。另外，结合我国电磁场仿真软件还比较落后的现实，指明当代大学生应有的历史使命，激发学生的创新精神。

3. 挖掘典型案例的现实意义，讲好中国故事，培养学生的爱国热情

"电磁场与电磁波"是一门理论性强、概念抽象、数学推导过程烦琐的课程。学习过程中，对学生抽象思维、逻辑推理和空间想象能力要求比较高。学习这门课程，不仅要掌握基本的电磁场理论以及使用其解决问题的方法，更重要的是要领会电磁场与电磁波对工业信息化和国防现代化的巨大作用。因此，工程实例及国防应用实例的选择，就显得尤为重要。在课堂上，教师应始终以积极的心态传播正能量，把正确的道德观传授给学生，用自己的热情感染学生，并通过这些实例潜移默化地影响学生的人生观。比如，在讲授"电磁波的极化"部分的内容时，我们选择北斗卫星导航系统作为实例。我们的目标是建成独立自主、开放兼容、技术先进、稳定可靠的覆盖全球的卫星导航系统，促进卫星导航产业链形成，完善国家卫星导航应用产业支撑、推广和保障体系，推动卫星导航在国民经济社会各行业的广泛应用。要强调北斗卫星导航系统在汶川地震和北京奥运会中所起的重大作用，也要告诉学生曾经因为美国中断GPS信号服务对我国造成的重大影响。这样，学生就能够明白我们国家为什么要花费巨资建设北斗系统。

又如，中科院国家天文台主持建设的位于贵州省平塘县大窝凼洼地的 500 米口径球面射电望远镜（FAST），是世界上现役的口径最大、最具威力的单天线射电望远镜。FAST 把中国空间测控能力由地球同步轨道延伸至太阳系外缘，是国际上最精确的脉冲星计时阵，并可以进行高分辨率微波巡视。这是"电磁场与电磁波"中电磁辐射的具体应用。FAST 的建成说明我国在天线设计和制造、高精度定位与测量、高品质无线电接收机等众多高科技领域处于世界领先地位，由此激发学生的产业自信心与民族自豪感。

结合近几年的教学改革和实践探索，总结出了"电磁场与电磁波"课程在各知识模块实施课程思政的具体方案，让思政教育贯穿于课程学习的全过程。本课程的课程思政整体设计如表 1 所示。表中所呈现的仅仅是针对本课程各主要知识模块挖掘的代表案例，实际教学过程中还包含随机引入的德育环节。

表1 "电磁场与电磁波"课程思政整体设计

章节	教学目标	思政映射与融入点	课程思政教学设计	预期成效
引言	了解课程的基本内容、知识体系以及与专业知识体系的关系	"教材思政"：经典教材——作者（科学家）——重大发明创造、课程的学科背景	由教材引出国内本领域的主要科学家简介，主要参考科学家的人生简历和重大贡献	学生对本课程产生浓厚兴趣，产生科技报国的热情
矢量分析之每章小结	领会矢量分析对课程的支撑作用	"课程方法论"：数学——工程学——电磁场与微波工程	以本章内容对课程的支撑作用，引出工科专业的内涵及核心方法论	掌握课程的学习方法

理 工 类

续表

章　节	教学目标	思政映射与融入点	课程思政教学设计	预期成效
宏观电磁场的理论体系之麦克斯韦方程组	掌握麦氏方程的由来和物理意义	"正确的科学观"：电磁学实验定律——位移电流——麦克斯韦方程组	从麦克斯韦方程组的建立过程以及相关科学家所做出的贡献，向学生展示一个新的物理理论的建立不是一朝一夕之功，而是很多科学家长期积累、厚积薄发的结果	帮助学生养成脚踏实地的学习态度
宏观电磁场的理论体系之波动方程	掌握波动方程的物理意义及其实验验证	"科学探索精神"：波动方程——电磁波的实验验证——无线电通信的起源	以赫兹实验验证电磁波的存在这一重大科学发现为例，阐述电磁波对人类社会发展的重大作用，引出实践探索的重要性	激发学生勇于探索的科学精神和人生态度
电磁波的辐射之惠更斯元	掌握惠更斯元的物理性质及其应用	"大科学工程"：惠更斯元——抛物面天线——天眼	由我国射电天文观测工具"天眼"引出"人民科学家"南仁东的典型事迹，阐释"大国工匠"精神	激发学生的爱国主义情怀，培养学生献身科学事业的激情
良导体中的均匀平面波	掌握良导体中电磁波的基本性质	"工程伦理"：电磁波与物质的相互作用——SAR的概念——工程规范、行业标准	以电磁波与物质的相互作用为主题，探讨电磁波对人体的危害，引出工程规范、行业标准以及工程伦理	了解工程规范的人文关怀
均匀平面波之电磁波的极化	了解圆极化电磁波的应用	"国之重器"：圆极化波——北斗卫星天线——北斗导航系统	以圆极化应用为例，引出北斗卫星。中国独立自主研发的北斗卫星导航系统摆脱了美国的GPS系统，为国防安全与社会经济发展提供了重要保障	激发学生的爱国热情和民族自豪感
均匀平面波之平面波的反射	基于电磁波的反射原理，理解电磁隐身原理	"国防教育"：电磁隐身——空警2000——国防利器	以电磁隐身原理为出发点，引出高端国防隐身装备空警2000	了解专业与国家安全的关系

结　语

在专业课程中实施课程思政，教师要充分用好课堂教学这个主阵地，一方面要不断增强思想政治教育的针对性和时代性，以德立身，以德立学，以德施教，成为先进思想文化的传播者，担起学生健康成长的指导者和引路人的责任；另一方面要具备教师的综合素质：专业素养、教学理念和教学方法，这是决定课程思政成效的根本。因此，教师欲传道，首先要明道、信道。

专业认证背景下"大学物理"课程思政目标的设计与实现

潘洪哲　物理与电子工程学院

引　言

习近平总书记曾指出，综合国力的竞争归根到底是人才的竞争，国家的发展、民族的未来都离不开人才的培养。为达到这一育人目标，我国在高等教育中开展了专业认证和思政教育两项重要举措。专业认证主要保障人才的"硬件"，即培养具有专业知识和能力的可用之才；思政教育则保障人才的"软件"，即培养具有高尚品德和修养的可以担当民族复兴大任的时代新人。这两项举措相辅相成、相互促进、相得益彰。现阶段我国正在进行的专业认证包括工程教育专业认证和师范类专业认证，目的是确认我国高校所开设的培养职业性人才的教学活动是否符合预先制定的合格标准，为专业性人才进入相关领域工作提供质量评估和保障。"大学物理"课程是一切理工科专业课程的基础，在人才培养方面具有不可替代的作用，特别是在当今专业认证的背景下显得尤为重要。另外，人才的培养绝不仅仅是知识和技能的传授，更为重要的是对学生正确价值观和高尚道德情操的培养，特别是 2016 年我国高校思想政治工作会议以来，这一育人目标变得更为明确和迫切。"大学物理"课程作为理工科重要的基础课程，无论是在唯物主义哲学思想和方法论体系方面，还是在实事求是、创新理念等方面都有重要体现。如何在大学物理课程的教学实践中，在对学生传授知识和培养能力的同时增强思政教育，提升德育品质，成为当今在专业认证和思政教育双重背景下每一位"大学物理"教师必须思考和实践的课题。本文对我国专业认证背景下"大学物理"课程思政教学进行了探讨，主要对"大学物理"课程思政目标的设定、实现途径和部分思政元素内容进行了挖掘。

一、结合专业认证设计"大学物理"课程思政目标

2020 年 6 月，我国教育部颁布了《高等学校课程思政建设指导纲要》（以下简称《纲要》）。其中规定了高等院校课程思政的六大教学目标与重点，分别是：中国特色社会主义和中国梦教育、社会主义核心价值观教育、法治教育、劳动教育、心理健康

教育、中华优秀传统文化教育。《纲要》还结合专业特点，给出了课程思政的具体指导意见，例如对于理学、工学类专业课程，要求要在课程教学中把马克思主义立场、观点、方法的教育与科学精神的培养结合起来，提高学生正确认识问题、分析问题和解决问题的能力。理学类专业课程，要注重科学思维方法的训练和科学伦理的教育，培养学生探索未知、追求真理、勇攀科学高峰的责任感和使命感；按照工科专业认证目标要求，工学类专业课程要注重强化学生工程伦理教育，培养学生精益求精的"大国工匠"精神，激发学生科技报国的家国情怀和使命担当。

按照《纲要》的原则和精神，结合"大学物理"课程的具体特点，本文从科学观、世界观、价值观、人生观等方面明确了"大学物理"课程的思政目标。

（1）科学观方面。培养学生掌握物理学的基础知识及应用知识的能力，使学生具有较强的科学素养和创新能力；培养学生独立获取知识的能力；等等。

（2）世界观方面。培养学生具有坚定的辩证唯物主义世界观，使学生具有独立思考的能力，等等。

（3）价值观方面。培养学生具有爱国、敬业、诚信等社会主义核心价值观，树立良好的价值导向，等等。

（4）人生观方面。培养学生具有高尚的道德情操，良好的道德判断能力；培养学生乐观向上的人生态度，提高学生抗挫折的能力；等等。

值得注意的是，我国现阶段正在进行的专业认证不但对课程的教学目标做了要求，实际上也对课程所要承担的思政目标提出了具体要求。以我校机械类专业的工科认证目标为例（见表1），其中有多个指标涉及人才培养的思政目标。"大学物理"课程在这些目标的实现中可起到重要作用。每一位教授"大学物理"课程的教师，都应该利用"大学物理"课程的特点和优势，将专业认证目标和课程思政目标结合起来，充分发挥"大学物理"课程的思政功能，努力培养能承担起民族复兴大任的时代新人，培养德智体美劳全面发展的社会主义建设者和接班人。

表1 工科专业认证目标（毕业要求目标）与课程思政目标

一级指标	二级指标	课程思政目标
工程知识	能够正确理解数学、自然科学及工程基础知识中的基本概念、原理、方法和规则	科学观
问题分析	能基于机械工程相关科学原理和数学模型方法，进行原理分析和正确表达复杂工程问题，并结合专业知识进行有效分解	科学观、世界观
研究	能够基于科学原理，通过文献研究或相关方法，对机械工程相关的各类物理现象、材料特性进行研究和实验验证	科学观、世界观

续表

一级指标	二级指标	课程思政目标
职业规范	具有人文社会科学素养、社会责任感，遵守职业道德和规范，履行责任	价值观、人生观
个人和团队	能够在多学科背景下的团队中承担个体、团队成员以及负责人的角色	世界观、价值观、人生观
沟通	能够就复杂机械工程问题与业界同行及社会公众进行有效沟通和交流，包括撰写报告和设计文稿、陈述发言、清晰表达或回应指令；具备一定的国际视野，能够在跨文化背景下进行沟通和交流	世界观、价值观
终身学习	具有自主学习和终身学习的意识，有不断学习和适应发展的能力	世界观、价值观、人生观

二、"大学物理"课程思政目标的实现途径及部分思政元素的挖掘

"大学物理"的课程思政不是专业知识传授与思想政治教育的简单堆叠，而是要将两者和谐地融合在一起，寓思想政治教育于物理知识的教学中，使学生在获得物理知识的同时，自然而然地受到思政教育，达到"润物细无声"的效果。为实现这一目标，本文从以下几个方面进行了探索。

（一）从物理知识点本身出发挖掘思政元素

以物理学为基础的"大学物理"本身就蕴含着丰富的物理学思想、辩证唯物主义哲学内容，在培养学生创新意识、科学精神和美育能力等方面具有先天优势。"大学物理"教师在讲授物理知识的同时，强化物理知识体系的逻辑性，重视研究方法，以马克思主义哲学原理为工具，培养学生的科学精神和辩证思维方法。

比如，教师通过对"质点模型"的讲授，阐明了主要矛盾和次要矛盾的哲学思想，告诉学生在生活中遇到问题要抓住主要矛盾进行解决。根据质点、刚体等模型的概念特点，引入物理学中解决复杂问题的一般方法——将复杂的问题分解成若干简单问题逐一解决，这样整个复杂的问题也就迎刃而解了，从而引导学生在人生的道路上遇到问题不要怕，要将复杂问题分解为简单问题处理，最终问题都会得到解决。在对"力的知识"的讲解中，将人类对力的认识历程与否定之否定规律结合，告诉学生在观察事物时，不要把客观世界和人的认识绝对化、凝固化，要动态地看待问题。又如，在"热学物态变化"内容的教授过程中，通过引入量变引起质变的哲学思想，告诫学生做事要有恒心。另外，在对"电磁感应"内容进行讲解时，教师引入辩证统一的哲学思想，指导学生从多个角度看待问题，并使学生意识到事情都在发展变化，思维不要僵化。再如，在对一些例题的讲解中，引入近似求解的物理思想，告诉学生在生活中

有时要克服完美主义，遇事不要钻牛角尖，保持心理健康。"大学物理"课程中适合引入思政元素的内容随处可见，授课教师要勤思勤想，让思政元素在每一个知识点上闪光，照亮学生的思想。

（二）利用物理学史强化课程思政优势

物理学史作为人类对自然界物理现象的认识发展史，包含了大量反映认知和思维规律的典型案例，在教学过程中适时地介绍这些内容，不仅能让学生增长知识，而且可以让学生以史为鉴，树立正确的人生观和价值观，做到物理知识传授的显性教育和思政教育的隐性教育相统一。

例如，教师在讲伽利略的行星运动定律时，介绍历史上关于"地心说"与"日心说"长期激烈的斗争，伽利略、布鲁诺、哥白尼那种敢于挑战权威、勇于坚持真理的精神会深深地打动学生，此时可以适时引导学生认识到"任何一个正确的理论都来源于实践，实践是检验真理的唯一标准"。再如，力学中讲粒子运动学时，可以拓展提及 1957 年我国著名核物理学家王淦昌教授在实验条件落后、没有任何配套仪器设备的情况下，经历了无数次的试验和失败，终于在世界上首次发现了反西格玛负超子，由此告诉学生物理学家追求真理时所付出的努力和艰辛往往是常人难以想象的，他们正是因为专注和有毅力才能获得丰硕的成果，引导学生体会他们充满酸甜苦辣的科研历程，从而塑造自身持之以恒、百折不挠的坚韧品质。物理学史中典型案例很多，每个典型案例中都蕴含着这样或那样的人生哲理，如精心雕琢，善加利用，便可潜移默化地向学生传递正确的人生观和态度，实现对学生的价值引领。

（三）结合科技前沿和社会热点融入课程思政

除此以外，授课教师还应及时关注科技前沿和社会热点，积极适度地将其引入到课堂教学中，引导学生进行正面思考，培养学生的核心价值观。特别是通过介绍我国近几十年来在科技领域的进展，培养学生的民族自豪感和爱国热情。授课教师通过有意识地结合有关知识点讲解探月计划、载人航天、北斗导航系统、天眼工程、蛟龙号、"两弹一星"等大型工程，凸显我们社会主义国家集中力量办大事的优势，增强学生对中国特色社会主义的文化自信、制度自信和道路自信。例如教师在讲解运动学知识的运用时，自然会介绍中国北斗卫星导航系统的发展历程；在讲安培力时，顺便介绍中国高铁所取得的成就；讲电学时，顺势介绍我国"西电东送"实践中创造的领先全球的特高压输电技术等。通过对物理领域科技前沿和社会热点的讲解，相信每一位学生内心的民族自豪感和自信心一定会油然而生。再如讲磁介质时，可以讲到与之相关的芯片，进一步联系到现在美国对华为的"芯片"封锁事件，势必会激起学生内心那种强烈的民族责任感和使命感。

（四）实施信息化教学模式，方便课程思政元素的嵌入

在当今网络时代，很多思政元素的课堂嵌入都需要用到视频、图片等工具，因此要改革传统课堂教学模式，实施信息化教学模式，以方便课程思政元素的嵌入。在具体的实施过程中，我们采用雨课堂这一教学工具辅助进行。雨课堂是 MOOC 平台"学堂在线"与清华大学在线教育办公室共同研发的智慧教学工具，现已成为当前信息化教学背景下的主流教学模式，其目的是全面提升课堂教学体验，让师生互动更多，教学更为便捷。"雨课堂"旨在连接师生的智能终端，将课前—课上—课后的每一个环节都赋予全新的体验，最大限度地释放教与学的能量，进一步推动教学改革。"雨课堂"将复杂的信息技术手段融入 PowerPoint 和微信当中，在课外预习与课堂教学间建立起沟通桥梁，让课堂互动永不下线。使用"雨课堂"，教师可以将带有 MOOC 视频、习题、语音的课前预习课件推送到学生手机上，方便师生沟通；课堂上可实时答题、弹幕互动，为传统课堂教学师生互动提供了完美解决方案。"雨课堂"科学地覆盖了课前—课上—课后的每一个教学环节，为师生提供了完整立体的数据支持、个性化报表、自动任务提醒等功能，让教与学更加明了化。

结　语

课程思政教育作为高校思想政治教育的重要组成部分，是落实高校立德树人根本任务的重要抓手。"大学物理"课程教学和思政教育的融合是一项长期的任务，需要教师在教学中不断探索，将专业知识与课程思政有机结合，充分发挥课程的德育功能，让学生在知识学习中潜移默化地获得理想信念层面的精神指引，以形成正确的科学观、世界观、人生观和价值观。

实施课程思政,形成育人合力

——以"仪器分析"教学为例

王爱香　化学化工学院

引　言

"仪器分析"是高等学校化学、应用化学、药学、材料、食品等专业的基础必修课程之一,其在教材内容当中蕴含着丰富的思政元素,主要体现于:一是仪器分析知识本身具有明显的价值倾向、人文情怀等;二是教师可以通过深度挖掘,在已有思政元素的基础上实现进一步拓展和开发;三是教师可充分利用仪器分析课程中的思政资源,采取适当的教学方式,加强学生世界观、人生观和价值观的培养,实现知识传授与思想价值引领的同向同行,与思政课程形成育人合力。

一、修订课程目标,突出德育要求

根据立德树人的要求,对"仪器分析"课程的目标进行了修订,近一步凸显思政目标。

目标1:了解仪器分析方法的分类、特点、局限性、发展历史和发展趋势,体会科学发展的曲折过程,学习科学家不畏权威、坚持不懈的献身精神;认识一些新方法和新技术,体会仪器分析在推动社会发展、保障人类生命健康、保护和谐生态中的重要作用。

目标2:能够说出常用仪器的工作流程、组成部件,尤其是关键部件,能够说明各部件的作用,体会整体与局部的关系;解释仪器的工作原理,掌握仪器的使用方法,学会选择仪器参数。

目标3:理解各种仪器分析方法的相关概念,能够解释色谱分析法、电化学分析法和光谱分析法的基本原理,体会普遍性和特殊性的辩证关系;熟悉有关定律公式和数据处理方法,能够进行相关的计算,能够分析各种仪器方法的干扰因素,并且能提出合理的误差消除方法,养成力求准确、精益求精的习惯。

目标4:能够根据分析目的、对象特点和仪器使用范围选择适宜的分析方法;优化分析条件,对已有的分析方法进行改进,完成实际样品的测定,给出合理的结果;

具有一定的创新意识和解决实际问题的能力,养成严谨的科学态度和细致踏实的工作作风。

二、探寻思政触点,精心设计教学

本课程关于思政融入的途径和措施的整体设计如表1所示。

表1 "仪器分析"思政融入点与课程设计

章　节	思政映射与融入点	课程思政教学设计	预期成效
绪论	(1)仪器分析方法发展史:不畏权威、坚持不懈的奉献精神 (2)我国分析仪器现状:科技强国、爱国情怀、责任担当 (3)仪器分析的应用:学科价值	(1)翻转课堂:查阅文献,制作PPT并进行讲解,了解过去仪器分析方法发展的曲折,当今仪器分析方法发展的迅速,及我国分析仪器的现状 (2)案例分析:视频展示食品药品安全问题、环境污染问题等典型案例	学生关注仪器分析方法的发展,认识仪器分析在保障人类生命健康、保护和谐生态中的重要作用,学习科学家坚持不懈的奋斗精神,对中国仪器分析方法的发展树立信心
光谱分析概论	(1)电磁波谱的性质:多角度认识问题 (2)光分析法的分类:共性与个性的关系	(1)通过图表、公式认识电磁波谱的波粒二象性 (2)列表比较光分析法的共同特征和各自的特点	学会准确全面认识问题
原子发射光谱分析法	原子发射光谱分析中光源的选择,实验方案设计:解决实际问题,价值判断	方案设计:开采商欲对某山上的矿石进行开采,现请你检测矿石中含有哪些元素,是否有开采价值;试设计实验方案,检测矿石中含有的元素及大致含量,并向开采商提出合理的建议	学会利用所学知识解决实际问题,具有一定的价值判断能力
原子吸收光谱分析法	(1)原子吸收光谱分析的干扰及其消除:精益求精、力求准确的工匠精神 (2)重金属离子的测定:环境保护意识、国家标准意识、行业规范意识 (3)原子荧光光谱仪的发展:爱国情怀	(1)讨论:原子吸收光谱分析的选择性较好,为什么还要考虑干扰?如何消除这些干扰? (2)任务驱动教学:环保局接到群众举报,怀疑河水中砷含量超标,造成了一定的民众恐慌。假设你是一名环境监测人员,请测定河水中砷的总量、不同价态砷的含量,并确定砷含量是否超标,给群众一个明确答复 (3)查阅文献:了解原子荧光分析法的发展过程	(1)学生能够领会实际工作中测定要力求准确和灵敏,养成精益求精的习惯 (2)学生能够体会环境保护的重要性,增强环保意识,学会按照国家标准测定实际样品中的重金属离子 (3)学生能够了解我国原子荧光分析法的先进地位,增强爱国热情

· 176 ·

续表

章　节	思政映射与融入点	课程思政教学设计	预期成效
紫外吸收光谱分析法	(1)紫外吸收光谱的产生：现象与本质的关系 (2)朗伯比尔定律的适用条件：规律的相对性 (3)紫外吸收光谱的应用：优势与劣势的关系	(1)视频展示：我们生活在多姿多彩的世界中，许多物质有着各种各样的颜色，思考原因 (2)探究：朗伯比尔定律是一条普遍的规律，是不是所有物质对光的吸收都符合这一规律？ (3)讨论：饱和烷烃及其衍生物能用紫外吸收光谱分析吗？从中可得到哪些启示	(1)学生明确现象和本质的关系，学会透过现象看本质 (2)认识定律是普遍的，又是有条件的 (3)学会用动态的观点认识事物的优缺点，了解劣势和优势可以相互转化
红外吸收光谱分析法	红外吸收光谱在结构分子中的应用：科学方法论、现象与本质、宏观与微观的关系	讨论：已知化合物的分子式，根据化合物的红外吸收光谱图，如何推断化合物的结构	(1)学生掌握研究物质结构的重要方法——利用红外吸收光谱解析物质结构 (2)体会现象与本质、宏观与微观的关系
电分析概论	电池的组成：对立统一关系，相对与绝对的辩证关系	讨论正负极的关系：正极和负极是对立的，但是又统一在一个原电池中；同时正负极又是相对的，不是绝对的、一成不变的，要根据电极电位的高低来确定	学生认识对立统一的关系、相对与绝对的辩证关系
电位分析法	(1)离子选择性电极的特点：优势与劣势的关系 (2)滴定终点的判断：解决问题方法的多样性	(1)讨论离子选择性电极的特点：离子选择性电极最突出的优点是高选择性；也正因为如此，离子选择性电极只能用于少数几种离子的检测，普适性差 (2)讨论滴定分析的终点判断方法有哪些，如何选择合适的判断方法	(1)学生学会辩证地看待事物的优势和劣势 (2)明确解决问题的方法有多种，要根据要求和对象的特点选择合适的方法
极谱分析法	(1)极谱分析的基本装置：事物的两面性、增强环保意识 (2)现代极谱新技术：力求完善、精益求精的工匠精神	(1)讨论滴汞电极的特点：滴汞电极在极谱分析中具有明显的优势，但也存在缺点，毒性大 (2)翻转课堂：讨论查阅文献并讲解经典极谱分析的局限性，如何改进极谱分析，有哪些新技术	(1)辩证地看待事物的两面性，增强环保意识 (2)凡事没有最好，只有更好，养成力求完美、精益求精的习惯
电解与库仑分析法	(1)分解电压：理论与实际情况的差异 (2)电解析出离子的次序及完全程度：事物的相对性	(1)练习：计算理论分解电压和实际分解电压，分析二者的关系，掌握要想发生电解应满足什么条件 (2)讨论：电解析出离子的次序及完全程度	(1)在实际工作中，应该满足的是实际要求 (2)电解析出离子的次序是相对的 (3)完全程度并非绝对完全，有限值规定

续表

章　节	思政映射与融入点	课程思政教学设计	预 期 成 效
色谱分析概论	（1）色谱分析发展史：不畏权威、敢于质疑、勇于奉献的科学精神 （2）塔板理论：假设模型 （3）毒品的多柱法定性：法律意识，健康意识	（1）撰写论文：论述色谱分析方法的发展过程，从中可以获得哪些启示 （2）认识塔板理论的几点假设，这些假设与实际情况不符，但是能解决一些实际问题 （3）角色扮演：如果你是法官，如何判定毒品	（1）学生体会到科学发展的艰难，科技进步需要许多科学家的不懈坚持和共同努力；培养学生不畏权威、敢于质疑的精神；让学生明白社会发展需求是推动科学发展的原动力 （2）学生理解假设在解决复杂问题的作用 （3）学生认识毒品的危害，远离毒品，保证身心健康
气相色谱分析法	（1）气相色谱仪：整体和局部、系统和要素的关系 （2）载气的选择：综合考虑多种因素的影响	（1）讨论：气相色谱仪的操作流程，气相色谱仪的组成和关键部件 （2）思考：载气选择是一个复杂问题，如何选择载气	（1）学生认识整体和局部、系统和要素的关系 （2）学生明白解决问题要全面考虑各种因素的影响，以达到最好的效果
液相色谱分析法	（1）液相色谱分类：共性和个性的关系 （2）正相色谱和反相色谱：事物的相对性 （3）高效液相色谱法的应用：生命安全意识、学科价值	（1）讨论：液相色谱法的共同点，液相色谱有哪些类型，各有何特点，如何选择液相色谱法 （2）讨论：如何判断正相色谱法和反相色谱法 （3）案例分析：查阅相关资料，了解海豹胎事件，海豹胎是如何造成的，如何避免海豹胎事件 （4）实验方案设计：如何利用高效液相色谱法测定金银花中的有效成分	（1）学生体会共性和个性的关系 （2）通过正相色谱和反相色谱的辨别，认识事物的相对性，以及事物之间相互转化的关系 （3）通过分析，认识到利用高效液相色谱法可以避免海豹胎事件，因此，高效液相色谱法在保障人类健康方面具有重要作用 （4）利用所学的色谱知识解决实际问题

三、紧密结合教学内容，全面渗透思政教育

（一）化学史海钩沉，敢于质疑，乐于奉献

在学习第三单元"色谱分析"时，让学生查阅文献，了解色谱法发展历程和应用进展，充分挖掘色谱分析的化学史料，让学生从中体会科学发展的艰难曲折，学习科

学家坚持不懈的奉献精神。1901年，俄国植物学家茨维特（Tswett）开始研究植物叶色素的分离，两年后他发表了自己的研究成果"一种新型吸附现象及其在生化分析上的应用"，提出了应用吸附原理分离植物色素的新方法。三年后，他将这种方法命名为色谱法（Chromatography）。色谱概念提出的最初20多年里几乎无人问津，一是由于Tswett并非著名科学家，且他对色谱的研究以俄语发表在俄国的学术杂志之后不久，第一次世界大战爆发，欧洲学术活动被迫中断；另一个重要的原因是诺贝尔化学奖获得者德国著名化学家维尔施泰特（Willstätter）对色谱法不认可，他发现叶黄素在色谱分离过程中会发生氧化变质，其实是因为他使用的吸附剂不合适的缘故。直到1931年德国的库恩（Kuhn）用Tswett的方法成功地分离出了胡萝卜素和叶黄素，并因此获得了1938年的诺贝尔化学奖，科学界才认识到了色谱技术的重要作用，此后色谱方法进入了快速发展阶段。1957年英国人戈雷（Golay）发明了毛细管气相色谱，这是气相色谱发展史上具有里程碑意义的技术创新。气相色谱快速发展起来，而液相色谱的发展则相对缓慢一些，这是因为当时石油化工行业发展迅猛，石油品质的保障需要精准的检测手段。

与此同时，工业的迅速发展引发了许多环境问题，引起了人们的关注，人们急需检测方法确定环境污染物的种类和含量，气相色谱尤其是毛细管气相色谱恰好满足了以上要求。20世纪60年代人们逐渐认识到，气相色谱难以直接分离高沸点强极性的化合物，而经典液相色谱费时、效率低下。耶鲁大学的Horváth教授团队开发了细粒色谱填料，并设计制造了世界上首台高效液相色谱（HPLC）仪器。20世纪70年代后期HPLC得到了快速发展，因为HPLC的应用更为广泛，大约80%的化合物均可以用HPLC检测，只有20%的化合物适于用气相色谱（GC）检测。通过色谱发展史的学习，学生得到以下启示：科学的发展不是一帆风顺的，需要许多科学家的不懈坚持和共同努力；不畏权威、敢于质疑、勇于奉献是科学进步的重要条件；社会发展需求是推动科学发展的原动力，社会在不断进步，科学理论和技术也在不断推陈出新，日臻完善。

（二）发展分析仪器，坚定科技强国信念

在绪论中学习仪器分析方法的分类时，让学生查阅文献，讨论各种仪器分析方法使用的仪器、仪器的著名品牌、对仪器品牌的感想。学生了解到不论是光谱仪器还是色谱仪器，或是电分析仪器，著名品牌几乎都是国外的。2018年全球仪器公司TOP20榜单中，美国有8家，日本有5家，德国有3家，瑞士有3家，英国有1家，却找不到中国的企业，由此，使学生认识到我国的高端制造业水平较低。必须让学生正视这一事实，学生才能意识到尽管我国的科学技术总体上有了很大的进步，但是在许多方面与发达国家仍存在较大差距,所以我国必须走科技强国之路,加快各领域自主创新。不创新不行,创新慢了也不行。作为创新创业生力军的当代大学生,应当具有宽厚的人文和科学素养,掌握扎实的专业知识,努力提高持续创新的能力,使自己成为祖国和人民需要的、富有创新精神的高素质人才。

另外,学生还要学会全面、合理地判断事物的价值。例如对于仪器的选择,高性能并非唯一的衡量指标,还要考虑仪器价格和以后的测试费用,即应该具有较高的性价比。因此,购买仪器最重要的是满足工作需要和样品测定的要求,目前许多国产品牌的仪器已经能够满足日常检验分析的需要,同时国产仪器在使用、维护和维修方面要比进口仪器便利和便宜得多,因此应该尽可能购买国产仪器,支持民族产业。

(三)关注食品问题,保障人民生命安全

民以食为天,食品安全始终是人们关注的焦点。随着社会生产力的发展,生活物资越来越丰富,食品的花样也越来越多,伴随而来的食品安全问题也越来越突出。许多不法生产商和摊贩为了提高销量和追求利益,往往会向食品或畜禽饲料中掺杂违禁添加剂,例如苏丹红、瘦肉精、吊白块、工业染料等,或者是使用劣质或毒性原料。食品污染会造成人类急性食物中毒,严重的会致畸、致癌和致突变。食品安全问题具有隐蔽性,不易发现,不能及时做出评价,只有借助分析仪器才能确定食品中是否含有非法添加剂,以及含量是否超标。例如,学习分子光谱分析时,可以列举 2008 年中国奶制品污染事件。事故起因是很多食用奶粉的婴儿被发现患有肾结石,随后在其奶粉中被发现三聚氰胺。三聚氰胺主要作为化工原料,不可被用于食品产业链。现阶段食品中蛋白质含量测定的方法通常为凯氏定氮法,该方法的原理是通过测定含氮量来确定蛋白质含量。一般而言,蛋白质所能达到的含氮量约为 16%,而三聚氰胺的含氮量高达约 66%。因此,不良商家往往向食品中添加三聚氰胺以提高含氮量,降低成本。针对如何准确测定三聚氰胺,常用的方法有高效液相色谱法、高效液相色谱-质谱法、气相色谱-质谱法,这些方法需要专业人员操作,检测费用高昂。一些学生选择了较为简单的紫外吸收光谱法、红外吸收光谱法和荧光光谱分析法。还有的学生创新意识较强,通过查阅文献,把分子印迹技术和荧光分析结合起来,制备出负载量子点的三聚氰胺分子印迹聚合物,用于三聚氰胺的测定。这种方法较好地结合了荧光分析的高灵敏度和分子印迹技术的高选择性,可以更准确、更灵敏地检测出奶制品中的三聚氰胺含量。通过对 2008 年中国奶制品污染事件的剖析,学生认识到了食品污染的危害,增强了食品安全意识;通过三聚氰胺的测定,学生加深了对分子光谱分析知识的理解,掌握了荧光分析方法,了解了荧光分析技术的前沿,并且能将荧光分析用于解决实际问题,对荧光分析方法进行了改进,提高了创新意识和创新能力。因此,

仪器分析是检验食品中有害物质的重要手段,是保障食品质量的法宝,有了食品安全,老百姓才会吃得放心,过得舒心。

(四)开展环境调研,保护绿色和谐生态

党的十八大把生态文明建设放在突出位置,将其纳入建设中国特色社会主义"五位一体"的总体布局。党的十九大再次吹响了加快生态文明体制改革、建设美丽中国的号角,强调坚决打好污染防治这场攻坚战,其中环境监测是重要的一环。环境监测靠的是精密仪器,因此"仪器分析"教学要充分利用环境监测实例来进行。例如讲"原子光谱分析"时,利用云南九大高原湖泊之一的阳宗海水体受砷污染事件以及砒霜的毒性,引起学生对砷污染的关注,给学生布置任务,调查周围环境现状,尤其是重金属离子的污染情况;如何测定河水中的砷,并判断砷的污染情况,要求学生查阅文献,选择合适的分析方法,设计实验方案,测出砷的含量;学生需要比较原子发射、原子吸收和原子荧光 3 种方法的原理、特点和适用范围,选出测定砷最灵敏的方法——原子荧光法;通过实验和数据处理,分析水体是否受砷污染。任务的完成使学生既能牢固掌握原子光谱分析的知识,也学会了原子荧光光谱仪的使用,同时还增强了学生保护环境和维护和谐生态的意识。

结 语

课程思政是高校落实立德树人根本任务的基本途径,课程思政要求课程门门有思政,教师人人讲育人。因此,专业课教师责无旁贷,要把育人作为首要任务,不断提高自己的道德素养和人格魅力,深入挖掘课程所蕴含的思政元素,并将其有机融入教学中,精心进行教学设计;采用恰当的教学方式,启迪学生思维,培养学生正确的世界观、人生观和价值观,养成高尚的品格,增强其社会责任感,使学生成为具有高尚的人文情怀、掌握深厚的专业知识、勇于探索、善于创新的高素质人才,实现价值引领、知识教育和能力培养的有机统一。

课程思政与"化工工艺学"教学过程的融合初探

宋兰兰　化学化工学院

引　言

"化工工艺学"是化学工程与工艺专业的专业必修课程,深受学生喜爱。本课程从化工生产的工艺角度出发,运用化工过程的基本原理,阐明化工工艺的基本概念和基本理论,介绍典型产品(合成氨、三酸、两碱等)的生产方法与工艺原理、典型流程与关键设备、工艺条件与节能降耗分析。化工工艺学的教学内容中蕴含着大量的思政元素,是思政教育的重要载体。

在课程思政的思潮下,临沂大学紧跟形势,结合"化工工艺学"的课程特点,围绕课程思政要素对"化工工艺学"教学目标做了相应的改革。同时,在课堂教学中把握思政教育的主要内涵,将对学生逻辑思辨能力、工匠精神、创新精神、安全严谨的职业素养等的培养和专业知识的讲授进行有机融合,将思政元素自然流畅地贯穿在教学的相关环节,形成课程思政相关教学案例库,充分发挥课程的育人功能,努力将价值塑造、知识传授和能力培养融为一体,帮助学生塑造正确的世界观、人生观、价值观。

一、教学目标融入思政元素

教学理念和教学目标决定教学效果。以前,"化工工艺学"的教学目标是按照国际工程专业认证的要求撰写的,着重体现了知识传授和能力的获得,对思政教育的理念体现不足,因此有必要对课程教学目标进行调整。为此,我们结合本门课程的特点,将原来的教学目标融合思政元素,重新制订"化工工艺学"课程思政的教学目标。新的教学目标共分为四个方面:知识目标、能力目标、素质目标和思政目标。四个目标是相互联系、不可割裂的,知识目标是实现能力目标、素质目标和思政目标的基础,是能力和思政目标实现的载体;思政目标的实现又贯穿在其他三个目标完成过程中,如图1所示。新的课程思政教学目标突出了知识传授、能力培养、职业素养、价值取向和政治信仰。具体课程教学目标如下:

（一）知识目标

通过介绍典型化工产品的生产原理和工艺流程，使学生了解化学工业生产过程的反应规律、机理，具备正确的化工生产理念；掌握化工产品生产原料路线的选择、工艺流程的设计、最适宜的操作条件、生产过程所需的各种机械设备的选择、生产过程的物料衡算和热量衡算等内容；通过化工工艺学基本理论知识的学习，启发学生创新，培养学生分析、解决化学工程实际问题的能力。

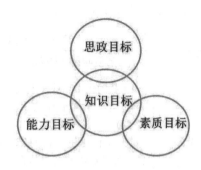

图1 "化工工艺学"课程思政教学目标关系图

（二）能力目标

初步掌握化工生产过程的基本原理，掌握典型产品生产工艺设计的思路和方法、工艺流程的组成与配置；能根据原料、反应、分离的特性，选择合适的工艺方案；会组织化工产品生产工艺基本流程；通过理论知识和实践活动相结合的一体化学习过程，深入了解理论和实践之间的相互关系，并能基于相关生产原理解决实际生产中所遇到的问题，具有逻辑思辨能力和工匠精神。

（三）素质目标

能够对工艺流程进行分析、评价与优化，建立绿色经济的观念；能够有效沟通、组织、协调团队成员开展工作，具有团队协作意识、经济意识和节能环保意识；为将来从事化工过程的开发、设计、建设和科学管理打下牢固的化学工艺基础。

（四）思政目标

充分了解各种化学品在国内外的生产现状，包括催化剂、生产流程、生产设备等；能够认识到我国化工产业的成绩，具有民族自豪感、爱国主义情怀，同时意识到部分行业与国外尚且存在的差距，能够投身到化工行业的发展中去，具有报效祖国的忠心。

二、教学内容与思政教学元素的融合

教学内容的丰富及适合性，决定着课程目标的实现范围和水平。因此，我们结合"化工工艺学"的课程特点，主要从启发学生的逻辑思辨能力和工匠精神、培养学生的民族自信心和爱国主义情怀、培养安全第一的职业素养和认真严谨的工作态度、形成绿色化工的环保理念、培养学生勇于探索的创新精神等几个方向入手，从中挖掘思政元素,并总结了在教学过程中实施的课程思政相关教学案例(见表1),对教学内容进行了进一步更新,如图2所示。

表1 "化工工艺学"课程思政相关教学案例库

章 节	思政映射与融入点	课程思政教学设计
绪论	(1)我国化学工业发展史与民族崛起(爱国情怀与民族自信心) (2)现代化工材料的高速发展,如碳纤维复合材料在航空航天以及日常生活中的普遍使用(勇于探索的创新精神)	(1)"对比交流式"教学:对比介绍新中国成立前后的化工厂数量及规模、化工产品的种类、化工总产值在国民总产值中的比重,展示新中国成立后我国化工行业取得的成就,让学生体会到社会主义制度的优越性,增强其民族自信心和自豪感 (2)"引入探究式"教学:通过碳纤维这种力学性能优良的新化工材料的引入,引导学生对其用途的探索,培养学生勇于探索的创新精神
烃类蒸汽转化	(1)氨合成的发展史及化学家哈伯的功与过(强烈的社会责任感) (2)烃类蒸汽转化工业化过程中,无数"化工人"不断地对工艺、技术设备进行改进,从而研发出能耗小、经济效益高的工艺流程,展示了化工人对极致的追求(不断追求和探索的工匠精神,以及逻辑思辨能力) (3)讲解烃类蒸汽转化的热力学研究和动力学研究时,穿插介绍科学研究的基本思路(开拓进取和敢于创新的精神) (4)天然气制得氢气的其他方法(科学前沿与研究案例,敢于创新的精神)	(1)"案例式"教学:以合成氨的发展史为主线,穿插介绍哈伯一生的功与过(发明合成氨催化剂和制造毒弹),让学生用知识造福于社会,培养强烈的社会责任感 (2)"案例讨论式"教学:通过讨论烃类蒸汽转化工业化过程中压力为什么会逐渐增加,让学生体会到工艺参数的变化暗藏着"化工人"对高的经济效益的追求,体现了一种工匠精神 (3)"启发引导式"教学:通过讲解烃类蒸汽转化的热力学研究和动力学研究,穿插介绍科学研究过程中在认知一个新的化学反应时的基本思路以及在研究过程中如何找到创新突破点 (4)"案例讨论、课堂渗透式"教学:要求学生课前查阅其他制备合成气的方法和案例,并组织课堂讨论;介绍由天然气出发制备合成气的其他方法,比如中科院山西煤炭化学研究所在研究的天然气部分氧化制氢气、中科院高等研究院的甲烷二氧化碳重整制合成气技术等
煤气化	(1)以我国化石能源现状为切入点,讲解为解决石油能源短缺问题,我国做了哪些工作(勇于开拓进取、敢于创新的精神) (2)新型能源的开发和利用(敢于探索和创新的精神) (3)汽气比过大或过小对变换反应的影响(安全严谨的职业素养和社会责任感)	(1)"项目驱动式"教学:要求学生课前查阅为解决石油能源短缺问题,我国做了哪些工作;介绍煤制油生产工艺路线、煤制烯烃项目、煤制乙二醇、煤制芳烃等。课堂中引入科学前沿,让学生体会到我国科学家勇于探索、敢于创新的精神,同时增强其民族自豪感 (2)"案例讨论式"教学:要求学生在课堂讨论还有哪些能源可以进一步开发利用,同时举出实例。如太阳能、风能、可燃冰等,培养学生敢于探索的精神 (3)"案例情景式"教学:列举大连输油管道爆炸等化工事故案例,讲解煤气化过程中工艺参数的选择以及化工生产安全的重要性,并进行化工安全生产讨论,强化学生化工安全生产法律规范的意识

续表

章　节	思政映射与融入点	课程思政教学设计
氨合成	（1）以氨合成催化剂发展史为切入点，将催化剂的研究的科学前沿引入课堂（科学前沿与研究案例，敢于创新的精神） （2）氨合成塔移走热量的方式改造进程（不断追求和探索的工匠精神和逻辑思辨能力）	（1）"渗透植入式"教学：讲解氨合成催化剂发展史时，将负载型催化剂、共沉淀型催化剂、均相催化剂等的制备方法和研究现状引入课堂，在课堂中渗透科学前沿，培养学生敢于创新的意识 （2）"启发引导式"教学：启发学生对移走热量方式进行思考，引出氨合成塔设备的改造历程，使得学生亲身体会到"化工人"对高效低能耗的不断追求和探索的工匠精神及逻辑思辨能力
硫酸、硝酸、磷酸	（1）硫酸、硝酸和磷酸生产过程中废物、废液、废气的排放以及工艺改进（绿色化学和绿色化工过程理念） （2）硝酸、硫酸和磷酸生产过程中工艺条件的选择与尾气含量的关系（安全严谨的职业素养和社会责任感）	（1）"案例启发式"教学：结合图片、视频列举几例酸雨造成的急性伤害事件，启发学生对硫酸、硝酸和磷酸生产工艺进行改进，强化其环保意识，灌输绿色化工过程理念 （2）"引导启发式"教学：结合生产原理，讲解各工艺条件和尾气组成的关系，告诫学生莫以小错而为之，小错将铸就大事故，培养其安全严谨的职业素养和社会责任感
纯碱	（1）讲解制碱原理时，引入侯德榜的爱国事迹（民族自豪感和爱国主义情怀） （2）氨碱法与侯德榜联合制碱法大比拼（绿色化学和绿色化工过程理念）	"案例讨论、隐性渗透式"教学：组织课堂讨论，将侯德榜制碱法与氨碱法进行大比拼。以侯德榜制碱法作为切入点，带领学生学习侯德榜的爱国事迹，将"家是最小国，国是最大家"以及绿色环保的意识灌输到课堂中，融入每个学生的心灵，对学生进行隐性渗透式的教育

图 2　课程思政元素的设计理念

三、思政教学的实施方法

（一）结合专业知识，启发逻辑思辨能力，培养工匠精神

党的十八大以来，习近平总书记多次强调要弘扬工匠精神。工匠精神是一种严谨

认真、精益求精、追求完美、勇于创新的精神，而工匠精神的培养从深层来说也是逻辑思辨能力的培养。对化工专业的学生来说，工匠精神在于毕业之后，走向社会，要严于律己、追求完美。而这些能力的培养需要教师在课堂上一步一个脚印地渗透，努力营造尊崇工匠精神的氛围。

例如，在讲解烃类蒸汽转化时，以烃类蒸汽转化过程中压力的变化为切入点，首先进行课堂讨论：烃类蒸汽转化工业化过程中压力为什么会逐渐增加？然后由老师进行总结：工艺参数的变化暗藏着"化工人"对高经济效益的追求，体现了一种不断追求和探索的工匠精神，从而培养学生逻辑思辨、精益求精的德育元素。另外，在课余时间组织学生观看"大国工匠"视频，让学生熟知我国张仲景、张衡、沈括等这些具有工匠精神的古人事迹。除课堂讲述外，同时引导学生及时反思，将这种工匠精神融入日常生活中，使其变成一种思维习惯。

（二）引入伟人事迹，厚植爱国情怀，培养时代新人

爱国主义是中华民族的民族心、民族魂，培养社会主义的建设者和接班人，首先要培养学生的爱国情怀。爱国情怀激发了数代人，成就了"两弹一星"、合成胰岛素、三峡水库、载人航天技术、"天眼"等奇迹。在教学中，结合专业知识点，引入化学工业发展史和我国科学家报效祖国、无私奉献的先进事迹，将爱国主义内涵传递给学生，增强学生的民族自豪感和自信心，厚植爱国主义情怀，培养时代新人。

例如，在讲解"绪论"内容时，将我国化学工业发展史与培养学生的民族自豪感融合在一起。教师首先介绍我国化工工业发展史，将新中国成立前后的化工发展情况进行对比介绍，展示我国化工行业取得的成就，尤其是我国科学家在新型化工材料领域所做的贡献，让学生体会到作为中国人的骄傲，以增强其民族自信心和自豪感；其次在学习"纯碱生产"时，可以安排学生自行挖掘课程学科历史和人物，让学生讲解侯德榜爱国事迹，组织课堂讨论，将侯德榜制碱法与氨碱法进行大比拼，对学生进行隐性渗透式教育，培养学生的使命感和爱国情怀。

（三）挖掘绿色化工案例，传播绿色文化，树立可持续发展理念

绿色化工是用先进的化工技术和方法来减少或消除那些对人类健康、社区安全、生态环境有害的各种物质的一种技术手段。它是人类和化工行业可持续发展的客观要求，是控制化工污染的最有效手段。在课堂教学中，可以绿色化学发展中的重大历史事件、绿色化学基本原理为引导，传播绿色文化，同时融入可持续发展理念等思政育人元素。

例如，在进行"硫酸、硝酸、磷酸生产"的讲解时，列举几例酸雨造成的急性伤害事件,引导学生对酸生产工艺进行改进,强化其环保意识,培养学生的绿色化学意识,树立绿色化工发展理念。另外,可以组织诸如"化学的功与过"等类似的辩论赛,引导学生深层次挖掘绿色化工形成的历史背景,树立可持续发展理念。

(四)反面案例导入,培养安全严谨的职业素养,植入社会责任感

面对环保与可持续发展的压力,现代化工大多采用高新技术进行设计和生产,生产走向知识密集型,从而对化工企业操作人员的安全素质也提出了更高要求。在教学过程中,通过结合图片或视频引入经典化工安全事故案例,让学生感受到"生产无小事",培养其安全严谨的职业素养。

例如,在进行"煤气化"学习时,采用案例讨论教学法,首先列举几个化工安全事件(如大连输油管道爆炸案例)。其次讲解煤气化过程中工艺参数的选择以及化工生产安全的重要性。最后进行化工安全生产讨论,引导学生思考预防和控制各类生产工艺过程事故的技术和方法,强化学生化工安全生产法律规范的意识,培养学生安全与法律规范的意识,以及良好的职业素养和强烈的社会责任感。

(五)融入化工科技前沿,培养学生勇于探索的创新精神

化工的快速发展离不开科学家开拓进取、敢于创新的探索精神。如何把这种创新精神传递给学生,将是本门课程的重中之重。我们对此做了一些初步的探索,例如,在进行"化石能源"学习时,可以安排学生提前查阅为解决石油能源短缺问题,我国都做了哪些工作,同时介绍煤制油生产工艺路线(中科院大连化学物理研究所的煤制烯烃项目、煤制乙二醇、煤制芳烃等),并讨论还有哪些能源可以利用(太阳能、风能、可燃冰等),从而开拓学生的思维和知识面,培养学生独立探索、勇于进取、敢于创新的意识。

结 语

"化工工艺学"是化学工程与工艺专业学生的专业必修课程,课程在专业人才培养过程中占据着非常重要的地位,不仅传授专业知识和技能,也同样担当着育人的重要使命。本文从培养学生逻辑思辨能力和工匠精神、创新精神、安全严谨的职业素养等方面入手,对课程思政与"化工工艺学"课程专业知识的融合进行了初步探讨,希望学生通过学习,可以达到"德技并修、相得益彰"的效果。

坚持立德树人根本任务，探索思政教育与专业课程有机融合

——"化工分离工程"课程思政初探

张红秀 化学化工学院

 引 言

"化工分离工程"是化学工程与工艺专业的核心课程之一，在培养化工类人才中占有重要地位。课程思政教育新理念的提出，对该课程的教学过程提出了更高的要求。本文结合分离工程技术的特点，通过在课程中融入思政元素，在传授理论知识的基础上引导学生将所学到的知识和技能转化为内在德行和素养，帮助其在创造社会价值过程中明确自身价值和社会定位，达到"润物细无声"的思政育人效果。

一、课程简介

（一）课程性质和特点

"化工分离工程"是一门与实际生产联系紧密的、为化学工程与工艺专业本科生开设的一门专业课，该课程可以为学生毕业后从事化工相关领域（石油化工、医药卫生、资源环境、轻工、食品等）的工作提供专业知识，在化工类人才培养方案中始终占有重要地位。"化工分离工程"是学生在具备了高等数学、物理化学、化工原理、化工热力学等基础知识后，利用有关相平衡、传质传热、动量传递理论等来研究化工生产实际中复杂物系的分离和提纯的一门工程学科。

"化工分离工程"的课程特点主要包括两个方面：一是本课程包含大量的热力学计算以及传质过程理论，具有工程应用性强、经验性强、原理抽象、计算过程复杂等特点。如何在课程教学中融入思政等非专业性元素，提升学生课堂学习兴趣，对于教好和学好这门课都至关重要。二是本课程的知识不断更新。随着现代化工技术的迅猛发展，新装置、新设备、新化工分离方法不断涌现，学术内容越来越丰富多彩。如何让学生在学习过程中吸收这些科学元素，将科技进步与个人发展结合起来，也是课程教学过程一直面临的挑战。

教育部印发的《高等学校课程思政建设指导纲要》，为"化工分离工程"课程教

学过程提供了教学新理念和新思路，思政教育与专业教育应该同向同行，协同发展，在专业课程中融入思政元素，将会为课程教学过程注入新鲜的血液。

（二）课程目标

《高等学校课程思政建设指导纲要》中指出，落实立德树人根本任务，必须将价值塑造、知识传授和能力培养三者融为一体，不可割裂。针对"化工分离工程"的教学内容和课程特点，我们有针对性地提出了新的课程教学目标。

（1）掌握常见的传质分离过程操作的基本原理、操作特点、简捷和严格的计算方法、强化单元操作的途径等；对于给定的混合物体系和分离要求，能够选择和设计适宜的分离过程；通过在课程中融入学科发展史、我国科学家的事迹、中国特色文化（比如炼丹术、中医药等）、国内外最新研究成果、典型事故案例和社会热点问题等内容，达到"润物细无声"的思政育人效果。

（2）通过分析判别复杂化工分离工程问题的解决途径，应用基本工程原理筛选备选方案，提出优化的解决方案，培养学生的科学精神、专业认同感，在传授课程知识的基础上引导学生将所学到的知识和技能转化为内在德行和素养，注重将学生个人发展与社会发展、国家发展结合起来，激发其为国家学习、为民族学习的热情和动力，帮助其在创造社会价值过程中明确自身价值和社会定位。

（3）理解化工分离工程技术对环境保护、社会可持续发展的影响，阅读国内外有关化工分离理论和技术的最新文献，了解化工分离技术的最新发展动态，以增强学生安全意识、环保意识、社会责任感，以及爱国主义情怀，提升学生的文化自信以及专业素质和文化素养。

二、立足课程建设，深入挖掘思政元素

本课程教学过程坚持把立德树人作为中心环节，结合课程教学内容和特点，充分挖掘课程中的思政元素（见表1），将理想信念教育、法治教育、品德教育、职业教育等充分纳入专业课程教学过程中。

表1 "化工分离工程"的课程思政元素

章 节	思 政 元 素
绪论	（1）国内外课程发展史：培养学生科学精神和文化自信 （2）化工分离的广泛应用和典型实例：培养学生专业认同感和职业规划意识
第一章 精馏	（1）精馏概述、操作原理，研究进展和发展现状，工艺流程介绍等：介绍行业法律法规、行业标准等，培养法律意识和职业素养 （2）讲述精馏操作装置（我国从无到有）：以苏元复先生爱国事迹为例，对学生进行爱国主义、理想信念、科学精神等思政教育 （3）讲解如何提高精馏分离效率和降低能耗：引导学生领悟透过现象看本质、量变引起质变的哲学道理，并增强其环保和节能意识

续表

章　节	思　政　元　素
第二章 吸收	（1）采用过程分解法进行吸收原理、流程等的讲解：锻炼学生逻辑思辨能力和分析问题能力 （2）讲解吸收过程中吸收剂的回收利用，解吸和吸收联用实现能源循环利用等：向学生进行绿色化工理念教育 （3）介绍吸收在食品、医药、化工等各行各业的应用：向学生渗透环保、健康、安全、法律等理念 （4）相平衡计算、传质速率方程及计算、塔高计算等：培养学生抗挫折能力和工匠精神，鼓励学生精益求精，保持科学严谨的学风，牢记初心
第三章 液液萃取	（1）讲解萃取流程、萃取剂的用量等：加强学生对开发新型能源和资源循环利用的意识教育，培养学生绿色化工理念 （2）讲解萃取技术新进展和新应用：培养学生不断探索、勇攀高峰的科学精神，感悟科技强国的力量 （3）讲解萃取过程相关计算和过程分析：训练学生辩证思维能力
第四章 界面现象 及其调控	（1）从界面角度揭示传质的本质，进而分析分离工程技术问题（精馏、吸收、萃取效率和影响因素等）；引导学生透过现象看本质，使他们明白微观和宏观的关系 （2）讲解固体的吸附作用（比如处理废水、废气方面）：普及国家环境保护方面的法律法规，教育学生牢固树立法治观念，引导学生自觉践行职业道德和行业规范，增强学生遵纪守法的意识
第五章 新分离方法	介绍新型分离方法及其应用、特点等：让学生感悟科技的力量，了解当前国际国内发展形势，强化学生的爱国理想信念

三、典型教学案例探索

进入新时代后，"培养什么人、怎样培养人、为谁培养人"已成为中国高等教育必须回答的根本问题。结合"新工科"教育理念和素质教育要求，高校工科专业也需要逐渐树立起价值塑造、能力培养、知识传授三位一体的教学目标。通过深入挖掘蕴含在课程中的思政教育资源，结合课程本身的知识点，将专业教学目标和课程德育目标相结合，在知识传授中融入价值导向，通过适当的教学设计与教学方法，优化和更新教学内容，将思政教育融入工科专业基础课程的教学过程中，做好全方位的课程思政工作。

（一）了解科技发展史，树立科技强国信念和行业发展信心

要培养"中国制造2025"急需的"新工科"人才，首先要让学生了解科技发展史，更重要的是领略中国智慧，坚定中国文化自信。

范例1：在讲解"分离技术的发展过程"时，可以通过古籍中的记载来引入。比如我国古书《物原》上就有"轩辕臣夙沙作盐"的记载；《世本》上也说："黄帝时，

诸侯有夙沙氏，始以海水煮乳煎成盐。"可见，中国远古时代就已孕育着现代工业中"蒸发"和"结晶"两项分离技术。其后，"煮酒""糖霜"的制作在明代宋应星所著的《天工开物》和清代所出版的《古今图书集成》中有所反映。通过引入这些实例，让工科学生体会到技术来源于生产实践，同时感悟到中国人的智慧，增强文化自信。

（二）熟悉行业法律法规，牢固树立法治观念和职业道德

随着国家相关环保政策的实施，环境保护工作由过去的单一末端治理转向以清洁生产及综合利用为主的预防治理，这样不但可减少污染的产生，也可减少污染治理的费用，通过不断改进工艺设计、关键技术的集成，使用清洁的能源和原料并引进高效、低耗、环保的生产设备，使废水、废气及废渣得到资源化综合利用，实现化工企业的"清洁生产、保护环境、降低能耗、减少污染、增加效率"目标。化工分离技术在处理废水、废气等方面具有广泛的应用，通过在教学过程中引入环境保护法律法规等手段，增强学生的法治观念，加深学生对于工程技术应用的思考。

范例2： 在讲解"吸收"章节时，可以结合国家的《中华人民共和国大气污染防治法》和国家工业废气排放标准等进行。当气体混合物与适当的液体接触，气体中的一个或几个组分溶解于液体中，而不能溶解的组分仍留在气体中，使气体混合物得到了分离，而吸收就是利用气体混合物中各组分在同一液体中的溶解度的不同来分离气体混合物的操作。吸收操作在化工生产中应用很广，尤其在处理污染性气体等方面发挥了巨大的作用。比如在基本有机合成工业中用吸收操作除去原料气中的氯化氢和二氧化碳等有害物质，在合成氨工业中用铜氨溶液除去原料气中的一氧化碳等，再比如用清油回收焦炉气中的苯、从烟道气中回收二氧化硫或二氧化碳以制取其他产品等。这样可以达到综合利用的目的，减少"三废"，保护环境。

（三）聚焦社会热点，提高学生分辨能力和责任意识

化工行业相比于其他行业，生产危险性大，因为化工生产工艺大多具有高温、高压、易爆、易中毒、易腐蚀等情况。因此，生产过程中生产设备的稳定性需重点关注，生产设备的跑冒滴漏等现象，既污染环境，又易引发火灾和爆炸事故。

范例3： 据不完全统计，2020年上半年，涉及火灾爆炸的化工安全事故发生了10多起。2020年5月9日"石家庄巨响"的关键词登上了微博热搜。据当地官方通报，2020年5月8日23时35分，河北石家庄循环化工园区某公司合成车间甲醇回收装置发生爆炸。化工分离工程课程内容涉及很多生产工艺，在讲授过程中引入一些典型事故案例可以提高学生分辨危险的能力，同时提高学生的安全生产意识。

范例4： 结合2020年新冠肺炎疫情，在讲授"新型化工分离技术及其应用"时可

以引入相关案例。比如，在开展病毒溯源研究方面，钟南山院士团队专家、呼吸疾病国家重点实验室副主任赵金存教授团队，联合广州海关首次从广州本地被感染的病例样本中成功分离出新型冠状病毒（COVID-19）毒株，为进一步开展疫苗和药物研究打下基础。其后，该团队又从新冠肺炎患者的粪便标本中分离出 COVID-19，并再次从新冠肺炎患者尿液中分离出病毒，这对公共卫生安全防控具有重要的警示和指导意义。通过这种社会热点问题的引入，可以更直观、更有效地向学生讲解新型分离技术及其在生物医药等行业的应用。

（四）厚植工程伦理，使学生将核心价值观内化于心

化工让人既爱又恨，一方面衣食住行与化工密不可分；另一方面化工行业属于高污染行业。要想让化工"绿"起来，必须从源头抓起，特别是今后要从事化工行业的工程师们，要先将"绿色发展""绿色化工"的理念内植于心。

范例 5： 在讲授"设备节能和提高设备效率"部分时，可以结合习近平总书记关于"绿色发展"理念的重要论述，让学生了解实施绿色发展，首先要以创新为起点，改变过多依赖高能耗、高排放产业的发展模式，实现技术创新和工艺创新等；其次要加大环境污染综合治理，持续实施大气污染防治、加强水污染防治和土壤修复等，从提高分离设备、分离效果等角度出发，减少废水、废气、废渣的排放。此外，在讲解相平衡计算、传质速率方程及计算、塔高计算等时，要培养学生的抗挫折能力和工匠精神，培养学生精益求精、科学严谨的学风，牢记初心教育。

结　语

"化工分离工程"作为一门工科课程，传统教学只重知识的灌输而忽视人文精神、道德素质等方面的培养。通过在课程中融入思政元素，能够对学生价值观的塑造和道德品质等的培养产生潜移默化的作用。专业课程和思政教育不是简单的物理混合，在教学过程中，教师应该作为催化剂，使其发生"化学反应"，思政教育不是简单的说教，应该成为师生思想和情感的共鸣。

提升科学素养,强化人文精神

——思政融入"化学反应工程"教学初探

尹永恒 化学化工学院

引 言

化工在改善人们生活、提高工业产值的同时,也是国家军事力量的基石。"化学反应工程"是化学工程与工艺的核心专业课程之一,涉及物理化学、化工传递过程、优化与控制等广泛知识领域,内容深入且难点较多。本课程着重培养学生理论结合实际的能力,其开展可为学生将来从事化工设计、科研和生产实践打下坚实基础。而将思想政治教育有机融入"化学反应工程"课程教学,还可对培养学生的辩证思维、创新能力、家国情怀等有极大的推动作用。授课过程中,利用启发式、互动式、案例式、多媒体等多种教学手段将思政元素有机融入课堂教学,以立德树人为本质,以协同育人为理念,以立体多元的结构和显隐结合的方法实现科学创新和"润物无声"的育人效果。通过此课程的开展,力求在教学中协同提升学生的科学素养和人文素养,鼓励学生团结奋进,同心共筑中国梦。

一、课程思政开展总体思路

结合"化学反应工程"的课程特点,综合设计理论、思政教育目标,将思政元素全面、细致地映射、融入各章节教学中。整体开展思路如表1所示。

表1 "化学反应工程"课程思政开展整体思路

课程总体目标	思政教育目标	思政教学设计思路及方法
课程目标1:掌握化学反应动力学和典型化学反应的基本特征,结合化学反应器特点,考察影响反应场所浓度及温度的工程因素,并针对各个工	(1)化学工程的发展是建立在经典动力学基础之上的,学生通过动力学的学习体会以不变应万变的思维模式,利用马克思主义哲学建立不同工程概念之间的区别与联系 (2)明确反应器各元件之间的联系,体会部分与整体之间的辩	(1)互动式教学:例如"绪论"章节,展示化工发展过程,通过与学生的交流互动,使学生认识化学反应工程在社会发展进步中的重要作用,培养学生的进取精神与爱国情怀,构建人类命运共同体理念 (2)问题引导式教学:例如"化学反应动力学"章节,请学生们思考三个问

续表

课程总体目标	思政教育目标	思政教学设计思路及方法
程因素对反应结果的影响进行分析和讨论，实现反应过程的最优化。学习利用马克思主义哲学基本原理思考问题，遵循理论与实际相统一的基本原则，将反应过程原理应用于反应器设计	证关系；掌握浓度和温度对基元反应速率影响的唯象原理 （3）通过学习连续流动釜式反应器设计方法，提高自学和带着问题读书的能力；学会透过现象看本质；学会用动态的观点认识事物；培养精益求精的工匠精神	题：①针对固体、液体和气体，它们的反应速率分别如何表示？②这三类反应速率有什么共性？如何提炼物质的反应速率？③如何理解事物普遍性和特殊性之间的关系？通过三个问题层层递进，培养学生用马克思主义哲学观思考问题 （3）研讨式教学：例如"连续流动釜式反应器"章节，讲授时可采用以下步骤：①布置研讨课题：若在连续流动釜式反应器中进行一个等温等容反应过程 A→P，物料 A 的进料速率及浓度分别为 V_0 及 C_{A0}，出料速率及浓度分别为 V_0 及 C_A，试对物料 A 作物料衡算，推导出连续流动釜式反应器的基本设计方程；②学生分组研讨，推选代表上台整理推导出的基本方程；③教师进行分析、讲解、评价。透过本研讨，旨在引导学生透过现象看本质，锻炼学生的逻辑思维能力
课程目标 2：分析工程因素的本质，从正反两个方面判别工程因素对反应结果的影响，培养分析和解决工程问题的能力。学会综合运用理论验证与实践验证的思维方法，体会反应工程理论和辩证唯物主义理论的相互关系	（1）明确世界上一切事物都包含着两个方面，这两个方面既对立又统一，对科学属性也是如此；体会现象与本质、宏观与微观的辩证关系 （2）通过学习扩散的求解方法，认识对立统一关系、相对与绝对的辩证关系 （3）通过熟悉管式反应器、搅拌反应器、固定床反应器的热量计算以及学习新型催化剂，进行科学前沿教育与创新思维培养；体会优势与劣势的辩证关系	（4）情景式教学：例如"间歇反应器"章节，指导学生使用虚拟仿真软件进入化工厂生产车间场景进行相关操作。通过发现问题、思考问题、解决问题，提高学生理论联系实践的能力
课程目标 3：熟悉化工生产中常见的反应器，根据所学理论，尝试针对不同的反应，设计合适的新型反应器。明确反应工程是一个开放的理论体系，它不断吸取科学的最新优秀成果，随着实践的发展而不断实现理论和现实的创新；了解我国在反应器设计领域的代表性成就，培养学生的爱国情怀与文化自信	（1）充分体会本门课程在实际生产生活中的应用；掌握技术指标评价方法；培养始终不渝、永不退缩的科学精神 （2）通过掌握管式反应器的浓度特征和温度特征，学会辩证地看问题；了解化工生产过程的环境问题，充分体会"化工人"的理想与使命 （3）通过学习反应器优选，提高学生学以致用的能力；培养学生的法律意识和健康意识，体会科学与艺术的殊途同归 （4）完成学生从认识认知层面到技能方法层面的过渡；学生潜移默化地接受爱国思政教育 （5）学生充分体会理论指导实践的过程；认识我国化学反应工程发展的优势及不足，在增强文化自信的同时培养学生实现中华民族伟大复兴的决心和勇气	（5）多媒体教学：例如"管式反应器"章节，播放化工生产带来的环境问题视频，请同学们谈谈关于共建文明生态的想法和建议 （6）案例式教学：例如"反应器模型校验"章节，介绍斯达精益求精的故事：在 1857—1882 年这 25 年时间里斯达测定了多种元素的精确原子量，其精度可达小数点后 4 位数字，与现在原子量相当接近。通过这一相关故事，引导学生思考模型校正的重要性，培养学生精益求精的工匠精神 （7）翻转课堂：例如"反应器开发"章节，指引学生查阅文献及资料，制作课件并讲解针对不同种类化工产品的反应器设计实例，并有针对性地提出目前我国使用的反应器有哪些地方值得改进。通过翻转课堂，增强学生文化自信，培养学生实现中华民族伟大复兴的决心和勇气

二、典型案例解析

（一）利用马克思主义哲学观思考科学问题

自然科学的巨大进步是马克思主义哲学形成和发展的前提，马克思主义哲学则对自然科学的发展具有世界观和方法论的指导意义。本课程的授课过程中，注重引导学生利用马克思主义哲学观思考反应工程问题。

例如，在讲解"绪论"时，巧妙结合"化学反应工程"发展历程与社会主义发展史，让学生更直观透彻地理解马克思主义立场观点与科学精神的相互影响，以及马克思主义哲学对本课程的指导意义；引导学生利用马克思主义哲学三大规律（对立统一规律、量变质变规律、否定之否定规律）的核心思想，进行质量、热量衡算方程的推导；引导学生利用马克思主义哲学五对范畴（内容和形式、现象和本质、原因和结果、可能性和现实、偶然性和必然性）掌握化学反应工程中的专有名词及概念（如反应速率、活化能、反应级数的物化意义与工程意义等）；引导学生利用马克思主义哲学三大观点（联系的观点、发展的观点、一分为二的观点）进行反应器的设计与校正（见图1）。

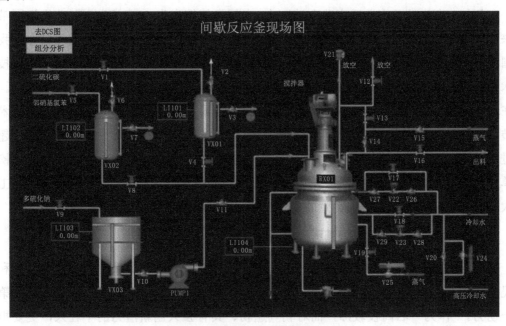

图1 间歇反应釜虚拟仿真单元

（二）理论指导实践，实践推动理论

相比化学，化工学科具有更高的实用性和更强的实践性。学习"化学反应工程"

这门课程，要掌握认识和实践辩证关系的原理，坚持实践第一的观点，不断推进实践基础上的理论创新。教师在授课过程中指导学生亲自操作虚拟仿真软件，引导学生将理论知识转化为生产实践。例如，讲解"间歇釜式反应器"时，根据合成氨系统特点，要求学生通过理论计算获得反应器体积及反应条件，完成虚拟仿真单元中反应流程的设计及优化；学生亲自操作虚拟工厂中的化工设备，检查生产设备稳定性是否符合要求，全面分析生产流程可能存在的问题，提高学生精准细致的观察能力，强化学生的安全生产意识。让学生在实践中发现问题、分析问题、解决问题，进而拓展、丰富其理论知识。

（三）培养学生的文化自信与爱国主义情操

新中国成立以来，尤其是改革开放40年来，我国的科技事业取得了举世瞩目的成就，科技实力显著提升，部分领域已进入世界先进行列，为经济发展、社会进步、改善民生和国家安全提供了重要支撑。教学中，教师从我国化学工业的发展历程出发，介绍我国化工科技现状，利用翻转课堂的方式引导学生介绍我国著名化学化工科学家，学习大师风范，增强"四个意识"，坚定"四个自信"，提升学生的文化自信，培养学生的爱国主义情操。

例如，在讲解"化学反应动力学"时，介绍侯德榜先生。"侯氏制碱法"为祖国带来的不仅是经济效益，还有崇高的国家荣誉感。在讲解"流化床反应器"时，介绍我国石油化工催化专家闵恩泽。在我国，催化剂领域曾一度空白，没有自己的产品和技术，自闵恩泽先生进入之后，中国催化剂领域获得了巨大进步，发生了巨大变化。在讲解"反应器设计"时，引入中石化案例。中国石化拥有世界上最大的石化技术装备——加氢反应器，该反应器壳体重量达2400吨、高70米、直径4.85米、壁厚超过300毫米。正是因为具有众多精良的设备，在2019年出炉的世界十大石油公司榜单中，中石化营收同比增加近千亿美元，继续稳居榜首。通过学习、了解我国的化工大师和先进化工企业，增强学生的文化自信，培养学生的爱国主义情操。

（四）聚焦科学前沿，强调科技创新

习近平总书记在2020年9月召开的科学家座谈会上指出："我国经济社会发展和民生改善比过去任何时候都更加需要科学技术解决方案，都更加需要增强创新这个第一动力。"作为一名高校教师，面对朝气蓬勃、具有强大创新潜力的年轻人，更要担负起鼓励学生科技创新的使命，在课堂上点燃创新的火花，让学生的创新能力形成燎原之势。例如，在讲解"反应器性能"时，介绍目前世界上反应器的发展前沿，即纳米反应器和智能反应器，而微型反应器的设计为实现高效和连续的化学转化提供了良

好平台，未来性能更加优异的微型反应器需要同学们去创造。在讲解"反应器设计"时，介绍国际上先进的自动化技术，在新冠肺炎疫情这一特殊情况下，自动化技术在社会经济的复苏与发展中发挥了积极作用，通过授课，学生意识到我们国家在这一领域目前存在的瓶颈问题，从而激发学生科技报国的家国情怀和使命担当，帮助学生树立实现中华民族伟大复兴的决心和勇气。

结　语

作为实践性、目的性均较强的工科类课程，思政元素的融入将会直接影响学生——未来社会主义建设者的世界观、人生观和价值观。本门课程以马克思主义哲学、习近平新时代中国特色社会主义思想、科学前沿与探索精神为核心指导，并将其贯彻始终。通过师生互动、案例、现代信息技术等多种教学手段融入思政教育元素，将知识传授与价值引领相结合，实现思政教育目标的同时强化课程总体目标，努力使学生潜移默化地接受思政教育，达到"润物细无声"的育人效果。目前本课程只是在思政建设中做了初步探索与尝试，希望通过对本课程的系统建设，能让学生在牢固掌握基础理论，提高实践能力的同时，锤炼高尚品格，成为实现中国梦的伟大推动者及重要参与者。

"药理学"课程思政教学改革与实践

李振 药学院

 引 言

立德树人乃教育之本。教育部在《高等学校课程思政建设指导纲要》中指出,要把思想政治教育贯穿于人才培养体系,全面推进高校"课程思政"建设,发挥好每门课程的育人作用,提高高校人才培养质量。"药理学"是制药工程专业必修课程、山东省高等学校在线开放课程平台课程、山东省一流本科课程。该课程明确了育人目标,旨在培养学生新药药理学研究及评价的能力,让学生学会关爱生命,恪守伦理道德,养成严谨求实求是的科学精神,能够践行社会主义核心价值观,实现价值塑造、知识传授和能力培养三者有机融合,提高教学效果。

一、"药理学"课程思政的必要性

课程思政即课程德育,是指学校所有教学科目和教育活动以课程为载体,以立德树人为根本,充分挖掘蕴含在专业知识中的德育元素,实现课程与德育的有机融合,将德育渗透、贯穿教育教学的全过程,助力学生的全面发展。"药理学"是研究药物与机体(病原体)之间相互作用规律的一门学科,教学内容中蕴含着丰富的思政元素,做好"药理学"课程思政建设工作,具有重要的现实意义。

(一)"药理学"课程思政是落实立德树人根本任务的有效途径

课程思政建设寓价值观引导于知识传授和能力培养之中,帮助学生塑造正确的世界观、人生观、价值观,这一战略举措影响甚至决定着培养国家接班人的问题、国家的长治久安、民族复兴和国家崛起。"药理学"实施课程思政有益于培养学生创新性思维,深厚的家国情怀、爱岗敬业、诚实守信的职业道德和勇于担当的社会责任感;让学生学会关爱生命,恪守伦理道德,养成严谨求实求是的科学精神。教师应当积极引导学生做社会主义核心价值观的坚定信仰者、积极传播者、模范践行者。

(二)"药理学"课程思政有利于提高教学效果

"药理学"具有药物种类繁多、内容抽象复杂、难以记忆等特点,课堂学习枯燥,

学生学习效果欠佳。发掘"药理学"课程内容中所蕴含的思政教育元素和所承载的思政教育功能,将其合理融入课堂教学各个环节,优化课程设置,完善教学设计,实现思政教育和知识体系教育的有机统一,可以丰富教学内容,增加课堂的趣味性,从而提高教学效果。

二、"药理学"课程思政建设规划

"药理学"依托丰富的思想政治元素,根据一流本科课程建设标准,确定了"一二三一"的课程思政建设规划,即培养一支课程思政师资队伍,编写两本教材,构建"理论+实践、课内+课外、校内+校外"相融合的三维度课程思政教学体系,建设一门一流思政示范课程。

三、"药理学"课程思政教学改革

(一)加强"药理学"课程思政教学团队建设

教师是高校育人和实现人才培养目标的关键因素,也是课程思政实施和推进的关键力量。教育者只有自身的思想觉悟、道德素质过硬,才能做到脑中有书、心中有人、手中有法、育人有道,才能在言传身教中培育时代新人。"药理学"教学团队通过参与最美教师、师德标兵、我心目中的好老师、优秀共产党员等评选活动,激励教师爱岗敬业、乐于奉献;让教育者先受教育,不断加强教师德育培训,努力做到"政治要强、情怀要深、思维要新、视野要广、自律要严、人格要正",不断增强团队成员的育人意识,提升课程思政建设的能力。目前,"药理学"课程组已培养了一支由1名教授、1名副教授和3名讲师组成的课程思政教学团队(见图1)。该团队成员坚持以德立身、以德立学、以德施教,认真践行立德树人、三全育人工作,做"四有"好老师,确保"药理学"课程思政建设落地落实、见功见效。

图1 "药理学"课程思政教学团队

（二）明确"药理学"课程思政教学目标

基于制药工程专业培养目标和毕业要求观测点，确定了"药理学"课程教学目标，课程目标中不单单有知识和能力方面的教学目标，更充分融入了课程思政教学目标。

课程目标 1：掌握药理学的基本理论、知识以及新药药理学研究的内容；掌握机体各主要系统代表药物的体内过程、作用机制、药理作用、临床应用及不良反应；培养学生创新性思维，深厚的家国情怀、爱岗敬业、诚实守信的职业道德和勇于担当的社会责任感。

课程目标 2：能够运用药理学的实验方法和手段制作动物实验模型和设计药理学实验方案，初步具有新药药理学研究的能力；学会关爱生命，恪守伦理道德，养成严谨求实求是的科学精神，能够践行社会主义核心价值观。

（三）塑化"药理学"课程思政教学内容

"药理学"作为医学与药学之间的桥梁学科，始终贯穿于新药研究与开发的全过程。如何在教学中将价值塑造、知识传授和能力培养三者融为一体，是教学内容塑化的着眼点、重点和难点。2020年春季学期，在第1次课"药物研发过程中的药理学研究"的教学过程中，适时融入了抗新型冠状病毒药物的研发进展，使学生通过案例，清楚了"药理学"研究的内容和地位，明确了作为制药人的使命担当；同时植入了感恩、生命、家国情怀和科学家精神教育。如在云班课和智慧树平台推送歌曲《感恩》（钟丽燕演唱），在直播前，师生共同欣赏这支歌曲，激发了学生的家国情怀和"岁月静好的背后是因为有人为你负重前行"的感恩情怀，学生都表示珍惜这来之不易的学习机会，并纷纷表态要把自己的理想信念转化成学习动力，努力学好专业课程。如此，以"润物细无声"的方式实现了课程思政目标。"药理学"课程思政建设中"药理学"知识内容与其中蕴含的思政育人元素如表1所示。

表1 "药理学"知识内容与其中蕴含的思政育人元素

教学内容	教学目标	思政映射与融入点
绪言	（1）价值塑造：增强爱国主义情怀及民族自豪感，树立"四个自信"，培养学生诚实守信的职业道德 （2）知识传授：熟悉药理学研究的前沿，掌握药理学的基本概念、研究任务和新药药理学研究的内容 （3）能力培养：学会学习药理学及能够进行新药药理学研究	（1）了解我国药理学发展史：古代的辉煌成果（最早的药物著作《神农本草经》、世界第一部药典《新修本草》《本草纲目》）、近代的衰落、现代的崛起（青蒿素的发现等），培养学生家国情怀、民族自豪感，坚定理论和文化自信 （2）通过抗新型冠状病毒疫苗和药物的研发案例，帮助学生掌握新药药理学研究的内容，培养学生"安全、有效、质量可控"的药品质量意识，坚定道路自信、制度自信

续表

教 学 内 容	教 学 目 标	思政映射与融入点
实验药理学实验的基本操作	（1）价值塑造：恪守伦理道德，关爱，敬畏生命，培养严谨求实求是的科学精神 （2）知识传授：实验设计基本原则，动物捉拿、编号、分组、固定、给药、麻醉、采血及处死等 （3）能力培养：学会药理学实验设计，能够进行基本操作	通过动物捉拿、编号、分组、固定、给药、麻醉、采血及处死等实验操作，让学生学会尊重、关爱、敬畏生命，保障动物福利；培养发现问题、分析问题和解决问题的能力和严谨求实求是的科学精神
药物效应动力学	（1）价值塑造：培养学生辩证地思考、探索未知、严谨求实的科学精神 （2）知识传授：掌握药物的两重性、不良反应种类、药物的作用机制及药物量效关系 （3）能力培养：学会评价药物的作用，探索新药的作用机制	（1）通过讲解药物作用的两重性（治疗作用、不良反应），使学生能辩证地思考（对立统一规律、任何事物都具有两面性） （2）通过引入"反应停事件"案例，让学生进一步理解药物的两重性、建立严格药品审批和不良反应监测制度的必要性，培养学生严谨求实、勇于探索的科学精神
胆碱能系统激动药和阻断药	（1）价值塑造：培养学生遵纪守法、诚实守信的职业道德 （2）知识传授：掌握毛果芸香碱、阿托品、新斯的明、碘解磷定的药理作用、作用机制、临床应用及不良反应 （3）能力培养：学会应用、开发本类药物	在讲授阿托品药理作用时，引入一些不法商贩在牲畜屠宰之前，故意给牲畜注射本类药物，使牲畜因口渴而大量饮水增加体重，从而非法谋取利润，且造成阿托品残留，危害人类健康。通过警示教育，培养学生遵纪守法、诚实守信的职业道德
镇痛药	（1）价值塑造：珍爱生命，远离毒品 （2）知识传授：掌握吗啡、哌替啶的药理作用、作用机制、临床应用及不良反应 （3）能力培养：学会使用镇痛药并正确评价其药理作用	通过学习吗啡、哌替啶的药物的成瘾性及停药后会出现戒断综合征，开展禁毒教育，懂得珍爱生命，远离毒品
治疗神经退行性疾病药物	（1）价值塑造：关爱老年人健康，勇于创新，培养社会责任感和使命感 （2）知识传授：掌握各类治疗神经退行性疾病药物的体内过程、药理作用、作用机制 （3）能力培养：学会使用抗帕金森病、阿尔茨海默病药并正确评价其药理作用	了解神经退行性疾病情况，熟悉其发病机制，引入新药甘露特纳药物研发历程、药理作用及作用机制研究进展，培养学生针对临床需求勇于创新的社会责任感和使命感
抗心绞痛药	（1）价值塑造：培养学生团结合作、勇于探索的科学精神 （2）知识传授：掌握硝酸酯类、β受体阻断药、钙通道阻滞药的药理作用、作用机制及临床应用 （3）能力培养：学会使用抗心绞痛药并正确评价其药理作用	在学习硝酸甘油作用机制时，向学生介绍佛契哥特、伊格纳罗及穆拉德三位医学家共同努力揭开困扰了医学家、药理学家百余年的硝酸甘油的作用机理之谜，及三位医学家由此获得诺贝尔医学奖的故事，培养学生团结合作、勇于探索的科学精神

续表

教学内容	教学目标	思政映射与融入点
肾上腺皮质激素类药	（1）价值塑造：培养学生用辩证统一的哲学观点分析和解决问题 （2）知识传授：掌握糖皮质激素的药理作用、临床应用及不良反应 （3）能力培养：学会使用糖皮质激素并正确评价其药理作用和不良反应	学习糖皮质激素的药理作用和不良反应，全面认识皮质激素，学会运用辩证统一的哲学观点分析和解决问题
β-内酰胺类和其他作用于细胞壁的抗生素	（1）价值塑造：培养学生严谨求实的科学态度和勇于探索的精神 （2）知识传授：掌握 β-内酰胺类抗生素的作用机制；青霉素的抗菌作用、临床应用、不良反应，以及各代头孢菌素代表药物及抗菌作用特点 （3）能力培养：学会使用 β-内酰胺类药并正确评价其抗微生物活性	引入发现青霉素的故事，培养学生严谨求实的科学态度、勇于探索的精神及发现问题与分析问题的能力
抗寄生虫病药	（1）价值塑造：培养学生胸怀祖国、敢于担当、团结协作、传承创新、情系苍生、淡泊名利、自强自信、勇攀高峰的科学家精神 （2）知识传授：掌握抗疟药的分类，氯喹的作用机制、药理作用、临床用途；甲硝唑的药理作用、临床应用 （3）能力培养：学会使用、评价抗寄生虫病的药物	引入屠呦呦发现青蒿素的故事，讲述其在研发过程中分离青蒿素的艰难历程，并以身试药，最终让全国甚至全世界的疟疾患者受益，从而为人类的健康事业做出巨大贡献的事例，培养学生的科学家精神，激发学生的爱国热情，增强学生的民族自信和科学自信

（四）构建"理论+实践、课内+课外、校内+校外""药理学"课程思政教学体系

"药理学"教学团队成员认真贯彻执行《高等学校课程思政建设指导纲要》的精神，全面推进课程思政建设，寓价值观引导于知识传授和能力培养之中，帮助学生塑造正确的世界观、人生观、价值观，构建了"理论+实践、课内+课外、校内+校外"的"药理学"课程思政教学体系，并将思想政治教育有机贯穿于课程思政教学体系，让学生在"研中学，学中做，做中创，创中赛"的学习过程中不断成长。图2为师生参加"药理学实验大赛"的合影。

（五）探索多元化"药理学"课程思政教学方法和形成性评价考核方式

"药理学"课程坚持"产出导向、学生中心"理念，将课程思政贯穿于课堂授课、实验教学、作业、单元测试、课程论文、期末考试等课程教学的全过程，根据思政元素，灵活采用了讲授、案例式、问题式等教学方法，通过云班课、智慧树等信息化教学平台开展了混合式翻转课堂教学。

图2　药理学实验大赛

"药理学"学习评价方法包括定量评价和定性评价。定量评价除了对课程知识和能力的学习效果进行考核以外，还增加了课程思政讨论、课程论文查重、团队合作与交流、考试诚信等考核内容（占课程学业成绩的 10%），将学生的课堂表现、参与思想政治教育讨论情况，以及科研与考试诚信等纳入评价体系。定性评价采用问卷调查形式，即课程结束后，向学生发放问卷，以书面形式搜集关于教学效果的评价，以此作为课程持续改进的依据。

结　语

"药理学"课程教学中蕴涵着丰富的思政教育资源，紧紧抓住教师队伍"主力军"、课程建设"主战场"、课堂教学"主渠道"，努力"守好一段渠、种好责任田"，将课程思政引入"药理学"课程教学，达到了教书育人的双重目的。目前，已建设"药理学"课程思政教学团队 1 个，编写教材 1 部，建立"课程思政"示范课程 1 门。2019 年，"药理学"被评为山东省一流本科课程。

"药物化学"课程思政教学的探索与实践

——以"青蒿素的发现"课程思政教学为例

刘凤志 杨文强 药学院

 引 言

"药物化学"是药学、制药工程专业核心课程,课程思政是教师实现教书育人目标的重要途径。中国女科学家屠呦呦荣获 2015 年诺贝尔生理学和医学奖,其发现的青蒿素是目前抗疟疾一线药物,也是中华民族对世界医药事业的一大重要贡献。在以往传统教学中,教师主要讲述青蒿素的化学结构、性状、性质、合成工艺和主要药理学用途,即都是基于科学知识的讲授,存在"就知识讲授知识""就教学而教学"的理念,很少涉及思政元素教学,存在教学和育人"两张皮"的现象。

本文以青蒿素的发现为例,介绍我们在挖掘思政元素,培养学生家国情怀、科学精神和担当精神,落实立德树人,培育和践行社会主义核心价值观方面的探索与实践,就此提供一个视角,供大家探讨交流。

一、"药物化学"的课程目标

课程目标 1:知识、能力和素质。掌握"药物化学"以及与其相关的一般性专业知识,包括药物的分类及结构类型、典型药物的化学结构或结构特点、理化性质和作用特点,构效关系和合成路线。

课程目标 2:思政。培育和践行社会主义核心价值观,增强学生文化自信、制度自信,培养学生的科学精神、担当精神。

青蒿素的化学结构、性状、性质、合成工艺和主要药理学用途,支撑课程目标 1;青蒿素的思政素材 1~6 支撑课程目标 2。

二、"青蒿素的发现"课程思政教学设计

(一)思政元素 1:青蒿素的发现过程诠释了社会主义制度优越性

思政素材 1:抗疟疾研究源于一场秘密的援外任务。1964 年,越南战争爆发,当

时越南常年恶性疟疾流行,越南和美国两军都因疟疾严重减员。越南领导人向中国求援,希望中国帮助他们解决这一难题,自此,代号为"523"的疟疾防治药物研究项目正式展开,中美同时进行。

"523"项目持续了13年,聚集了全国60多个科研单位,参加项目的常规工作人员有五六百人,参与者总计有两三千人之多。青蒿素的发现过程体现了集体智慧,诠释了社会主义制度优越性。

素材1支撑课程目标、思政元素、教学方法、思政融入和教学策略(见表1)。

表1 素材1支撑课程目标、思政元素、教学方法、思政融入和教学策略

课程目标	思政元素	教学方法	思政融入和教学策略
课程目标2（思政）	思政元素1：青蒿素的发现过程诠释了社会主义制度优越性	讲授法	通过讲授青蒿素的开发历史,对比中美研发,体现社会主义制度优越性,增强制度自信

(二) 思政元素2：注重原始创新、尊重首创的科学精神

思政素材2：参与青蒿素研究的人员很多,所取得的成果是集体智慧的结晶,但为什么诺贝尔奖只授予屠呦呦？其原因在于科学注重原始创新。2011年屠呦呦获得被誉为诺奖风向标的拉斯克奖,评奖委员会24名评委指出,此次评奖关键看三个方面：一是谁先把青蒿素带到"523"项目组,二是谁提取出有100%抑制力的青蒿素,三是谁做了第一个临床实验。结果为：第一个把青蒿素引入"523"项目组的人是屠呦呦,第一个提取出100%活性的是屠呦呦,第一个做临床实验的是屠呦呦,这三点中的任何一点都足以支撑她获得这个奖。

国外颁奖注重科学发现的思维,而不是衡量是谁做的,他们不会把奖颁给一个具体做事的人,而会颁给告诉你做这件事的人。

素材2支撑课程目标、思政元素、教学方法、思政融入和教学策略(见表2)。

表2 素材2支撑课程目标、思政元素、教学方法、思政融入和教学策略

课程目标	思政元素	教学方法	思政融入和教学策略
课程目标2（思政）	思政元素2：注重原始创新、尊重首创的科学精神	谈话法、讨论法	通过讨论"参与青蒿素研究的人员有很多,所取得的成果是集体智慧的结晶,但为什么诺贝尔奖只授予屠呦呦？"由此导入注重原始创新、尊重首创的科学精神

(三) 思政元素3：彰显文化自信

思政素材3：屠呦呦在最初的实验中,发现青蒿素提取物对疟疾的抑制率并不高。

1971年下半年，在查阅文献过程中，屠呦呦从东晋葛洪所著的《肘后备急方》一书中受到了启发，书中记载了"青蒿一握，以水二升渍，绞取汁，尽服之"内容，屠呦呦由此认为高温有可能对青蒿有效成分造成破坏，从而影响疗效。于是，她降低了提取温度，由乙醇提取改为用沸点更低的乙醚提取，结果发现，提取物对于鼠疟和猴疟的抑制率均达到100%，由此取得关键突破。

素材3支撑课程目标、思政元素、教学方法、思政融入和教学策略（见表3）。

表3　素材3支撑课程目标、思政元素、教学方法、思政融入和教学策略

课程目标	思政元素	教学方法	思政融入和教学策略
课程目标2（思政）	思政元素3：彰显文化自信	讲授法	通过屠呦呦从东晋葛洪所著的《肘后备急方》一书中受到启发一事，讲授传统中医药文化的重要性，彰显文化自信

（四）思政元素4：科学奉献精神

思政素材4：20世纪70年代中国的科研条件差，为提取青蒿有效部位，科研工作者用简陋的水缸做提取设备，因通风条件差，他们接触大量有机溶剂，导致部分科研人员的身体健康受到了影响。1974年以来，屠呦呦经常病休，这与她的前期付出过多有关。临床前试验过程中，在个别动物的病理切片中发现了疑似毒副作用，只有进行后续动物试验、确保安全后才能上临床。为尽快赶上当年的临床观察季节，屠呦呦第一个试药，科研团队其他成员也亲自服用青蒿有效部位提取物，确保了临床病人的安全，体现了科学家的奉献和科学献身精神。

素材4支撑课程目标、思政元素、教学方法、思政融入和教学策略（见表4）。

表4　素材4支撑课程目标、思政元素、教学方法、思政融入和教学策略

课程目标	思政元素	教学方法	思政融入和教学策略
课程目标2（思政）	思政元素4：科学奉献精神	讲授法	通过讲述当时简陋的科研条件，配以当时图片，结合当前优越科研条件，对比讲授科学奉献精神

（五）思政元素5：执着和恒心

思政素材5：为进行抗疟剂研究，屠呦呦遍读古籍，编著"抗疟单方"，收集600余种中草药，进行大量研究，最后确定青蒿提取物作为研究对象。其间实验一度出现重大挫折，后屠呦呦受东晋名医葛洪《肘后备急方》启发，考虑提取过程中的温度可能是限制因子，在历经190次实验，190次失败后，终于在第191次实验中，通过改变提取温度，使青蒿的抑制率几乎达到了100%，体现了屠呦呦团队对科学的执着和决心（图1）。

理 工 类

图 1　屠呦呦在进行研究

素材 5 支撑课程目标、思政元素、教学方法、思政融入和教学策略（见表 5）。

表 5　素材 5 支撑课程目标、思政元素、教学方法、思政融入和教学策略

课程目标	思政元素	教学方法	思政融入和教学策略
课程目标 2（思政）	思政元素 5：执着和恒心	讲授法	通过讲授屠呦呦背后的辛勤工作，培养学生做事的执着和恒心

（六）思政元素 6：团结合作精神

思政素材 6："523"项目持续了 13 年，聚集全国 60 多个科研单位，参加项目的常规工作人员五六百人，包括中途轮换者，参与者总计 3000 人左右。临床验证青蒿素有效的第一人——广州中医药大学李国桥教授，首先证实青蒿素治疗恶性疟疾的速效和低毒，通过延长疗程获得高治愈率，证明青蒿素类药对恶性疟原虫配子体的抑杀作用，提出恶性疟原虫对青蒿素类药不易产生抗药性的学术新见解，并先后研制了 5 个青蒿素类复方；云南省药物研究所的罗泽渊研究员在云南大学校园里意外发现许多同属苦蒿，经石油醚、乙醚等提取出青蒿素，未发现对心肝有明显损害，且临床效果好；分类专家吴征镒对苦蒿的植物标本进行鉴定，定名为菊科蒿属大头黄花蒿；山东中医药研究所研究提取工艺，研究人员通过重结晶，得到纯度 99.9% 的结晶体；青蒿素的环状结构保护了过氧桥的稳定，造成青蒿素难溶于水和油，不易制成适当的剂型，使用不便，生物利用率低，上海药物所在 1976 年就开始改造青蒿素，经过各种药理试验，由李英合成了脂类、醚类、碳酸脂类三种青蒿素衍生物，它们的抗疟活性均比青蒿素高……正如"523"项目领导小组办公室助理施凛荣所说："青蒿素的研发是一

场长达 13 年的艰苦长跑，当时是特殊时期，其他项目都停了，只有'两弹一星'和'523'项目没有停，大家不为名利，一心工作。发明青蒿素的过程是一场接力赛，当时有成果，大家就拿出来分享。"

素材 6 支撑课程目标、思政元素、教学方法、思政融入和教学策略（见表 6）。

表 6 素材 6 支撑课程目标、思政元素、教学方法、思政融入和教学策略

课程目标	思政元素	教学方法	思政融入和教学策略
课程目标 2（思政）	思政元素 6：团结合作精神	讨论法	通过讨论李国桥、李英等为青蒿素开发所做的工作，培养学生团结合作精神，践行社会主义核心价值观

三、课程思政考核评价

不同于知识、能力目标考核，课程思政缺乏较有效的考核评价标准和考核方式，不易反映思政目标是否达成。为此，我们尝试进行考核评价改革，一是制定考核评价标准，二是灵活运用考核方式。

（一）考核标准

基于青蒿素发现中的课程思政目标，我们设计考核问题，制定达成标准和未达成标准，具体如表 7 所示。

表 7 思政目标、考核设计问题、达成标准和未达成标准

课程目标	考核问题	达成标准	未达成标准
课程目标 2（思政）	您如何看待屠呦呦在那样艰苦的条件下，完成青蒿素研发工作？	对屠呦呦在艰苦条件下取得成绩给予积极肯定，能体现制度自信、文化自信	对屠呦呦在艰苦条件下取得成绩不能给予肯定，不能体现制度自信、文化自信
	我国与国外制药还有较大差距，对此你怎么看？准备如何做？	对我国和国外制药差距有正确、清醒的认识，能够从我做起，从现在做起	对我国和国外制药差距认识不正确，盲目悲观或盲目乐观，好高骛远，不能够从我做起，从现在做起
	你如何看待个人和集体、国家和个人的关系？	能正确看待个人和集体、国家和个人关系，体现集体意识、大局意识	个人至上，不能正确看待个人和集体、国家和个人的关系，不能体现集体意识、大局意识
	和现代医学相比，有人说传统中医药已经落后了，你如何看待传统中医药？	对祖国传统中医药有正确认识与评价	对祖国传统中医药有错误认识与评价

续表

课程目标	考核问题	达成标准	未达成标准
课程目标2（思政）	从屠呦呦事迹中，你认为科学研究中的重要因素是什么？	能够体现执着、恒心，团结协作精神，科学奉献精神	不能够体现执着、恒心，团结协作精神，科学奉献精神
	屠呦呦80多岁了，仍然在做青蒿素抗肿瘤和抗红斑狼疮研究工作，你如何看待这件事？	能正确评价，体现"老骥伏枥，志在千里"的科学担当精神	不能正确评价，不能体现"老骥伏枥，志在千里"的科学担当精神

（二）考核方式

基于课程目标，我们设计了考核问题，制定了考核方式。一是通过学生在课上提问及课下讨论交流，通过学生回答问题，结合达成标准、未达成标准，列入平时成绩，判定课程思政教学效果，并对学生形成思政目标达成评价和未达成评价；二是在期末考试中，将上述问题列为课程检测、期末考试题目，根据达成标准、未达成标准进行评价。

对未达成思政考核目标的学生进行重点关注，了解原因，分析并制定改进教学的措施，确保在课程结束前，达成课程目标2（思政）。

四、持续改进

持续改进是认证三大理念之一，贯穿于人才培养全过程。在每一年级课堂教学中，我们的做法：一是将课程思政目标—思政元素教学—考核评价形成持续改进措施，实现改进闭环。如在最新一个年级课堂教学中，我们加入耄耋之年的屠呦呦仍在研究青蒿素抗肿瘤和抗红斑狼疮，突出其思政元素。二是将知识传授和思政教学进行有机融合，将知识教学和课程思政一体化，发挥课程思政的育人作用，带动和推进教学效果的提升，坚决杜绝进入知识传授和育人"两张皮"的怪圈。

结 语

习近平总书记指出，各门课都要守好一段渠、种好责任田，使各类课程与思想政治理论课同向同行，形成协同效应。我们虽然对"青蒿素的发现"课程进行了一些思政教学探索与实践，但还存在许多不足，有待进一步实践和探索。

"高分子化学"课程思政建设探索

徐守芳　材料科学与工程学院

引　言

习近平总书记在全国高校思想政治工作会议上的讲话中强调,要坚持把立德树人作为中心环节,把思想政治工作贯穿教育教学全过程,实现全程育人、全方位育人,努力开创我国高等教育事业发展新局面。近几年,课程思政建设不断深化和聚焦,涌现出一批研究成果。如上海应用技术大学李国娟教授提出,"课程思政"建设的基础在"课程",重点在"思政",关键在教师,重心在院系,成效在学生。各门课程在知识传授过程中,根据授课内容,可将爱国主义、"大国工匠"精神、安全教育、学术道德、环保教育、奉献精神、绿色发展理念等多个思政元素引入,帮助学生树立正确的世界观、人生观和价值观。

"高分子化学"是高分子材料专业的第一门专业核心课程,安排在第四学期学习。通过这门课程的学习,使学生掌握"高分子化学"的基本概念、各类聚合反应的机理、聚合方法、聚合物的化学反应等基本内容,并为后续"高分子物理""聚合物工艺学"等专业课程学习提供理论基础。同时作为该专业第一门专业核心课,该课程的学习对学生树立专业自信,培养精益求精的"大国工匠"精神,激发科技报国的家国情怀和使命担当具有重要的意义。在本课程授课过程中,通过课堂讲授和课后实践两个环节,精心做好课程设计,将知识传授和思想政治教育自然地融合在一起,达到"润物细无声"的效果,形成专业课程与思政课程同心同向的格局。

一、课程思政教学设计

在课堂授课环节,深挖思政元素,丰富授课内容,增加学生学习兴趣,树立社会主义核心价值观,激发学生科技报国、努力奋斗的精神。表1列举了"高分子化学"课程与思政教育相结合的16个知识点。通过这些知识点,可以将爱国主义、"大国工匠"精神、安全教育、环保教育、辩证主义思维、科技报国情怀、遵纪守法、低碳生活等多个思政点引入"高分子化学"的课程中。

表1 "高分子化学"课程思政设计点

序号	思政映射与融入点	课程思政教学设计
1	"高分子化学"课程引入（增强四个自信、爱国情怀）	案例式教学：通过介绍我国近几年自主研发的大国重器，引入高分子材料，使学生了解高分子学科的作用；了解我国自主研发高聚物的情况，增强民族自豪感，树立"四个自信"
2	高聚物特点（辩证思维）	讨论式教学：通过介绍高聚物与低分子化合物的不同以及产生不同的根源，使学生了解量变引起质变的辩证思维，在学习和日常生活中养成持之以恒的良好习惯，积跬步，至千里
3	高分子化学发展史（"大国工匠"精神、科技报国情怀、责任担当）	案例式教学：介绍科学家严谨的科研精神，使学生了解严谨的科学研究精神，树立科技强国的信念；培养学生"大国工匠"精神、严谨的科研精神
4	线型缩聚聚合度的控制及影响因素（严谨的工程思维）	问题导向式教学：通过具体生产事例、计算数据，使学生了解基团数比对聚合度产生的巨大影响，培养学生工程思维；建立严谨的实验操作规范，了解细节决定成败，从严要求自己 讨论式教学：鼓励学生提出控制聚合度的方法，分析利弊
5	平均官能度的求算（批判思维）	讨论式教学：通过学生惯性思维下对平均官能度的错误求算，培养学生批判的思维方式；强调具体问题具体分析，避免惯性思维模式
6	典型缩聚物生产工艺设计（科技报国、工程素养）	案例教学：了解实际生产过程中如何用理论知识指导实际生产工艺设计，将基础研究转换为实际产品的路径环节，增强学生自主创新、科技强国的信念；使学生建立顶天立地的科学研究思维，树立科研报国情怀
7	乙烯基单体对聚合机理的选择（辩证思维）	案例式教学：了解取代基对单体聚合机理的影响因素和协同影响作用，建立辩证思维模式，学会主要矛盾的判断方法
8	引发剂的选择（辩证思维）	讨论式教学：了解具体聚合过程对不同引发剂选择的原则，引导学生在考研、就业、选课、恋爱等十字路口该如何做出选择，树立正确的义利观
9	自由基聚合阻聚剂（辩证思维模式）	讨论式教学：通过氧气的阻聚和引发作用以及阻聚剂在聚合过程中表现的正反两方面作用，培养学生建立辩证思维，从事物正反两面看待问题，遇事多换位思考，深思熟虑
10	二元共聚物组成的控制方法（工程素养、辩证思维）	讨论式教学：针对不同的聚合体系，选择合适的控制聚合物平均组成的方法，培养学生工程素养、解决问题的能力；抓住主要矛盾，具体问题具体分析，避免犯经验主义错误
11	乳液聚合（环境保护、低碳生活）	案例式教学：以水为分散基质的聚合方法，强化环保理念，建立节能减排的环保意识

续表

序号	思政映射与融入点	课程思政教学设计
12	阴离子聚合引发剂（安全教育、奉献精神）	案例式教学：介绍高活性引发剂丁基锂和化工安全事故，强化学生规范实验操作，养成规范操作的习惯；对学生进行实验安全教育；弘扬消防员的勇于担当的奉献精神
13	Z-N 引发体系（科技强国、实验安全教育）	案例式教学：通过介绍配位聚合的发展史，激发学生科技强国的信念；通过介绍 Z-N 引发体系的发展和使用注意事项，强化学生规范实验操作和实验安全意识，养成规范操作的习惯
14	聚丙烯的生产和应用（制度自信、科技报国、奉献精神、遵纪守法）	案例式教学+讨论式教学：通过聚丙烯在熔喷布制作医疗器械方面的应用，引出 2020 年度我国新冠肺炎疫情防控，增加学生对我国国家制度和治理能力的认同感；学习最美逆行者的奉献精神；用钟南山、陈薇院士等的事迹，增强学生科技报国的理想和信念；居家隔离，灌输遵纪守法的法治观念
15	开环聚合诱导期（工程思维）	对比式教学：通过介绍四氢呋喃、三氧六环、己内酰胺开环聚合中存在的诱导期产生的不同原因和消除方法，强化具体问题具体分析，避免犯经验主义错误；解决问题要对症下药；培养学生工程思维和解决问题的能力
16	聚合物的降解（环境保护、低碳生活、科技强国）	翻转课堂：介绍聚合物的白色污染问题，通过环境对动物产生的严重破坏，增强绿色环保意识，宣传低碳生活理念；从人类与动物和谐共生的角度，呼吁保护动物，保护地球家园；通过可降解聚合物的研发，培养学生科技报国的情怀

下面以表 1 内 3 个知识点的讲授为例，展示如何将知识传授与思政元素有机结合。

（一）"阴离子活性聚合引发剂——丁基锂"课程思政设计

以"阴离子活性聚合常用引发剂丁基锂"为例，在讲授其引发性能后，介绍其化学性质。丁基锂性质非常活泼，遇水、遇氧易发生放热反应，遇潮湿空气易迅速燃烧，包装容器内的溶剂普遍为低沸点、易燃易爆液体，一旦受热膨胀容易导致爆炸。同时又因为丁基锂密度低，一旦发生火灾，火苗随空气飘动，难以控制。结合以上知识点，我们设计了以下课程思政环节。

第一，教育学生要进行规范的实验操作。化学实验中遇到的试剂很多是有毒、易燃易爆的，在实验之前要深入了解各种试剂的物理和化学性质，做到知己知彼；同时实验过程中应严格遵守实验操作步骤，做好个人防护；根据不同试剂的化学性质选择恰当的取用方式。课堂上详细地介绍了丁基锂取用的操作规范，如惰性气体保护、残余引发剂的猝灭。学生了解了丁基锂正确的取用方法后，会对实验产生敬畏之心。

第二，用高校、研究所发生的典型爆炸、起火案例，对学生进行实验室安全教育，要求学生掌握发生如玻璃割伤、酸液腐蚀、药品入眼等各种意外时的应对策略，在能力范围内会应对不同物质起火。很多安全事故的发生都是由于操作者没有严格地按照操作流程造成的,再次向学生强调实验室规范操作的重要性。

第三,通过火灾的处理方法,延伸至实验室安全事故中的消防员,让学生学习消防员敢于担当、乐于奉献的爱国精神和敬业精神。

(二)"聚合物化学反应-降解"课程思政设计

针对"聚合物化学反应"这一章,在讲解"聚合物降解"时,首先通过展示堆积如山的塑料垃圾及其对环境、海洋生物、人类造成的危害等触目惊心的图片,震撼学生的心灵,让学生认识到塑料垃圾对环境污染的严重性,通过课堂讨论微塑料的来源和危害,教育学生要进行环境保护。如打包袋、快餐盒,使用或许只有短短几分钟,却需要200多年时间降解。通过讨论式教学,让学生讨论在我们的日常生活中,怎样有效避免塑料垃圾的产生。在学生讨论的过程中,教师可以将环境保护、低碳生活、科技报国等多个思政点引入。一是环境保护方面从自我做起,坚决支持国家的限塑令,日常生活减少一次性塑料制品的使用,用环保帆布袋等代替塑料袋,外出旅游不产生塑料垃圾。二是宣传绿色环保的低碳生活理念,选择绿色骑行、衣物回收、减少餐饮浪费、节约用水用电用纸生活方式等,从多个方面践行低碳生活理念。三是鼓励学生科技报国,投身科学研究,通过研发可生物降解的塑料,降低塑料垃圾对环境和人类造成的伤害。四是正确对待塑料,既要认识到塑料在我们生产生活中的巨大作用,又要看到其对环境的危害,建立辩证思维。此外,在完成课程授课任务,布置课后实践活动时,让学生观看视频"塑料王国"和进行主题活动"跑步捡垃圾",通过课后实践,将环保理念输入学生的生活。该课程设计将课堂授课和课后实践紧密联系起来,课上传输理念,课下实践强化,双管齐下,使学生成为课程思政的主体。

(三)"配位聚合-聚丙烯"课程思政设计

在讲解"典型配位聚合物聚丙烯"时,提及聚丙烯熔喷布和无纺布在医用口罩、防护服方面的应用时,延伸到我国在2020年新冠肺炎疫情防控方面做出的努力,从而引入制度自信、科技报国、担当奉献、遵纪守法等多个思政点。

首先,对比中西方国家在新冠肺炎疫情防控方面的努力和疫情防控效果,体现我国在政治制度和治理体系方面的优越性,增强学生的制度自信和民族自豪感。如我国可以做到壮士断腕、武汉封城,可以做到10天建成火神山医院,可以做到春节期间自觉在家隔离,可以做到全国驰援武汉,充分体现了在大事难事面前我们国家制度的优越性。其次,介绍在疫情期间做出重要贡献的钟南山院士、陈薇院士等,鼓励学生投身科学研究,积极引导学生科研报国,为学生埋下为国奉献的种子。在疫情面前,在全国人民的生命安全受到威胁的时刻,是科学判断、科学知识、科学防控使我国疫情得到了控制。最后,介绍在疫情期间医护人员坚守岗位,甚至献出了自己宝贵的生命;很多普通人也为疫情防控默默付出,这些人中有警察、司机、外卖小哥、餐馆老板、普通菜农,他们逆行武汉,充分体现了担当奉献精神;普通民众在疫情期间听党指挥,隔离在家,不聚集,不聚会,做到不被传染,不传染他人,履行一个普通群众对国家的责任,对比那些隐瞒行程、病情,对抗疫工作造成严重破坏的人员,教育学生要遵纪守法,树立法治意识。

二、课后实践助力思政元素吸收

高校要坚持基于学生学习效果的 OBE 教育理念,课程思政改革的效果如何,最终也必须以学生的获得感为检验标准。因此,"高分子化学"课程思政建设的关键点不是课程思政元素设计得好,而是学生领会得好。本课程灵活采用观看纪录片、开展主题活动和科技创新等形式多样的课后实践活动,强化学生对思政元素的吸收。

(一)观看纪录片

在观看视频纪录片的环节,为学生精心选取了与高分子材料相关的纪录片,如《塑料王国》《塑料海洋》《走向绿色》,有的纪录片展示出塑料的产生给社会带来的巨大变革,有的展示出塑料污染对环境带来的危害,从正反两个方面让学生辩证地看待塑料,让学生对从事的专业有所思、有所想、有所悟。通过观看视频后的小组讨论,学生将观看纪录片后受到的震撼、获得的感悟与大家分享,很多学生的发言发自肺腑,感人至深。

(二)开展形式多样的主题活动

对于实验安全教育,采用专项测试的形式,强化学生对高分子化学中常用化学试剂的性能了解,锻炼学生的应急处理能力,培养学生的实验安全意识;对于绿色环保、节能减排的教育,采用形式不同的主题活动日,如宣传绿色环保意识,参观高聚物绿色回收工艺,感受限塑生活等,从思想上、行动上加强环保意识。如针对学生喜欢叫外卖、早餐习惯打包外带,造成大量一次性塑料餐具和打包袋的使用这种情况,开展了"限塑生活"主题活动,鼓励学生在食堂用餐,用自带、可重复使用餐具代替一次性餐具。主题活动开展后,教室内塑料垃圾明显减少。组织同学利用周末沿滨河两岸开展跑步捡垃圾活动(Plogging 活动),在锻炼身体的同时,又能净化环境。通过这些活动让学生积极参与到环境保护中(见表 2)。

表2 "高分子化学"课程思政课后部分实践活动表

活动类型	具体活动安排	学生活动
观看视频和纪录片	创造科学奇迹——塑料星球 装在塑料袋中的地球 走向绿色 塑料海洋	观看视频 小组讨论 发表观后感
开展主题活动	低碳生活，健康生活 限塑——从我开始 实验室安全测试（高分子化学版） 环保伴我行——Plogging活动	积极组织参与活动 践行绿色生活理念 将绿色生活方式传递给他人
科技创新	参与导师科研活动，参加创新创业互动 综述论文写作	走进实验室，开展科研活动 查文献，写论文

（三）科技创新

在课堂授课中，利用爱国科学家投身国家建设、攻坚克难的案例，鼓励学生科技报国，投身科学研究；在课后实践中，鼓励学生利用课余时间进行科技创新，主要途径是积极参与学业导师的科研项目，在教师指导下完成"大学生创新创业项目"、专业知识大赛等。通过这些科技活动的参与，让学生了解学科前沿，感受到科技的力量，树立科技报国的信念，端正积极进取的学习态度，同时开展综述论文写作，让学生了解科技文献的查阅方法，通过阅读文献了解学科发展前沿。

 结　语

在"高分子化学"课程建设过程中，我们秉承以学生为中心的教育理念，在专业知识传授过程中，加强学生的品德修养，做到立德与树人的统一，促进学生全面发展；在课堂授课中深挖思政元素，引入爱国主义、"大国工匠"精神、安全教育、环保教育、科技报国等多个思政点，通过课后专题片观看、主题活动参与、科技创新活动等形式多样的实践活动助力思政元素的吸收。在"高分子化学"授课中，坚持教书育人，长期不懈抓教学质量，努力将该课程打造成一门经得起考验的"金课"。

新工科背景下课程思政融入专业课程的探索与实践

——以"高分子物理"课程为例

马登学 材料科学与工程学院

 引 言

"高分子物理"是材料科学与工程专业的专业核心课程，4学分，共64学时，属于理论课程，另单设32学时"高分子物理实验"实践课，均在大三第五学期开设。

本课程的目标分为三部分，分别是知识目标、能力目标和思政目标。知识目标是掌握"高分子物理"的基本概念和基本规律，正确地理解和掌握高聚物结构和性能之间的关系，了解各种理想模型与实际状态的差异，掌握最常用的高聚物的结构与性能特征；对重要的公式要会推导，明确这些公式的物理意义。能力目标是使学生具有扎实的理论知识、综合分析和解决实际问题的能力，注重培养学生自学能力和终身学习的能力，为适应材料类相关就业岗位的能力需求打下基础。思政目标是通过专业课程中融入的思想道德教育内容激发学生的爱国意识、政治认同、家国情怀、强烈的自信心和民族自豪感，培养学生的创新意识和创新能力；培养学生环保和绿色发展的低碳意识，提高学生的道德素质，增强学生的社会责任感；注重培养学生的团队协作意识和集体荣誉感，形成认真负责任的工匠精神和严谨的工作作风。

为响应习近平总书记"全程育人、全方位育人"的号召，笔者结合课程思政目标要求，以材料科学与工程专业的"高分子物理"课程为例，进行了课程思政培育的大胆尝试，通过修订教学大纲、调整授课内容、设计课程思政融入点、提升教师道德素质和政治修养、改革课堂教学手段与方法等措施，构建了一套基于课程思政培育的"高分子物理"课堂教学新模式，其主要改革措施如下。

一、修订"高分子物理"教学大纲，将课程思政融入课堂

结合临沂大学学生的特点，进一步修订和完善了"高分子物理"教学大纲，将课程思政目标要求纳入教学目标之中，同时优化了教学内容顺序，对知识点进行了重组。

提出了将高聚物结构与性能的关系分为三个层次：结构、分子运动、性能；依次将课程内容的顺序组合为：高分子结构—分子运动及各种转变—力学性能；将教材中的第三章"溶液性能"调整为第八章，第九章则调整为"聚合物的其他性质"，这样脉络更加清晰，同时强调了学习"高分子物理"知识的两条主线——"结构决定性能"和"高分子运动特点"，使学生更容易掌握和学习。课程教学团队理论联系实际，深挖教学内容中课程思政的融入点，具体设计如表1所示。

表1 课程思政与"高分子物理"知识点的融合

章节	课程思政融入点	课程思政教学设计	预期成效
1.1	艰苦奋斗、精益求精的科学精神	案例式教学：以Staudinger发表《论聚合》建立高分子学说的过程导入，着重介绍Staudinger定律创立的艰辛和付出	通过介绍高分子科学的建立和发展，尤其是艰苦卓绝的励志故事，激发学生的学习兴趣，潜移默化中让学生形成要想成功就必须努力的理念，培养学生艰苦奋斗、精益求精的精神
2.1	民族自豪感和奉献精神	案例式教学：介绍中国高分子化学及高分子物理研究和教学的奠基人钱人元院士的杰出学术成就，导入教学内容	通过钱人元院士的故事，强调中国在高分子领域取得的成就，激发学生的民族自豪感和爱国奉献精神
2.2	自信心、传承与发展、科学之美	探究式教学：探索高分子构象统计的建立与发展过程，重点介绍科学家对新生事物的理解、研究、坚持和再创造，以及对晦涩理论的简洁表达——模型化，展示科学之美	通过学习先驱们的研究过程让学生切实体会到科学研究的艰辛和付出终有回报，树立学生的自信心，同时向学生展示科学之美
3.1	可持续科学发展观，绿色生态发展观	案例式教学：以环境污染现状导入，带领学生分析污染的原因，进而讲解聚合物的溶解特点、溶剂选择原则，强调尤其是在当今形势下，选择环境友好型溶剂的重要性	通过介绍高分子溶剂使用过程中带来的污染问题，引起学生对环境污染的重视，培养学生的可持续科学发展观和绿色生态发展观
3.7	创新意识和创新能力	讨论式教学：从纤维使用范围导入，指导学生讨论，发表个人见解，再介绍中国纤维纺丝的发展历程，让学生认识到学习高分子溶液的重要性	结合国家科教兴国、可持续发展、文化自信等重大时政事件，从知识与技能、过程与方法、情感态度与价值观目标等多个维度，深入挖掘实例，让学生充分了解高分子溶液的同时，潜移默化地接受思政教育
4.1	民族自豪感和危机意识	案例式教学：以国产隐形战斗机歼-20和美国隐形战斗机F-22进行对比，虽然F-22的发动机要优于歼-20，但歼-20大量使用高分子合金材料，所以作战半径和载弹量可以与F-22媲美	通过对比中美隐形战斗机的优劣势，让学生了解我国在材料领域的发展成就，增强民族自豪感，同时也客观地指出我国在发动机制造中的不足，提高学生的危机意识

续表

章节	课程思政融入点	课程思政教学设计	预期成效
5.3	工匠精神	案例式教学：从"美国封杀华为的5G之战"引申出"道路自信、理论自信、制度自信、文化自信"，介绍玻璃化转变温度对非晶态聚合物应用的影响	不同比例的单体配比、温度都可以得到不同的聚合物，让学生领略材料合成的奇妙，加深理解"差之毫厘，谬以千里"的道理，领会工匠精神的内涵
5.5	可持续科学发展观，绿色生态发展观	讨论式教学：以"绿水青山就是金山银山"的发展理念和习总书记生态文明思想经典论述为切入点，解析造成白色污染的原因，引以为戒，勿让悲剧重演；引导学生讨论塑料薄膜的物理性质，导出非晶态聚合物取向的原理及应用	启迪学生生态文明思想，使学生进一步增强环境保护意识和生态文明理念；通过介绍塑料带来的白色污染问题，领悟科学研究有时是一把"双刃剑"，培养学生注重环保、人与自然和谐发展的全局观，培养学生的可持续科学发展观和绿色生态发展观
6.2	科学之美	情景式教学：结合精美的聚合物晶体图片资料，进行问题情境创设，介绍晶体的形态，展示科学之美，让学生在学习中感受科学之美	"站在巨人的肩膀上"探究科学问题，提示学生要认真完成自己大学四年的学习，也许会有重大发现，让学生切实体会到科学之美，激发学生的学习兴趣
6.3	创新意识和创新能力	探究式教学：讲解聚合物结构模型的发展过程，强调科学家对科学难题的不懈努力	每一个伟大发现都离不开辛勤的汗水，引导学生学习科学家严谨的治学精神、严密的科学方法、崇高的科学品质以及对真理的不懈追求，逐步培养学生的创新意识和创新能力
6.7	自信心和民族自豪感	案例式教学：以中国液晶显示器的发展导入，通过京东方柔性屏的研发过程，强调落后就要挨打、国人当自强的道理	在课堂中引入中国液晶材料的发展，增强学生的自信心和民族自豪感，同时着重强调中国与国外的差距，激励学生努力学习，实现中华民族的伟大复兴
7.4	法律意识和社会责任感	案例式教学：通过台湾增塑剂事件导入，强调增塑剂的使用范围和作用，引导学生对食品安全的重视，增强学生的社会责任感	讲述不良商家为了产品的销售，不顾国家公众的人身健康甚至无视生命安全，弄虚作假，以假乱真，培养学生的法律意识和社会责任感
8.1	创新意识和创新能力	案例式教学：从印刷工人出身的Goodyear发明天然橡胶的硫化案例引入课程，强调出身不重要，只要有创新的意识，通过努力一样能成功	通过Goodyear发明天然橡胶硫化的案例，增强学习自信心，培养学生的创新意识和创新能力

续表

章节	课程思政融入点	课程思政教学设计	预期成效
8.6	民族自豪感	讨论式教学：学生通过课前查阅资料，课上与同学交流中国在本部分知识领域的发展成就，增强学生对社会主义制度的自信心和民族自豪感	以中国化工行业从一穷二白发展到中国制造领先世界的案例，培养学生道路自信、理论自信、制度自信、文化自信以及民族自豪感
9.1	团队协作能力	案例式教学：以2000年诺贝尔化学奖获得者引入导电高分子，通过对他们成功原因的分析，强调团队协作的重要性	通过2000年诺贝尔化学奖获得者成功的案例，培养学生团队协作意识
全过程	工匠精神	情景式教学：在课前10分钟和两节课的课间播放"大国工匠"等视频	通过视频展示，在学生心中种下"工匠精神"的种子，使学生养成认真负责的工匠精神和严谨的工作作风

二、不断学习，提高教师自身道德素质和政治修养

俗话说"打铁还需自身硬"，专业课教师只有不断提升自身道德素质和政治修养，积极寻求多渠道政治理论学习，才能不断提升自身挖掘专业课程中思想政治元素的能力。笔者通过重点学习十九大三中全会、四中全会精神和习近平总书记新时代中国特色社会主义思想纲要以及社会主义核心价值观等重要思想论断，夯实了理论根基，进一步坚定了理想信念，不忘初心，牢记作为教育工作者的使命，在平时关心时事政治，每天拿出30分钟阅读国内外时事新闻，并及时把时事新闻在课前和课中以简短的语言讲给学生听，传递社会正能量，在无形中对学生进行了思政教育。在这个过程中，教师本身的道德素质和政治修养也得到了提高。

三、充分利用零星时间开展思政教育

笔者通过观察发现，课前十分钟和课间五分钟，本应是学生用来活动和休息，以便提高课上学习效率的时间，但是现在的这个时间大部分同学却用手机来刷视频或者微信聊天。为此，我们对这些零星时间进行了利用，通过制作或播放从网上下载的一些课程相关小视频和"大国工匠"等视频，一方面可对课上内容进行有益的补充，增加学生对知识的理解和把握；另一方面可以培养学生的工匠精神，对学生在潜移默化中进行思政教育，增强思政教育的时代感和吸引力。

四、采用线上和线下相结合、校内和企业教师相结合的混合式教学模式

课程实施负责人制度，开展团队教学，由至少2位校内教师及1位企业导师联合

授课；以学生为中心、以能力培养为导向，融通线下与线上两个空间、校内与校外两个课堂，拓展教学时空，深入推进现代信息技术与教育教学深度融合，有机贯穿课前（信息传递）、课中（内化扩展）、课后（成果固化）三个阶段，综合采用探究式、讨论式、案例式、混合式等以教师为主导、学生为主体的教学方法和手段；校内教师讲授知识点时注重课程思政的融入，不定时邀请企业家走进课堂，进行现场面对面教学，与学生近距离地交流，讲述企业家自身的创业经历和理论知识的工程应用，增强学生对工匠精神的深度认识。

五、改革学习评价方式，提升学生接受课程思政培育的积极性

建立了综合考虑评价方式和评价手段的全过程考核评价体系，实现了考核重综合能力、考试方式多样化、成绩评定综合性，即多元化评价考试考核模式，还创新性地设置了加分项，只要满足加分要求，学生即可得到相应加分，具体如图1所示，这些改革有效地提升了学生主动接受课程思政培育的积极性。有关课程思政的考核内容主要包括以下五个方面。

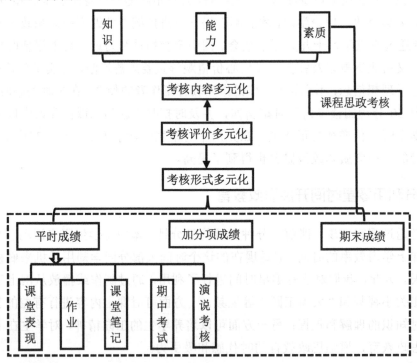

图1　多元化评价考试考核模式

（一）课堂表现

除主要考核学生课堂参与度外，教师还利用课间播放和课下发布到钉钉群里的

"大国工匠"等视频，增加了对学生观看视频后撰写心得体会的考核，在潜移默化中培养学生爱岗敬业、精益求精、坚持不懈和勇于创新的精神。

（二）演说考核

提供"高分子物理"最新研究外文文献 10 篇供学生选择阅读，让学生以 3~4 人为一小组，进行翻译并制作 PPT 讲解，为下一步的毕业论文奠定基础，同时培养学生的团结合作精神和语言表达能力。

（三）期中考试

采用实践调查并撰写调查报告的考核形式，让学生对生产生活中接触到的高分子制品，如纤维、塑料、橡胶等，通过实地考察和查阅资料的方式，研究所选高分子制品的分子结构信息，归纳总结该制品造成污染的原因和回收利用的方式方法，写出调查报告，以培养学生的可持续科学发展观和爱岗敬业的精神。

（四）期末考试

改革传统标准化卷考的评价模式，在期末考试试卷中设置 10~20 分的非标准化试题，注重对学生创新意识、创新思维的启蒙和勇于创新、坚持不懈精神的培养。

（五）加分项

设置加分项，给积极参加创新性实验实践活动和各类高分子有关大赛的同学额外的加分，培养学生坚持不懈和勇于创新的精神。

 结 语

通过在材料科学与工程专业 2017 级高分子方向实施课程思政教学后发现，课前和课间玩手机的学生几乎没有了，课上学习的注意力集中了，抬头率和学习效果均大大提高。学生普遍认为本课程的教学形式灵活多变，内容丰富有趣，非常认同我们在"高分子物理"课程思政教学中的尝试。无论是在课上还是课下，发言、提问、讨论的人次明显增加，讨论的内容不仅包括与老师交流学习方面的困惑，还包括了个人生活、情感以及人生规划等方面遇到的问题。总之，这种新的课堂教学模式受到了学生的一致好评。

我们在新工科背景下，以培养学生思想修养为目的，对课堂思政教学手段与方法进行了改革，采用校内和企业教师相结合的教学手段，合理运用案例式、讨论式、探究式和情景式等多样化的教学方法，提高了学生学习思政内容的兴趣，以多元化的考试考核方式激发了学生内化课程思政的积极性，实现了知识目标、能力目标和思政目标的有效融合，取得了满意的教学效果。

将工程伦理思政教学融入自动化专业课程的思考与探索

——以"现代控制理论"课程为例

陈向勇　自动化与电气工程学院

 引　言

近年来,随着"中国制造2025""一带一路"等的实施,迫切需要培养一大批新型工科人才助力我国经济转型发展和升级。作为新工科学生精神素养的一部分,工程伦理意识已经成为工科学生适应个人终身发展与社会发展的重要推动力。同时,现代工程活动的复杂性、综合性、社会性及不可预测性,使单一从科学与技术角度对工程活动的价值进行判断与选择的做法,已经不能适应社会的发展,工程活动的伦理价值成了衡量工程活动整体价值的重要指标。然而,我国工科人才培养普遍存在工程伦理教育的缺失和短板,这一现象令人深思,亟须改变。

自动化是关于人工与自然系统自动、智能、自主、高效和安全运行的科学与技术。自动化专业聚焦智能系统,以"系统论、控制论、信息论"为核心,广泛应用于国家战略核心领域,如智能制造、智能机器人、航空航天、经济金融、网络安全、基因工程等。随着数字化与智能化进程的发展,社会上对自动化专业人才的需求大幅度增加。然而,自动化专业学生职业素质和责任意识的高低,在某种程度上将直接决定未来自动化工程价值取向和工程技术活动的最终结果。因此,重视和提高新工科自动化专业学生工程伦理素质教育,培养具有较高职业道德水准的卓越工程师,就成了当前自动化院系专业教育的主要内容。

当前,越来越多的自动化专业的工程伦理问题引起了社会关注,如航空航天飞行器控制的人文安全问题、生物网络调控的道德问题、工业过程控制和电力系统自动化的工程质量问题、化学工业控制系统研发的环境问题等。可见,将工程伦理教学融入自动化专业课程教学过程中已成为新工科专业建设的核心问题之一。基于此,本文以自动化专业基础课程"现代控制理论"的教学为例,针对课程思政背景下控制理论与工程伦理融合式教学改革的共性话题,分析了自动化专业课程教师在课堂传道授业解

惑的同时，开展工程伦理教学的必要性，并分别从教学内容、教学方法和教学手段以及学生评价体系等方面给出具体措施，结合教学过程进行了融合式课程教学改革和实践探索。

一、必要性分析

（一）社会和工程发展的需要

随着工程的规模复杂度和建设速度的提高，工程师在现代控制系统设计过程中往往会弱化工程伦理，偏重于经济利益，这就导致对资源的消耗越来越大，对生态环境的破坏也越来越严重，而且对自然和社会的负面影响越来越深远，产生的各种工程伦理问题、困惑也越来越明显。未来，工程伦理教育将成为工程教育中最受关注的要素，这样才能让工程师充分意识到个体的工程责任，才能打牢和谐社会的根基，才能更好地使工程技术和工程产品为民众所接纳。

（二）专业建设的需要

新工科概念的提出对自动化专业人才培养提出了更高的标准和更大的挑战，要求我们所培养的人才不仅在专业技术上优秀，同时也需要懂得经济、社会、环境、管理，并兼具良好的人文素养、道德品质和社会责任感。工程伦理教育具有很鲜明的多学科特点、国际视野和育人功能，特别是面对当今社会的浮躁、功利化和道德缺失，具有针对性、探索性以及补短板的作用，能够适应、契合并满足我国工程教育发展的新变化和新需求。

（三）立德树人的需要

自动化专业课程注重强化学生工程伦理教育，培养学生精益求精的"大国工匠"精神，激发学生科技报国的家国情怀和使命担当。在专业课程建设过程中，根据自动化专业育人的特点，深入挖掘提炼专业课程所蕴含的德育元素，把社会主义核心价值观、做人做事的基本道理和要求融入专业课程教学之中，实现教育与教学的有机统一，切实做到传道授业解惑和立德树人同向同行。

二、融合式教学体系的研究

针对自动化专业课程思政和工程伦理教学问题，以"现代控制理论"课程为基础，分别在教学内容、教学目标、教学方法和考核体系方面进行了探索。具体包括以下几方面内容。

（一）教学内容研究

总结面向工程应用的现代控制理论的核心基础，详细给出面向工程的控制技术原理和控制策略的设计过程，融合工程伦理的核心内容，即工程实践中的个人道德、公共道德和一般的职业道德等，给出以"思维+""技能+"与"精神+"为培养目标的现代控制理论及工程应用与工程伦理融合式教学内容体系。

（二）教学目标研究

基于自动化专业建设要求，制定了以下几方面工程伦理与自动化专业培养目标相符的评价指标。

1．工程与社会

基于工程相关背景知识能够进行合理分析，评价自动化实践和复杂工程问题解决方案对社会、健康、安全、法律以及文化的影响，理解应承担的责任。

2．环境和发展

能够理解和评价针对复杂自动化领域问题的工程实践对环境、社会可持续发展的影响。

3．职业规范

具有人文社会科学素养、社会责任感，能够在工程实践中理解并遵守工程职业道德和规范，履行责任。

（三）教学方法研究

提高道德敏感性、增进职业行为标准了解、提升伦理判断力以及增强伦理意志四个基于工程伦理教育的教学目标，在现代控制理论基础和工程应用教学中，通过设定层级目标，分析案例教学、情景教学、角色扮演以及批判性思维教学等形式的教学方法的合理性和有效性，研究设计适合于融合式课程伦理的教学方法，做实"控制理论基础第二课堂"，延伸工程伦理教育。

（四）学生评价体系改革

研究设计能够提升学生控制理论基础和工程伦理相融合的学习能力的评价体系，突出学生的主体性，对学生学习评价进行改革，结合工程实践、创新创业训练等突出实践认知能力的手段，融入工程伦理学习的考核标准，突出学生的面向工程应用的现代控制理论的学习能力。

三、教学案例分析

"现代控制理论"课程是基于状态空间法的控制理论,是自动化专业控制理论课程的一个主要组成部分。"现代控制理论"已在航空航天技术、军事技术、通信系统、生产过程等方面得到广泛的应用,其某些概念和方法还被应用于人口控制、交通管理、生态系统等研究中。在课堂教学过程中,尤其是在针对控制系统的稳定性分析和控制器设计的教授过程中,通过选择合适的案例来融入工程伦理的教学。

案例教学示例:以"现代控制理论"中第四章第 4 节的"李雅普诺夫稳定性判据第二方法"为例,首先对学情和教学目标进行分析,其次从教学过程、教学成效、教学反思与改进等环节给出具体的教学设计过程。其具体内容如下。

(一)学情分析

(1)学生的认知:已经学习动态系统外部和内部稳定性的基本概念;对线性系统的李雅普诺夫稳定性判据的特点和应用有待进一步地理解。

(2)学生的特征:对于专业知识的学习有好奇心和求知欲。

(3)学生的学习动机:基础知识学习,工程伦理思政认知。

(二)教学目标

理解李雅普诺夫稳定性判据第二方法的关键所在;掌握李雅普诺夫稳定性判据第二方法并熟悉其在实际中的应用;了解基于李雅普诺夫稳定性分析的控制工程伦理认知。

(三)教学内容与过程

1. 课程引入

借助哈工大百年校庆机队表演(见图1)展示复杂系统的控制应用,进行工程意识的渗透,在总结前期教学内容的基础上,引出本节课主题:从系统的能量函数出发,针对基于状态空间表述的控制系统的稳定性判据——李雅普诺夫稳定性判据第二方法的整体思路。

2. 教学内容

采用任务驱动的教学设计,给出标量函数的符号性质,确定李雅普诺夫函数的常规选择。给出李雅普诺夫稳定性判据第二方法的判定定理 1、2 和 3。在教学实施过程中,以四旋翼无人机系统(见图2)为应用对象,针对四旋翼控制系统的状态空间模型的建立、控制器的设计以及稳定性分析进行详细的讲解。四旋翼无人机系统模型所具有的非线性、强耦合、欠驱动等特性使得控制器的设计与分析变得复杂。进一步对基于四旋翼无人机控制系统的研究前沿热点之一——编队控制中存在几个相关的关键技术问题,主要包括编队队形设计、队形的动态调整、航迹规划、信息互换以及编队飞行控制策略等问题进行讨论分析。

(a) 无人机表演　　　　　　　(b) 无人机集群编队控制

图1　哈工大百年校庆机队表演

图2　四旋翼无人机控制系统

3. 工程伦理思政教学的融入

四旋翼无人机具有机动性强、可垂直起降等优点,近年来在监控、航拍、救援等领域得到了广泛的应用,相比于单个无人机独自执行任务,多无人机编队飞行可以完成更高质量的任务,因而具有更广阔的应用前景(见图3),进而引导学生对无人机编队控制中的工程伦理进行渗透学习,重点分析:飞行过程关系到空中安全和人身安全问题;飞行器编队控制系统对周围环境的影响;飞行器编队控制系统对周围工业生产和农业生产的影响;飞行器编队控制系统设计和开发的出发点是保证交通安全和财产安全。

4. 注重师生互动

要求学生分析给定的背景资料,依据一定的理论知识,做出决策、评价,提出具体的解决问题的方法或意见等。通过案例分析，考察学生理解、运用知识的能力，以及对问题的综合、分析、评价方面的能力。最后，在老师的引导和学生的积极讨论下，给出基于案例分析的工程伦理基本准则，明确指出伦理责任要求科研行为应不损害人类的生存环境条件和生命健康，保障人类的切身利益，促进人类社会的可持续发展。四旋翼飞行器编队控制问题关系到公众安全、工程风险、与环境的协调关系、与人的和谐关系等多个工程伦理问题，其涉及的伦理问题涵盖科技伦理、安全伦理、生态伦理方方面面。

图 3　无人机集群在物流和农业中的应用

（四）教学评价与教学反思

1. 教学评价

表 1 给出了"现代控制理论"课程融入工程伦理思政教学的评价体系。过程性评价和结果性评价相互补充，实现对学生在专业课程学习中的过程和整体评价共同进行。

表 1　工程伦理思政教学评价体系

评价体系构成	评 价 手 段	评 价 目 的
过程性评价	课堂表现 （课堂讨论、提问、随机发问）	提高学生学习主动性；培养学生针对控制工程伦理道德的思考能力
结果性评价	课后资料搜集和工程伦理课程论文	整体评估工程伦理学习的教学效果

2. 教学反思

本次教学内容是李雅普诺夫稳定性判据第二方法的基本概念，采用了任务驱动和启发式的融合式教学方法。在整个教学过程中，要重点掌握原理，也就是重点理解李雅普诺夫函数构造的原则和判据方法，这是现代控制理论的研究基础，也是目前系统控制研究领域稳定性分析的基本手段，需要重点强调。教学过程中做到了理论联系实际，能够将工程伦理融入教学中，后续还应该对案例教学的背景知识介绍得更加详细。在下一步教学过程中，还需要对以下方面进行改进。

（1）课程建设目标。不断更新教学内容，真正做到在控制系统的建模、分析和综合的各个教学环节都能展示出工程伦理意识的培养。

（2）案例教学的设计。进一步借助教材和网络资源，搜索涉及不同领域的控制问题，如网络控制、工业过程控制系统、航空航天控制系统等，梳理控制设计过程，总结出涉及的工程伦理问题，通过研究、分析和讨论的方式，设计更为合理的案例教学过程。

（3）伦理分析设计。借助案例教学，通过分析工程中的风险、安全和责任，梳理工程中的环境、价值与公正等伦理问题，进而给出控制系统设计的难点、关键问题和创新思路，并分析思路的可行性及缺陷，从工程伦理角度，完善控制系统的设计过程。

结 语

本文以"现代控制理论"课程教学为例，在给出自动化专业课程教学过程中工程伦理教学必要性的基础上，分析了融合式教学体系构建的基本研究内容。结合具体的教学案例，从教学设计、教学过程、教学成效、教学反思与改进等环节，将工程伦理问题纳入控制理论的教学中，将学生的工程伦理思考能力和分析能力的培养融入课堂与实践教学环节中，不断增强学生对工程伦理的理解，实现学生对自动化专业课程工程伦理分析水平的提升。

浸润式思政在"车站信号自动控制"课程教学中的实践应用

齐延兴　自动化与电气工程学院

 引　言

"车站信号自动控制"是轨道交通信号与控制专业的专业必修课。车站信号自动控制是轨道交通运输领域中重要的控制系统之一,该系统以技术手段识别、消除或减弱危及行车安全的因素,以保证行车安全,并在此基础上为提高运输效率和科学现代化管理提供信息,通过本课程的学习,学生可以掌握车站信号控制系统的构成、工作原理和设计方法。在授课过程中自然融入我国轨道交通的发展历程,通过学科发展史的介绍、铁路人励志故事的分享、轨道交通事故的警示与分析,提升学生的学习兴趣,起到循循善诱、"润物细无声"的思政教育作用,培养学生的科学素养、创新意识和创新能力,有效增强学生的民族自豪感和社会使命感。

一、课程思政与课程内容的融合

"车站信号自动控制"课程蕴含了铁路信号系统的演变史,可将思想政治和教学内容完美融合。课程思政可浸润式逐步推进。例如关于中国轨道交通的发展史,可分三个层次展开:第一层次,由中国铁路的艰难发展历程引入课程,反映清政府的腐败与无能,及中国逐步向半殖民地半封建社会发展的过程中遭受的压迫和欺辱;第二层次,介绍新中国成立后中国铁路的发展情况,通过数据对比,展现新中国成立后轨道交通取得的重大成就,反映出中国铁路发展的艰辛与不易;第三层次,通过介绍中国高铁树立品牌,走出国门,扬我国威,以提升学生的民族自豪感和荣誉感。通过这些案例把家国情怀自然地渗入课程的方方面面,"润物细无声",从而起到立德树人的作用,促使青年学生形成正确的人生观和价值观,达到"全程育人、全方位育人"的目的。

结合临沂大学的办学条件和地方特色,调整教学方式,进一步修订完善"车站信号自动控制"课程教学大纲。课程思政建设的目标是消除专业教育和思想政治教育"两张皮"的现象,将价值观引入知识传授和能力培养中,帮助学生塑造正确的世界观、

人生观和价值观,激发学生的爱国意识、家国情怀、政治认同感和民族自豪感,提高学生的道德素质和社会责任感,注重培养学生的团队协作意识以及集体荣誉感,形成认真负责的工匠精神与严谨的工作作风。

二、以教师为主导,在课堂上导入思政案例

通过对课程内容的深入解析,以知识模块重组、知识向广度延伸、深度解读、德育内涵发掘为导向,形成由一个知识思政点发展到多个知识思政点,由多个知识思政点形成一条思政线,再由多条思政线形成一个思政面,将课程思政与专业知识融为一体的案例式教学理念。

(一)融入我国轨道交通的发展史

在课程中,在对应章节中融入思政案例。表1列出了一些我国轨道交通重要的研发过程、研究背景、科技水平与对应知识点、思政元素相结合的案例。比如引入"中国高铁的成功"案例,让学生意识到"只有科技进步,国家才能屹立于世界之巅"的重要性,提高学生的社会使命感和民族自豪感,激励学生为中华民族的伟大复兴而努力拼搏。

表1 "车站信号自动控制"课程思政元素举例

事 例	对应章节	对应知识点	思政元素
以0号机车、龙号机车、锅驼机为例,讲述中国产业工人通过自主创新,使得全国摆脱受制于人的状况	第二章 继电联锁系统概述	6502电气集中联锁由不同的定型组合拼接而成	让学生深切感知自主创新的重要性;学习科学家的工匠精神和务实精神
课程资源:中国铁路大提速	第四章 执行组电路	信号开放的条件和不同灯光表示不同的行车状态	引导学生爱国爱校,增强自豪感和荣誉感,学习科学家高尚的道德情操和奉献精神
纪录片:中国高铁、中国铁路中长期规划:由四横四纵到八横八纵	第六章 计算机联锁	高速铁路的发展	结合乘坐高铁的真实感受,提升民族自信心和自豪感,同时讲述我国高铁发展与国外的差距,让学生感受到压力;培养学生踏实严谨、耐心专注、吃苦耐劳、追求卓越等优秀品质,引导其成长为心系社会并有时代担当的技术性人才

(二)引入杰出科学家以及科学发现趣事

中国铁路的迅猛发展,离不开一代代铁路人的无私奉献。向学生介绍中国铁路总

公司推出"新时代·铁路榜样"——现任中国铁路通信信号集团公司京张铁路"四电"系统集成项目常务副经理兼总工程师范学波的先进事迹。自1984年入路以来，范学波先后独立或参与组织了合武、哈大、哈齐、哈牡及京张高铁等国家重大工程项目，以"责任之我、担当之我"书写新时代的奋进篇章，谱写出了伟大的时代赞歌。中国高铁从追赶者变为世界领跑者，正是范学波这样一批批铁路人，攻坚克难、兢兢业业、踏踏实实干出来的。走进新时代，面对新形势，范学波的事迹激励着我们。只有不断学习，大胆创新，才能赶上时代发展步伐，人畅其行，物畅其流，服务好社会，服务好人民群众，使大众出行体验变得更加美好。

（三）将学科前沿与课程教学相结合

如今，我国高铁普遍采用了先进的CTCS-3级列车控制系统。通过与CTCS-2级系统的对比，分析其优越性，并用图示法把抽象的高铁列控系统形象化，激发学生的学习兴趣，提升其创新意识和创新能力。

（四）介绍轨道交通事故和失败案例

中国铁路信号系统的发展并不是一帆风顺的，虽极力提高系统的可靠性和安全性，但事故的发生仍不可避免。如2011年的"甬温线动车组追尾"事故，致使40人死亡，172人受伤，中断行车32小时35分，造成直接经济损失19 371.65万元。这起铁路交通事故是一起因列控中心设备存在严重设计缺陷、上道使用审查把关不严、雷击导致设备故障后应急处置不力等因素造成的责任事故，其教训惨痛，警钟长鸣，时刻警示国人仍需继续努力提高系统的可靠性，减少事故发生的概率。

三、以学生为中心，激发课程思政的学习兴趣

课程思政的主体是学生，只有调动学生的积极性，使学生主动参与并投入课堂中，才能达到理想的教学效果。课程教学团队将近年来铁路信号系统的前沿、热点领域进行总结归纳，筛选出10多个具体方向，让学生选择其感兴趣的方向，进行文献资料检索和总结，而后进行学生讨论，教师点评。在点评中有意识地介绍我国相关领域的研究进展、"卡脖子"的一些相关技术、国家对于自主创新的相关政策和战略，让学生从内心深处理解习近平总书记所讲的"一定要把关键核心技术掌握在自己手里"的重要性。

四、改革学生学习评价体系，多方面体现课程思政

课程目标达成评价的主要审查内容包括：课程的基本属性、课程是否形成可供评

价的过程记录档案、课程目标是否体现对毕业要求指标点的支撑、课程的教学内容是否体现课程目标的要求、课程的教学方式是否体现"以学生为中心"的 OBE 理念等。

为保障课程目标体现评价结果的合理性，课程考核内容及责任主体需要多元化。

1．理论教学课程的考核：不仅包括期末考试，还增加了课堂上各类活动的评估，如课堂表现、专题讨论等都记入课程成绩中。

2．实验、实习和对课程设计的考核：既包括实验报告的成绩，也包括学生平时表现的成绩和创新能力、沟通能力等的综合表现；对校外实习的评价，主要从学生的操作能力、合作意识、协调能力、适应能力等多方面进行考核。

3．"素质拓展，课程思政"第二课堂实践考核：设置素质拓展学分可鼓励学生积极参加各种课外实践活动，提高学生人文素养、家国情怀和实践能力。

结　语

大学生正处于世界观、人生观和价值观定型的关键时期，对其在专业知识教育中全方位开展思政教育尤为重要。"车站信号自动控制"课程通过深入挖掘思政元素，将我国轨道交通的发展史自然融入教学过程中，充分利用本课程的专业性，将学科发展史、最新科研动态、科学家励志故事、轨道交通事故嵌入教学中，大大提高了学生的学习兴趣，起到了循循善诱、"润物细无声"的思政教育作用，培养了学生的科学素养、创新意识、创新能力，有效增强了学生的民族自豪感和社会使命感。

思政融入教学，筑建一流课程

——"计算机网络"课程思政在行动

符广全　信息科学与工程学院

 引　言

计算机网络是支撑社会信息化和未来数字发展的重要技术。"计算机网络"课程系统讲述主流网络的原理技术和应用，是计算机类专业必修的专业基础课，课程具有社会应用性和专业基础性，2019年成功申报为山东省一流建设课程。

在新工科建设和工程教育认证背景下，作为山东省一流课程建设点，"计算机网络"课程在一流创建中全面落实"立德树人"根本任务，深入挖掘课程和教学方式中蕴含的思想政治教育资源，将价值塑造、知识传授和能力培养三者融为一体，把思想政治教育贯穿于教育教学全过程。课程组老师达成共识，认为一流课程应该是育人、育才双一流，为此开展了一系列方法与途径的努力探索。

一、立足新工科人才素养要求，确定课程思政目标

应用型高校应该面向企业需求，围绕网络工程专业人才培养目标。课程组对学生人文、能力素养需求进行讨论，认为高素质复合型新工科人才与传统的工科人才不同，在能力方面，其应该具有批判性思维，有跨学科交叉融合能力、解决实际问题的能力、工程实践能力及工程创新能力；在人文方面，应该有健康的身心和高尚的道德情操，有社会责任意识、环境保护意识和可持续发展意识，有创新精神和创业素养，树立起终身学习和发展的观念，且在团队协作、沟通、写作等方面有较好的素养。

确立课程思政的目标后，课程组专注于教学方法的探讨，第一个方面就是发挥教师以身示范、言传身教的作用，要求教师加强修养、以身作则；第二个方面就是基于课程内容挖掘思政元素，寻找课程思政的切入点；第三个方面就是讲究教学方法的实施，在专业课教学中结合专业内容挖掘人文思政元素，对学生的创新思维、创新意识、个人品质和社会责任意识进行塑造，水到渠成地提升学生综合素养。

二、基于课程内容挖掘课程思政的育人资源

课程内容是思政的载体，思政教育基于对原理的分析、挖掘后展现出来的哲理与

精神。通过对育人资源进行深入挖掘与分析，让学生获得清晰的体验，从而深刻地影响到学生今后的创新创业；事实胜于雄辩，水到渠成地实施思政教育，能够让学生消除抗拒，获得心灵深处的认同。

课程组对课程内容进行系统挖掘和规划，对其逻辑关系进行梳理，对其引导方法进行设计，结合生活经验和事例进行思政教学。表1展示了课程的部分思政要点。

表1 课程哲学辩证思想与人文元素挖掘要点

单元主题	原理结论（本意）	思政元素（引申）
TCP/IP与OSI体系比较	两种技术目标相同，但思路各异，应用中导致企业命运截然不同	通过体验技术创新的时况、历程与局限性，了解创新对产品发展、企业命运的巨大影响
TCP/IP协议栈分析	everything over IP, IP over everything	引申：核心支撑；类比：中国共产党统一了散沙一盘的中国，发展了各项事业；类比联系进行爱党爱国教育，增加民族自强信念
以太网与IPV6的技术升级比较	兼容差异、命运不同	技术创新要考虑到社会应用成本的问题，思维理念影响命运
蓝军/白军；TCP三次握手；网络安全中的矛与盾	可靠与无穷，绝对的可靠是不可实现的	不追求绝对、完美；绝对与相对、现实与理想的辩证关系；哲学规律统一
电路交换与分组交换的优点；虚电路的构建	电路交换与分组交换各有千秋；虚电路的构建试图融合优点	鱼与熊掌不可兼得的逻辑与突破；人类的追求激发创新思维，培养创新创业精神
CSMA/CD退避算法	退避范围大小选择的影响	利害互转；辩证思想；模糊问题的智慧处理

三、法无定法地融入式思政实施方法

教学中要深入挖掘课程内容，采取纵横对比分析，诱导体验，启发意识，全方位提升学生思想品德素养。课程思政的实施法无定法，能结合教学内容和过程灵活渗透，启发学生思考，开拓学生思维，就是好方法。

1. 用计算机与网络的发展史进行爱国与民族自强教育，强化创新意识

对计算机网络发展历史和技术标准的制定进行梳理对比，在使学生获得专业认知的基础上，进一步使其体会中国近代科学的落后性，特别是在计算机技术、网络标准制定方面一直落后于世界水平，理解中国作为一个制造大国、利润小国的现状制约了本国的经济发展；同时也让学生看到，中国计算机网络发展史也是中国技术的进步史、

追赶史,在 3G、4G、5G 标准方面,中国的话语权逐次提升,并且近些年中国的数字经济发展十分迅速,以增强学生的民族自信及认同感;结合当今国际技术打压中国科技的现实分析,让学生看到技术在经济发展中的关键作用,以及创新在科技进步中的主导地位,以引导学生自觉投入创新实践。

2. 纵向梳理对比,揭示技术进步主线,激发创新能力

"计算机网络"课程中,中继器、网桥、交换机、路由器等技术与设备分散在各章节、各阶段,其开发与作用也各不相同。课程教学中,结合原理教学,对其一系列技术、产品及时进行纵向梳理对比,指出促进其开发的社会动因;从人类逐步解决面临的一系列应用难题的方面,分析技术是不断提升进步的,揭示设备持续演变的轨迹;让学生理解网络产品进步的根源,认识到应用是技术进步的动力源,技术的使命在于应用,展示创新在产品发展中的核心作用,通过对技术进步的过程分析,让学生体验创新历程,积聚创新动力。

3. 挖掘原理中的哲学与辩证思想,揭示哲学规律,启发辩证思维

科学原理中包含了丰富的哲学思想和辩证思维,要适时地综合挖掘,这是培养学生认识哲学规律,启发辩证思维的一手、珍贵素材。比如,在介绍纵向对比寻找规律时,引导学生认识技术的进步与演变过程,教学中把中继器、网桥、交换机、路由器等技术进步与设备演变,和达尔文的进化论进行类比联系,揭示跨学科领域的规律统一;又如,针对网络安全攻防中辩证思维的培养,通过讲解网络安全中的防与攻,再现矛与盾、道与魔的辩证思想,同时辨析绝对与相对的辩证关系,进而引导学生明确这种思想在社会应用中的指导意义,让学生体会现实中不要理想地追求绝对的安全,也没有绝对的安全;再如,TCP 连接建立中 3 次握手的抉择,体现了理论中的无穷理念在现实中的实现与取舍,让学生看到自然和社会中都没有"最好",十全十美只是理想、极限,现实中是不可实现的。

4. 通过科学技术史案例,培养克服困难、自主探索的品质和毅力

在讲述"以太网的控制算法从 ALHA、CSMA、CSMA/CD 到全双工交换"时,通过纵向对比挖掘,展现发明者不懈的追求、改进与进步,既让学生看到了其智慧,也展示了创新者孜孜不倦的追求、精益求精的工匠精神,对培养学生克服困难、自主探索的品质和毅力不失为一手的活教材。

实践证明,课程中类似的资源点非常多,关键在于挖掘,在于与社会、与生活、与人文科学关联起来,在于教师的努力与智慧。

四、师友之道是课程思政融入学生心田的关键

好的方案要有好的方法来实施,好的方法是教学成功的关键。

在教学过程中,教师与学生要师、友结合,学术上是师,相处中是友,以师德服人,以友善化人,以平等、关怀、爱护之心指导学生,是课程思政融入学生心田的关键。

教师要博学,要有人格、正义正气,要孜孜不倦,要亲民,获得学生的人格和品质认同,是开展好课程思政的关键;要将言传与身教相统一,要用高尚的人格感染学生,赢得学生,并以身示范地影响学生;要有学识和魅力,用真理的力量感召学生。

亲其师,才能信其道。课程思政要有合适的工作方式。课堂要融入关爱和关心,教师平等与学生相处,关注、理解学生,用行动感化学生,要怀父母慈心、持朋友贴心进课堂;要关心指导而不是管教,以消除学生的戒备之心,避免理论与说教"两张皮",让课程思政像春雨一样"润物细无声"地融入学生心田。

 结 语

教学是一门艺术,思政融入专业更需要艺术,思政育人工作任重而道远。通过挖掘课程多元化的思政元素,将试点全方位地教学融入,打造具有温度和情怀的课堂,我们初步取得了"计算机网络"的课程思政成效。"没有最好,只有更好。"把思政融入专业,建设高质量的一流课程以育人、育才,我们一直在努力。

课程思政下"C#程序设计"课程教学改革探索与研究

刘乃丽　信息科学与工程学院

 引　言

在全国高校思想政治工作会议上，习近平总书记强调要把思想政治工作贯穿高校教育的全过程，强调了"用好课堂教学这个主渠道"对于开展思政工作的重要性，对课程思政提出了具体要求，使思政教育与专业教育同向同行，协同发展。这就要求加强思想政治教育与专业课程改革，寻找一种新的教学理念和教学模式，致力于提高学生的思想水平、道德品质和专业水平。

"C#程序设计"课程是计算机科学与技术专业的主要核心课程，根据计算机科学与技术专业培养目标，本课程重点在于培养学生掌握C#基础知识、基本理论和软件开发能力等，并具备利用C#进行实际项目开发的能力。由于课程的重要性，教师应充分发掘和提炼课程中的思政元素，让其充分发挥传授专业知识和立德树人的双重育人功能，实现在传授知识和技能的同时，潜移默化地对学生进行思想政治素质的培养，实现高校立德树人的根本任务。

一、坚持科学精神，打造一支师德高尚、专业过硬的师资队伍

"身教胜于言传"，作为专业课教师，育人责无旁贷。要把育人作为首要任务，这就要求教师既要坚持正确的政治方向并不断提高自己的道德素养和文化素养，更要充分发掘"C#程序设计"课程中隐含的思政元素，将思政教育以通俗易懂的方式融入专业课的教学中，潜移默化地影响学生的思维，实现教书和育人双向结合，协同发展，培养学生树立正确的世界观、人生观和价值观，增强学生的社会责任感和担当意识，使其掌握深厚的专业知识，勇于探索，善于创新，做一个德才兼备、全面发展的人。

二、优化课程目标，坚持立德树人，培养全面发展的人才

根据课程思政要求，修改"C#程序设计"课程目标，在教学过程中，把学生专业

知识学习与素质培养相结合，通过本课程的教学，使学生系统地掌握面向对象程序设计的基本概念、基本原理和基本方法，理解面向对象的类、继承、抽象和多态、异常处理机制、ADO.NET处理机制等，使学生具备一定的问题分析和程序设计能力；培养学生应用C#解决和处理实际问题的思维方法与基本能力，以及提升软件设计素养，为今后从事计算机、大型系统应用软件设计等相关领域的技术研发、工程应用等打下坚实的基础。

本课程的思政目标是重视学生思想政治素质培养，坚持用马克思主义观点培养学生热爱祖国和敢于担当的社会情感，培养学生独立思考、吃苦耐劳的精神和团队协作能力，提高学生的创新开拓精神和严谨的科研态度，提高学生的辩证思维能力，为中国特色社会主义事业培养出德才兼备、全面发展的人才，具体在以下几个方面实施教书与育人同向同行。

（1）将中国国情和优秀传统文化融入课程教学要求中，在潜移默化中培养学生正确的价值观，热爱祖国和敢于担当的社会情感。

（2）分析软件发展历史过程中成功人物的奋斗故事，激发学生学习编程的热情和自主学习的意识。

（3）在编写代码过程中，要求学生在认真完成每个编程任务时要独立思考，完成任务的同时，利用代码效率衡量标准优化代码，达到代码最优，培养学生一丝不苟、精益求精的科学精神和严谨的科学态度，以及吃苦耐劳的工匠精神。

（4）在综合项目上分小组模拟软件开发过程，组长要协调小组成员关系，小组成员要保持谦虚谨慎、团结同学的态度，团结一致完成项目；在项目完成过程中要注意提高学生的沟通表达能力和团队协作能力，在潜移默化中提高软件开发综合职业素养和职业精神。

三、依托课程思政，优化教学内容

"C#程序设计"课程按工作过程系统化原则构建课程体系，将课程设置为C#基础知识、数组与集合、面向对象编程、Windows编程和ADO.NET技术五个模块，每个模块的实施以程序设计为载体，按照层层渐进的原则精选编程实践任务，并在任务中突出价值引领，将思想政治教育内容融入课程内容（见表1），使教书与育人协调同步、相得益彰，实现在课堂教学中全方位、全过程、全员立体化育人。

表1　课程内容与思政内容设计表

章节	教学目标	思政映射与融入点	课程思政教学设计	预期成效
编程语言发展历程	了解各编程语言的现状及擅长的领域	告诉学生中国软件开发虽发展迅速，但仍落后于欧美和印度，需要同学们奋起直追	采用课堂讨论形式，激发学生爱国热情，使学生勇担历史使命	激发学生学习热情，增强学生自主学习能力；引发学生对未来职业愿景、社会主义核心价值观的认同
Visual Studio简介	掌握VS开发工具的使用	Visual Studio工具虽好，但不是国产软件，随时面临Matlab被禁用的风险	激发危机意识，强调自主创新	对编程语言及开发工具有更深层次的理解，避免取得一定成绩后，盲目自大
C#语法	能够使用代码编写复杂的程序	编写代码体现的是严谨的逻辑思维能力、科学的算法选择及良好的算法描述能力；软件行业规范	通过一个个典型案例，讲解如何对问题进行分析，逐步求精，最终编写出高质量的代码	了解程序开发规范的重要性，培养学生职业素质和道德规范；做事认真负责，一丝不苟，培养学生严谨的科研态度和吃苦耐劳的工匠精神
选择语句	能够正确选用语句	渗入学生面临多种选择时要慎重，承担选择带来的后果，不患得患失的观点	通过案例讲解选择的使用方法，掌握每个分支的功能	培养学生在面对多种选择时正确抉择并勇于承担选择后的结果
循环结构	掌握循环结构使用场景及如何使用循环结构	让学生体会我们每天看似平淡的生活，其实是为我们的美好生活积能蓄势，在平淡中寻找亮点，积极乐观面对每一天	掌握每一次循环之后变量的变化，体会每日学习的积累	通过循环中变量的变化，体会生活学习中每日发生的变化及积累的力量
数组和排序	掌握数组应用场景、使用方法、排序方法	将相似的变量放在一起处理，融入人以群分、物以类聚的思想，将数组元素的排序融入银行取款、搜索引擎、班级组织活动等常用场景	通过典型案例，讲解数组的特征及使用方法，掌握数组的排序	多结交正能量的朋友，增强学生的组织性和团结力
方法	掌握方法的独立性及适应场景，知道如何创建一个方法	方法是独立完成功能的个体	了解方法的特点，通过案例来说明方法创建及使用过程，并了解方法的独立性	增强学生的责任担当和集体团队意识

续表

章节	教学目标	思政映射与融入点	课程思政教学设计	预期成效
类、继承与多态	掌握类、继承、接口及多态等复杂知识	从方法延伸为更为独立的个体，引入类的概念、复杂程序的编写，调试较复杂，困难较多	在讲解每个知识点的过程中融入复杂问题的解决方法	锻炼学生的耐心和战胜困难的意志力
Winform程序	利用控件创建复杂的交互界面	控件没有灵魂，要想做出一个优秀的界面，需要自学界面设计	推荐自主学习；掌握交互设计；了解美学原理	提高学生自主学习的意识和能力
ADO.NET技术	掌握数据库的访问方法	介绍国产数据库：目前全球排名第一的OceanBase，讲解其优势和用法	在国产数据库已经取得突破的今天，开发者应该去学习和使用，在应用层面早日替代国外数据库	通过引导学生学习OceanBase，壮大国产数据库的用户群体，增强学生的自信并培养学生的爱国热情
综合实例：个人记账系统	分小组共同完成项目；掌握复杂应用程序的设计方法和开发过程并对软件进行优化	实现过程中功能模块的划分及组织；系统框架的搭建；人员的协调；进度的安排；软件的优化	项目难度不大，但要考虑到各种情况，如何做到面面俱到，需要认真思考和大胆创新；项目的优化	培养学生分析问题、解决问题的能力，数据库和软件的规划能力；培养学生精益求精的科学精神；提高学生沟通表达以及团队协作能力

四、灵活多变的教学方法和手段，巧妙地将思政融入教学过程

"C#程序设计"课程注重实践与创新，课程团队老师根据知识点的层层递进关系，精心准备教学案例和项目。在教学过程中，教师要充分调动学生学习的自主性，充分挖掘学生的创新开拓意识，通过精选的案例教学和项目教学，巧妙地将课程思政融入教学过程中，培养学生严谨的科研态度和刻苦的钻研精神。

1. 案例教学法

教师根据课程知识点精选课程案例，并且将案例设计为层层递进形式进行教学。比如课程中学习面向对象的程序设计思想时，以银行客户管理系统为例，学习类和对象的基本概念、数组类、类的继承、抽象类和接口、多态，通过设计层层递进的案例来贯穿整个知识点的教学过程，培养学生持之以恒的刻苦钻研精神，并且通过该案例了解银行客户的安全管理问题，对未来从事金融系统软件设计、开发和进入金融等行业工作的同学，培养了其严谨的工作作风和良好的职业素养。

2. 项目教学法

在"C#程序设计"课程的教学中,学期中后期教师将学生分成多个小组,让小组成员集体完成课程项目,真实模拟软件开发过程。每个人都参与到项目中担任不同角色,真实体会项目开发过程。课程项目都是从真实项目中截取的,涉及的知识面广,复杂性和综合性都很高。教师要求在完成项目的过程中组长要发挥带头作用,具有大局意识,要协调好成员之间的关系;小组成员要谦虚谨慎,相互鼓励,互相帮助,在功能实现中做到开拓创新,在代码调试和优化的互相学习中,做到精益求精。在项目开发过程中培养了每个学生面对困难时的耐心和战胜困难的意志力,增强了学生的责任担当和团队意识。

五、完善课程评价体系,强化课程思政实施效果

"C#程序设计"课程的考核改变了过去单一的评价考核方式,采用过程考核和结果考核相结合的方法,重视过程考核,并将思政内容纳入课程考核。

在课堂教学中,在每个知识点的讲解和案例分析中,潜移默化地引导学生思考,培养学生正确的价值观,与学生互动,让学生主动地融入课堂教学中,积极回答问题。

在平时的作业中,增加"算法论证"环节,让学生写出一个问题的所有解决方法,并选择一种,说明为什么选择这种方法。以此来考查学生是如何思考的,从中评判学生的思维方式和价值观,等等,作为考核的一个指标,提高学生的辩证思维能力,培养学生的创新开拓精神和严谨的科研态度。

在小组项目中,要求小组成员根据自己所完成的任务写一篇感想,以此判断学生的分工是否合适,对项目的领悟是否恰到好处,做的工作是否合格以及和团队成员关系的处理是否妥当,并在项目完成过程中检查学生的独立思考能力、问题解决能力、吃苦耐劳的工匠精神以及团队协作能力和创新能力。

期末考试以上机考核方式进行,考核过程增加思政内容,例如,编写代码要遵守各项语法要求,在学校要遵守学校各种规章制度和国家的各种法律,等等。方法的考核增强了学生的责任担当意识,程序调试的过程体现了对学生的耐心和战胜困难意志力的考核;期末考试进一步培养了学生独立思考、分析问题及解决问题的能力,培养了学生吃苦耐劳、面对困难的恒心和毅力以及战胜困难的意志力,很好地培养了学生的"工匠精神"。

最终学业成绩由平时成绩和期末成绩组合而成,各部分所占比例如下:

平时成绩(占40%)包括课堂表现成绩、作业成绩、实验成绩和项目成绩。其中,平时成绩=课堂表现成绩×10%+作业成绩×30%+实验成绩×10%+项目成绩×50%。期末

成绩（占 60%）：期末考试采用机考闭卷形式，主要题型为程序设计与综合应用题。

结 语

立德树人是高校教学的根本任务，本文叙述了"C#程序设计"将课程思政融于课程内容，优化教学内容，改进课程目标，提出了采用案例教学和项目教学来潜移默化地对学生实施思政教育，并将思政考核纳入课程评价体系，从思想上提高对课程思政的认识，实现教书和育人协同运行，培养德才兼备、全面发展的人才。

一流本科课程建设背景下"数据结构"课程思政研究与实践

丁林花　信息科学与工程学院

引　言

"数据结构"是计算机类专业重要的一门专业基础课,主要介绍如何合理地组织数据、有效地存储和处理数据、正确地设计算法以及对算法进行分析和评价;培养学生良好的程序设计技能、逻辑思维能力和对实际问题进行数据结构建模、算法分析和优化的能力。课程内容涵盖理论、实践和应用,线性表、栈和队列、树和图的逻辑结构、物理结构和操作实践,需要学生具有抽象建模能力、创新思维能力,常见查找和排序算法的性能分析、比较和优化能力;需要学生具备锲而不舍的研究精神和精益求精的"大国工匠"精神,利用数据结构和算法基本知识,解决实际应用问题;还需要学生具备团队合作意识和能力。以能力培养为目标,建设适应新时代要求的一流本科课程,必须将价值塑造融入知识传授和能力培养中,落实立德树人根本任务,推进课程思政建设。"数据结构"秉承一流本科课程建设要求,深入挖掘课程思政元素,有机融入理论教学内容、实践教学内容和考试考核内容中,利用信息化教学工具和平台,达到"润物细无声"的育人效果。

一、准确把握课程思政内涵,深入挖掘课程思政元素

"数据结构"课程遵循一流本科课程的建设要求,注重学生能力培养,必须将价值塑造、知识传授和能力培养三者融为一体,不可割裂。推进课程思政建设,就是寓价值观引导于知识传授和能力培养之中,帮助学生塑造正确的世界观、人生观、价值观。"数据结构"在一流本科课程建设过程中,一方面要提高学生正确认识问题、分析问题和解决问题的能力,培养学生的高级思维和工程素养;另一方面要注重强化学生工程伦理教育,培养学生精益求精的"大国工匠"精神,激发学生科技报国的家国情怀和使命担当。通过对教学内容的认真梳理,深入挖掘课程思政元素,以专题的形式进行有机融入,具体如表1所示。

表 1 课程内容和思政元素对应关系

专题	教学内容	思政元素（内容）
绪论	（1）数据结构 （2）算法	（1）采用案例法讲解同一逻辑结构的不同存储结构实现，培养创新思维 （2）通过分组讨论、课堂游戏，分析求证面对同一问题不同算法实现的算法差异，培养高级思维，树立精益求精的"大国工匠"精神 （3）通过分组完成课堂讨论，强化团队合作意识和沟通能力
线性表	（1）顺序表 （2）链表	（1）引入学科前沿，使学生了解相关专业和行业领域的发展态势，了解国家发展战略和行业需求，增强学生的职业认同感 （2）讨论一元多项式分别用顺序表和链表结构的多种不同实现，分析时空效率，培养学生的创新思维 （3）通过分组完成课堂讨论、大作业，提高语言表达能力和沟通能力，培养团队合作能力
栈和队列	（1）队列 （2）栈和递归	（1）引入生活中栈和队列实例，教育引导学生准确理解并自觉践行各行业的职业精神和职业规范 （2）引入应用实例，培养抽象建模和逻辑思维能力
树和二叉树	（1）二叉树及遍历 （2）树和森林 （3）哈夫曼树	（1）融入我国优秀文化名人家族，引导学生理解中华优秀传统文化的思想精华和时代价值 （2）引入高水平程序设计竞赛题目，培养学生抽象建模和编程的能力 （3）让学生课外阅读并理解贪心算法，强化学生的逻辑思维能力和算法分析能力 （4）通过分组完成课堂讨论、大作业，提高学生的语言表达能力和沟通能力，培养学生的团队合作能力
图	（1）图的术语和存储结构 （2）图的遍历 （3）图的应用	（1）引入我国高铁铁路图，展示我国自主研发高新技术，提升学生的民族自豪感，引导学生把事业理想和道德追求融入国家建设 （2）引导学生了解著名算法发明人的学习经历，树立终身学习精神 （3）引入拓扑排序、最小生成树、最短路径、关键路径等应用实例，强调基础学习的重要性 （4）引入高水平程序设计竞赛题目，培养学生的抽象建模能力和高级思维 （5）课外阅读动态规划算法，激发学生自主学习的积极性
查找和排序	（1）查找 （2）排序	（1）通过各种查找算法、排序算法的性能分析和比较，培养学生的辩证思维和精益求精的"大国工匠"精神 （2）引入高水平程序设计竞赛题目，培养学生的算法分析能力和编程能力 （3）课外查阅二分算法、分治法、快速排序、堆排序相关论文和应用实例，培育学生的研究精神和工程素养

二、深化教学内容，创新教学模式，全面渗透课程思政

"数据结构"课程遵循"两性一度"的"金课"建设标准，通过深挖课程思政元素，以能力培养为目标，教学内容全面渗透思政内容，创新教学模式，利用教学信息化工具和平台，潜移默化思政育人，改革考核方式，保障思政育人培育成效，实现价值塑造、知识传授和能力培养的有机统一。

（一）提升教学内容高阶性，以能力培养为目标，全方位融入思政元素

引入学科前沿应用和高水平程序设计竞赛，提升教学内容的深度和广度，培养学生解决复杂问题的综合能力和高级思维；恰当融入思政内容，从理论教学内容到实践教学内容全面渗透价值塑造。比如学习"单链表"时引入区块链技术，让学生了解国家发展战略和行业需求，增强学生的研究兴趣，激发学生的研究动力；学习"二叉树"时，以大作业的形式让学生任选一位我国优秀传统文化名家，完成家谱操作，学生在查阅资料的过程中，理解中华优秀传统文化的思想精华和时代价值，传承优秀传统文化；在学习"图"时，以我国高铁线路图引入，使学生认识到技术创新的重要性，提升学生的民族自豪感。在实践方面，高水平程序设计竞赛题目同样可以融入思政教育。比如在"图的搜索算法练习"中，以地道战中房连房、街连街、村连村的地下工事网为背景进行介绍，既培养了学生的抽象建模能力，又使学生了解了前辈们艰苦卓绝的战争生活，"润物细无声"地渗透爱国主义教育。

（二）创新教学模式，引学习之欲，多维度渗透思政教育

授人以鱼不如授人以渔，授人以渔不如授人以欲，"数据结构"课程采用线上线下混合式教学模式，并在理论教学中引入"雨课堂"信息化教学工具，提高课堂学生参与度，激发学生主动学习的热情和动力；在实验教学中引入 PTA 在线评测平台，采用分层实践教学体系，促进学生能力持续提升。通过以上方式，在信息化教学过程中全方位多渠道渗透德育教育，潜移默化思政育人。

1. 推进教学手段信息化、多元化，引学习之欲，促能力提升

采用"在线视频+雨课堂+PTA"的信息化教学模式，将教学过程分为三个环节。课前利用雨课堂给学生布置线上学习任务，学生自主完成在线视频学习、课件预习以及 PTA 练习题中的选择题和判断题，培养学生的自主学习能力；线下教学解决重难点和实际应用问题，灵活使用雨课堂弹幕、投稿、分组等功能，提高课堂活跃度和学生参与度，采用课堂游戏、师讲生练、生讲生练、边讲边练、以讲代练、分组讨论等

多种课堂教学模式,培养学生的创新思维和团队合作意识。线下课堂和课后通过PTA函数题和编程题进行知识巩固、能力拓展,培养学生抽象建模能力和实际应用能力。

课堂教学采用案例式教学方法,形成"案例分析—编程实现—测试结果—优化思路—实际应用"的良性学习过程。比如在学习"算法时间复杂度分析"时,以斐波那契数列为例,学生分组合作分别用迭代法和递归法实现,直观感受线性级和指数级时间复杂度效率差距,再深入分析递归实现效率低下的原因,培养学生的算法分析能力,强化学生的算法优化意识,然后再提出"青蛙上台阶"、矩形覆盖等应用问题,引导学生将具体应用建模成斐波那契数列,培养学生的抽象建模能力。

实践教学实施"三层次三梯队"的实践教学模式,建设"低中高难度全面覆盖"的实践资源,提供"基础篇、提高篇和高水平ACM"三个层次的题集,让无论是编程低手、编程能手还是编程高手都能够学有自信,学有所长,逐步提高。ACM实验室成员分成"蓝桥杯、天梯""ACM省赛""CCPC/ICPC"三个梯队,培养学生创新能力、团队精神和在压力下编写程序、分析和解决问题的能力。

2. 信息化教学多维度渗透德育,潜移默化立德树人

(1)雨课堂课件中加入名言警句,使学生树立正确的世界观、人生观和价值观。

(2)PTA题目集公告中加入著名算法发明人的个人学习经历介绍,使学生树立终身学习的观念。

(3)QQ群发布计算机专业相关研究领域、行业应用、人才事迹等视频和新闻,激发学生的学习动力和科技报国情怀。

(4)利用PTA平台"随机组卷""监考""代码查重"等功能避免抄袭,树立学生独立自主的学习观念,实施诚信教育。

(三)加大考核内容挑战度,验学习之效,多角度切入思政培育

学生学习评价采用过程性评价方式,最终学业成绩由在线课程成绩、雨课堂成绩、PTA实验成绩、期末考试成绩和平时成绩加分构成。在线课程主要考核学生自主学习态度和行为,雨课堂成绩主要考核学生课堂对知识的掌握程度和灵活运用能力,PTA实验主要考查学生编程和实际应用能力,期末考试主要考核学生的抽象思维和建模能力,平时成绩加分主要依据课堂表现和小组讨论作业。

考核内容以研究性、创新性、综合性问题为主,增强学生经过刻苦学习收获能力和素质提高的成就感;鼓励学生小组讨论,培养团队合作意识和沟通能力。考核内容以我国传统文化、国内民生时政热点为切入点,潜移默化思政育人。比如树和二叉树专题,让学生从我国优秀传统文化代表人物入手,小组合作完成家谱管理。学生在搜

集资料的过程中,自然感受到我国优秀的传统文化和民族精神的魅力,从而将这种精神转化为学习专业知识的动力。又比如期末考试,以我国抗击新冠肺炎疫情为背景,以众多志愿者为社区运送生活物资为模型,考察学生的抽象建模能力、算法分析和实现能力。学生在建模分析过程中,重温抗疫经历,感受伟大抗疫精神,树立学生文化自信和爱国主义精神,达到思政教育润物无声的效果。

(四)全程跟踪学生学习动态和能力发展轨迹,保障课程思政育人成效

有效利用在线课程、雨课堂和在线评测系统 PTA 的数据统计和跟踪功能,准确把握学生的学习动态和能力现状,进行分类指导,给学生提供个性化学习和发展的有效途径。

通过在线课程和雨课堂的学习进度统计数据,能够及时掌握每个学生的自学进度,对于学习进度落后的学生及时督促,帮助学生克服懒惰和畏难的心理,培养自主学习的能力。

"数据结构"是一门需要通过大量实验和实践,动手写代码找 bug、优化思维的课程,因此,每次课都要留出一定时间让学生在 PTA 上进行编程实践,通过 PTA 的提交列表可以关注到每个学生出现的编译错误、部分正确等,通过排名关注学生没有得满分的题目;通过打开学生代码快速定位错误,通过 QQ、微信等网络工具,与学生及时互动交流,帮助学生及时走出各种思维误区,提升学生课上代码量,提高学生的编程兴趣。而在课后,学生会通过 QQ 询问代码错误问题,此时教师不要直接告知错误原因和位置,而是引导学生构造相应输入用例,引导学生自己测试找 bug,提高学生调试程序的能力,对于思维误区和代码错误的共性及时记录,下节课留出时间进行点评和总结。

在给学生答疑解惑的过程中,注重引导学生独立思考,锻炼学生自己发现问题、解决问题的能力,培养学生坚持不懈、勇于创新的精神。

结 语

"数据结构"按照一流本科课程"两性一度"的建设原则,深化教学内容,创新教学模式,借助信息化教学工具和平台,将爱国情感、文化传承、民族精神、职业素养、科学探究精神、辩证思维、创新思维、工程素养等思政教育元素融入课堂教学、实践教学、课外训练的全过程,实现价值塑造、知识传授和能力培养的有机融合。本课程将继续深挖知识体系中所蕴含的思想价值和精神内涵,合理拓展专业课程的广度、深度和温度,将显性教育和隐性教育相统一,形成协同效应,达到立德树人的目的。

不忘教师初心，思政育人先行

——"单片机原理及应用"课程思政的实践与探索

张德伟　信息科学与工程学院

 引　言

课程思政既是学校教育原本的回归，也是对现实学校教育教学的纠偏。"单片机原理及应用"作为省级一流本科课程，也作为通信工程专业的专业核心课程，在教学改革的进程中，始终坚持不忘人民教师初心，思政育人先行，寓价值观引导于知识传授和能力培养之中，"春风化雨，润物无声"，帮助学生树立正确的世界观、人生观、价值观。课程组不断进行课程教学内容改革和教学模式改革，培养学生对本专业的热爱和好奇心，点燃学生探索专业领域的激情，充分调动每个学生的潜能，培养学生家国情怀，塑造学生正确的人生态度和价值取向，提升学生综合素养。

一、挖掘思政元素，润物无声地融入各个教学环节和教学内容

课程思政需要各学科从教学环节和教学内容两个基本路径上精细打磨。在教学环节上，要在准备环节注重预设，在实施环节关注生成，在总结环节有意提升，在练习环节精心设计，在实践环节积极拓展；在教学内容上，要对教学的知识、技术产生的背景进行阐析，对教学的技术、技能操作进行规范的意识教育，对教学的知识、能力进行价值指导。课程思政建设必须紧密结合各专业类课程的特点有机融入，让立德树人、铸魂育人做到"水滴石穿、润物无声"。

现结合"单片机原理及应用"的教学内容加以说明，如表1所示。

表1　结合课程教学专题所融合的思政元素

课程专题	专题内容	思政元素
专题一	单片机芯片介绍	用以往芯片被国外垄断（Atmel），现在由国产芯片替代（深圳宏晶STC系列芯片诞生并普及）的事实来激发学生的爱国情怀和民族自豪感；讲述国产芯片从无到有、从跟随到超越的历史，坚定学生白手起家、从零做起的底气和超越自我的信心

理 工 类

续表

课程专题	专题内容	思政元素
专题二	单片机最小系统介绍	通过每个硬件实验都要反复用到最小系统和引脚接线,强调基础知识的重要性,提醒学生沉下心来打牢基础,不要眼高手低;强调细节决定成败,大事是由小事构成的,只有静下心做好必要的一系列小事,才能成就大事
专题三	12864 显示二维码实验	由与时俱进的二维码显示扫描,扩展到动态图片显示和临沂大学校园风景展示,引入民间绘画大师摩西奶奶的励志故事,告诉学生学习从什么时候开始都不晚,点燃学生探索的激情
专题四	红外遥控综合扩展实验	介绍重要的模块化程序设计思想,并引申到模块化思维在思维方式、解决复杂工程问题方面的优势,引导学生正确看待个体与整体的辩证关系,培养学生归纳总结、举一反三的能力
专题五	PCB 制版设计	(1) 指出中国 PCB 制版和台积电纳米级芯片制造工艺的差距,激励学生学好专业知识,为提升中国芯片核心竞争力贡献自己的力量 (2) 面对纳米级芯片的追赶,常规思路是追赶,但是我国正在开发光芯片,可以颠覆光芯片的技术和光刻机技术,告诉学生科技发展是推动经济发展的第一引擎,以及思维方式转变的重要性
专题六	作品设计	(1) 结合课程内容,设计出有创新点的软件和 Proteus 电路仿真系统,其评分标准具有鲜明的区分度,学与不学区分很大,创新点和复杂度是区分成绩优秀与否的重要标志,从而激发出每个学生的学习潜能,达到最为理想的教学效果 (2) Proteus 电路仿真系统从属于工业软件,如 EDA 电路设计软件,从华为的 EDA 软件和哈工大的 MATLAB 软件被禁这件事,引导学生对中国工业软件的正确认识 (3) 工业软件不复杂,但是需要有几十年的专注开发和迭代更新,引领学生这方面的意识,培养学生坚持不懈的科研精神
专题七	动手维修电路板	告知学生要爱惜公共财物,课后要整理好自己的实验箱,清理好自己的物品,养成自觉遵守公共规则的习惯,培养社会公德和节约意识;通过让学生焊接修理损坏的实验箱,让学生体会到劳动的艰辛,从而自觉爱护公共财物
专题八	学生自评和互评	(1) 通过学生的自我评价,让学生能够对自己有一个合理的认识和定位。通过完成任务,让学生感受学习并达成目标的成就感和愉悦感,这种内部的愉悦感和成就感是推动我们坚持的深层动力,这种成就感的积累是自信心的垫脚石,坚信自己是能做成事的,用自己的闪光点和取得的成就增强自信,不妄自菲薄,并引导学生实事求是地面对问题,解决问题 (2) 通过学生互评,让学生客观看待别人身上的闪光点,从而自觉向榜样学习,提升正能量

续表

课程专题	专题内容	思政元素
专题九	适用整个教学过程中的所有专题	鼓励学生培养团队协作意识与和谐的人际关系，三人行必有我师，不能盲目自大，多交流多探讨，思维碰撞能产生很多惊喜，促使学生意识到当今社会单打独斗很难做成事情，在工作中要包容合作，更要追求共性，而不是追求个性
专题十	适用整个教学过程中的所有专题	树立正确的世界观、人生观和价值观，正确处理手机与主业的关系。人生的每个阶段都要不留遗憾，每天都要获得成就感。同样的任务和行程，有人气喘吁吁，有人有条不紊，有人乐此不疲，鼓励学生做那个乐此不疲的人，培养学生对本专业的热爱和好奇心，这样才能真正实现教育的初衷，即用一个心灵去启迪和点燃另一个心灵。鼓励学生不断尝试和探索，找到自己的使命和价值感，要发自内心地为之付出，要矢志不移地追求，让学生意识到人活着是需要有点精神的，要想得到需要先奉献、付出

二、不忘人民教师初心，思政育人先行

身为一名人民教师，一定要做到不忘初心，高度重视思政育人工作。全国时代楷模陈立群在他的论著《我的教育主张》中说："教育者最为重要的就是把外在的严格要求转化为学生自发、内在的强大动力。舍此，便不成其为教育。""教育，就是要把人性中的善在恰当的时机用恰当的方式引导出来，并付诸实践，绵延后代，完成人类精神文明健康和谐的传承。教育即心灵唤醒。"育人就是要用一个心灵去启迪另一个心灵，从每学期讲第一课开始，就要特别重视学生思想工作，从当代人和身边人的励志故事讲起，"润物细无声"地将思政元素融入专业教学中，培养学生不浮躁、不功利的作风。思想工作做通了，学生就会由"要我学"向"我要学"转变，学生也就会成为课堂的主体。

重视课堂思政，积极监管考勤。缺勤的同学通知到人，通过谈心、找原因，从思想根源上找出学生厌学的原因，不让一个学生掉队。本科教学不能只做精英教育，而要让每个本科学生都达标。配合课堂教学模式改革和学生学习评价体系改革后，学生学习态度发生了显著的变化，学生的内驱力大大提升。如每个学习单元要求当堂完成，现场验收实验结果，现场打出课堂表现分，引入竞争机制，营造"你追我赶"的学习氛围，由此激发了学生学习兴趣，提高了其创新动手能力。学生在教师的引导和任务驱动下自主学习，充分激发出了他们的主观能动性和创新能力，挖掘出了他们的好奇心，每一个创新点子都能通过自己编程、接线、下载调试来验证是否正确，每节课都能提升自信并获得成就感，使学生的学习真正实现了由"要我学"向"我要学"的转

变,学风得到实质性好转。

此外,教师还特别重视考场思政,坚持做好开考前的考场思政,把作弊危害性和严重性强调在先,通过社会上其他国家考试"作弊入刑"的鲜活例子,给学生敲响警钟,使学生不敢触碰作弊这一底线,作弊没了指望,学生只能平时下功夫学好每门课程,学风也就水到渠成地得到了改善。

三、着力提高课程吸引力,解决好传统教学中的痛点和难点问题

通过多年的探索,教师逐渐摸索出一套"趣味课堂"教学模式,把学生的吸引力拉到课堂里,并且以每节课的成就感与手机"抢眼球",从而有效消除了目前普遍存在的手机成瘾问题;同时把这种经验和模式传递给其他专业课教师,每个教师根据自己课程的特点,用心摸索适合自己课程的"趣味课堂"模式,使专业课程群建设形成"趣味课堂"模式。

教师围绕每个学习单元讲解相关基础原理知识,学生在教师的引导和任务驱动下自主学习,根据学生基础的不同制订不同的任务目标,使学生跳一跳就可以达到。要因材施教,使每个学生的潜能最大化,努力实现"两性一度"。

四、与时俱进,持续优化教学内容,改革课堂教学模式

为与时俱进适应社会需求,进行了符合 OBE 理念的教学内容改革。教师通过增加 PCB 制版设计环节,提高学生的竞争力,使他们增加就业机会。如在讲到"12864液晶显示屏"时,结合当下应用极为广泛的二维码,引导学生在百度草料生成器上生成任意二维码,通过探究学习,把自己生成的二维码导入到 12864 液晶显示屏上,并用支付宝或微信扫一扫,验证是否有相关字样,由此极大地提升了学生的"学习"兴趣,其动手能力和创新思维也得到了有效锻炼。

采用信息化手段展示学生学习效果,比如使用"雨课堂"让学生通过投稿功能上传自己完成的二维码图片或任意涂鸦作品(见图 1),并评出"最佳图片"。

点评时融入学科交叉融合思想和思政内容,如百岁老人摩西奶奶,80 岁开始绘画,创作了 2000 多幅(见图 2),以此启示学生:学习从什么时候开始都不晚。

为取得疫情下更好的教学效果,持续进行新的教学内容的尝试,传授给学生单片机 Proteus 仿真方法,"授之以渔",师生共赴云端"趣味仿真课堂",极大地调动了学生的学习积极性和自主学习兴趣,让学生充分体会到先苦后甜的成就感。完成的同学用 EV 软件录屏后上传 QQ 群,你追我赶,充分调动学生的好奇心和内在潜能,努力实现高阶性、创新性和挑战度。

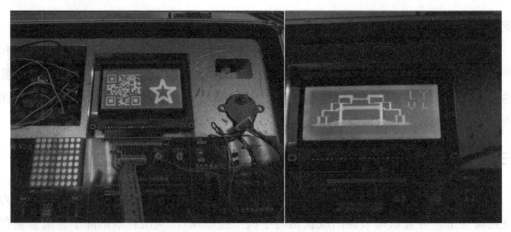

图1 "雨课堂"上传学生作品

图2 百岁老人摩西奶奶励志图片

五、探索灵活公平、"一分表现一分所得"的激励性过程评价体系

现在学生出现思想问题的一个重要原因是过程性评价体系不完善，存在"学"与"不学"、"做"与"不做"区别不大的问题，不能"一分表现一分所得"以提升学生学习的主动性和积极性。

在平时课程建设中，教师注意加强过程监控。平时课堂小作品的设计当堂验收，每个小组成员讲解演示，根据每人的不同表现打出有区分度的课堂表现成绩，用时越短，等级越高，形成一种"你追我赶、互帮促学"的良性竞争机制。这样课堂气氛活跃，教学效果极佳。

针对学生迟到现象，实施了"早到前十名"和"晚到后十名"纳入平时课堂纪律表现的策略，实行三次以后，迟到现象和办事拖拖拉拉的作风杜绝。

针对学生当前普遍的上课玩手机现象加大监控力度，发现一次，记录警告扣分一次，只要发现满三次，一律不准参加期末考试。有的学生被记录两次以后，再也没敢看手机。平时的过程中，监控老师开始要更辛苦一些，一旦严格按指定的制度实行，学生后期就会自觉遵守，从而有效消除了目前最大的手机成瘾问题。

此外，严格规范作品考试的答辩调试环节，6年来一直坚持答辩全程录像，将录像材料完好保存在移动硬盘里，为工程认证提供最宝贵的过程记录材料。这个过程也恰恰是教学过程中最缺失的一项。造假的材料，专家一眼就能看出。虽然这种方式费时费力，比较烦琐，但是过程材料每年都被完整地保存下来，作为最好的工程认证平时过程材料，可以清晰地再现本课程的发展历程。

六、爱生如子，仁爱为本，因材施教，营造温暖思政课堂

我国现代教育家夏丏尊说："教育之没有情感，没有爱，如同池塘没有水一样，没有水，就不能称其为池塘，没有爱就没有教育。"对学生有仁爱之心，教学过程中没有任何功利思想，把学生当作自己的孩子一样看待，没有一点架子，和学生交朋友，学生有了厌学或消极情绪，能及时沟通、疏导，把问题消灭在萌芽状态，这才是对学生真正的负责。要善于在教书育人和教学管理之中把温暖、无私的爱和课堂的激情传播到每个学生身上，尊重、欣赏、信任学生，因材施教，让每一个学生都享受成功的喜悦，并关注他们毕业后深造和学习工作的新动态。要严慈相济，春风化雨，俯下身子与学生交朋友。始终保持一颗好奇心和探究心，与学生共同进步，真正做到教学相长。

结 语

通过"润物细无声"的课程思政，育人于细微之处，善于捕捉每个学生的闪光点，并及时鼓励赞扬，最大限度地调动学生的内驱力。在课堂上认真观察学生细微的行为和思想变化，早交流，早疏导，把思想问题消灭在萌芽状态。针对每个教学专题用心挖掘思政元素，适时进行爱国情怀和民族自豪感教育、社会公德教育，激发专业兴趣，加强好奇心引导，引领学生发扬创新精神，让学生享受到成就感和获得感，使每位学生都成为在专业领域里乐此不疲的人，培养学生的终身学习理念。

"房地产市场学"课程思政设计与探索

郑家庆 土木工程与建筑学院

 引 言

课程思政建设是课程建设的时代要求,是认真贯彻"立德树人""全程育人""全方位育人"的重要抓手,是切实践行"各类课程与思想政治理论课程同向同行,形成协同效应"的基本着力点,因此,课程思政内容设计成为了课程教学的首要问题。具体到"房地产市场学"课程建设而言,"房地产市场学"课程思政内容设计已成为十分迫切的现实要求,因为该课程是房地产开发与管理专业的核心专业必修课程,是为适应我国房地产经济发展的需要而创建的新兴学科,是应用经济学、市场营销学、管理学的基本理论和方法结合房地产经济活动的特殊规律所创建的交叉学科,是一门实践性很强的应用学科。基于该门课程在房地产开发与管理专业课程体系中的地位、性质、特点,在进行课程基本理论、技能、研究方法等内容的选取与设计时,尝试将红色文化基因融入课程知识体系,立足沂蒙精神素材探索,将劳动创造价值、诚信赢得顾客、注重社会责任担当、遵循经济伦理规范等理念与课程相关内容有机结合,把思政教育目标与"房地产市场学"课程培养目标(房地产市场研究与分析能力、营销方案策划能力、营销渠道选择能力、营销活动的组织管理与控制能力)有机结合,正确辨识房地产市场营销推广中的"抄袭""炒作""欺诈""投机"等非正常现象,自觉抵制以无底线的网红、直播为表征的众多线上营销乱象,引导、教育学生树立正确的世界观、人生观、价值观,形成符合社会主义核心价值体系要求的利益观,以课程思政助力专业思政建设,推动立德树人实践创新,答好"培养什么样的人、如何培养人以及为谁培养人"这一根本问题的时代答卷。

一、用正确的理念指引课程思政内容设计

只有正确的理念才能指明行为的正确方向,因此在"房地产市场学"课程思政建设中必须将"坚持正确理念"作为前提条件。

(一)强化劳动创造价值理念,正确把握客户满意与顾客关系营销内涵

实践"坚持价值性与知识性相统一"这一要求,就课程内容来说,应选择客户满

意度与顾客关系营销作为房地产市场营销管理教学内容的两大抓手。常规参考资料中仅提示提高顾客满意度是进行房地产营销的前提,而对如何从根本上提高顾客满意度及顾客关系营销辨析则多未涉及。因此,在该部分增加师生互动讨论,以问题导向方式强化劳动创造价值理念,形成"客户满意(或不满意)因为什么——因为得到利益多(或少)——利益从何处得来——利益源于价值增值——价值增值来自何处——价值增值来自劳动创造"这一逻辑推理,进而导出通过提升房地产营销服务质量实现服务增值来增强客户的获得感,坚持通过劳动创造真实服务附加价值而不是通过过度包装形成虚假附加值,坚决避免一味牺牲企业利润与片面让利于客户,变相实行增加财务利益、增加社交利益、增加结构联系利益的理论方法,抛弃鼓励"投机"营销的错误观念。教学过程设计环节,可以让学生通过"问卷星"等专业互联网工具进行模拟操作,把课程思政落到实处。

(二)树立"防火墙"意识,把握"互联网+"营销

贯彻互联网思维无疑是"房地产市场学"课程的必备内容,通过设计微信、微博、App 小程序直播等方式进行营销推广,利用 VR/AR 等技术增强客户体验,实施社群精准营销、网红带货营销,充分挖掘新媒体、自媒体、融媒体优势,构建线上线下相结合的房地产市场营销管理体系等课程内容,来体现"房地产市场学"课程内容拓展的发展趋势。但是,在肯定数字化为课程内容扩展带来的正向意义的同时,必须树立"防火墙"意识,通过加强课程思政教育内容设计(如杜绝直播中依靠低级趣味形式博眼球来扩大粉丝圈、使用美化工具渲染塑造房地产商品房形象要合理有界、使用规范语言),结合房地产法律法规制度,增加国家互联网安全法律法规的学习内容,筑牢互联网安全篱笆。

(三)坚守经济伦理规范,构建正确的利益观

随着我国房地产市场的迅速发展,房地产已经成为社会经济的晴雨表,其行业地位十分突出。据统计,2018 年中国房地产 GDP 达到 59 846 亿元,占当年全国 GDP 的 6.55%,仅全国房地产 500 强企业就售出商品房 7.16 亿平方米,同比增长 12.58%,销售额达到 9.9 万亿元新高,同比增长 17.1%,全国 500 强房地产企业的市场份额分别为 41.73% 和 66.01%,同比分别提高 4.17 和 2.77 个百分点。这种市场局面,也预示着企业、个人、社会利益日益纷繁复杂,难免诱发各种利益博弈。当今世界,构筑人类命运共同体已经成为国际社会的普遍共识,经济全球化潮流不可逆转,中国房地产企业走向国际市场将是发展趋势。因此,作为培养房地产领域未来人才的一门课程,除了原有法律法规的"刚性"内容外,还要增加以道德规范为核心的经济伦理"软性"

内容，从而实现全面育人的教学目标。经济伦理是经济交往中人与人之间应当遵循的行为规范，经济伦理的实质是人们在经济活动中行为心理和行为表现的管理与规范。通过经济伦理内容的教学，使学生充分认识到协调人际关系、促进社会经济活动的有序规范和强化职业道德、净化职业环境的重要性，在走向职业生涯之前就牢固地树立"两手都要抓""两手都要硬"的思想观念。

二、立足课程内容，构建体现课程思政元素的教学内容设计体系

思政元素是课程思政的具体体现，以"房地产市场学"课程章节内容为基本依托，充分挖掘思政元素，结合房地产企业营销管理中弘扬井冈山精神、延安精神、西柏坡精神、沂蒙精神的典型事例，将红色文化基因贯穿到教学内容体系中。

（一）在概念基本含义中强调社会责任认知

坚持政治性与学理性相统一，是落实课程思政的最基本要求。"房地产市场学"课程理论中，市场营销学是主要的参考理论，其来源是欧美学者的学术成果，其研究背景的突出特点是西方的完全自由市场，因此其出发点必然是公司利润、个人利益高于一切，这必然会在概念的表述上反映出来。而中国共产党领导是中国特色社会主义最本质的特征。党的根本宗旨是全心全意为人民服务，这就要在教授相关概念时必须根据我国国情、教育方针政策来补充增加课程思政内容。例如，针对房地产市场营销的概念，在保持"房地产市场营销是依据市场营销的理论和方法，按照房地产市场的特点，以房地产产品为交易对象的市场营销，包括房地产公司战略规划、房地产市场营销过程、房地产营销管理"等内容的同时，增加"房地产公司履行社会责任、执行国家'房住不炒'政策、实践生态宜居城市、创建美好生活"等内容。教学过程设计方面，通过让学生在互联网上搜索我国著名房地产企业承担社会责任的文章来加深认知。如介绍万达项目"丹寨小镇"的打造，碧桂园对贫困家庭学生的帮扶，历次重大自然灾害救灾及抗击非典、新冠肺炎中国房地产企业的义举与作为等资料，并结合本地房地产企业的社会责任担当事例，进行课堂讨论，体会沂蒙精神内涵，加强概念学习中的社会责任认知。

（二）科学探索符合课程思政要求的教学大纲增订与课程章节内容设计，构建课程思政完整体系

按照"坚持建设性与批判性相统一"的要求，选取合适的思政素材，通过科学论证后，将红色文化基因内容增加到对应的"房地产市场学"课程大纲中，在专业课教学中使思政知识与专业知识有机结合，相互支撑，形成体系，构成包含丰富的课程思

政内容的新"房地产市场学"课程内容设计的完整体系(见表1),让课程思政教学工作落地生根,开花结果。

表1 "房地产市场学"课程思政内容设计要点

章 节	相关专业知识点	对应思政元素知识点
第1章 房地产市场与市场营销 第1节 房地产市场	(1)从卖方市场到买方市场的发展史 (2)房地产市场即房地产消费者	(1)社会主义道路是中国社会发展的历史必然选择:道路自信 (2)现阶段我国社会主要矛盾:人民日益增长的美好生活需要和不平衡、不充分发展之间的矛盾
第1章 房地产市场与市场营销 第2节 市场营销	(1)市场营销概念 (2)市场营销理论演化	(1)中国共产党领导是中国特色社会主义最根本的特征,社会责任是社会主义市场营销观念的必然要求 (2)新冠肺炎疫情防控成效证明中国特色社会主义理论的科学性与先进性:理论自信
第2章 房地产公司战略管理与市场营销管理活动 第1节 房地产公司战略管理	(1)公司战略制定条件分析 (2)营销战略目标	(1)我国基本国情与社会主义市场经济制度确立:制度自信 (2)两个一百年奋斗目标
第2章 房地产公司战略管理与市场营销管理活动 第2节 房地产市场营销管理活动	(1)营销策划与营销管理活动 (2)角色定位	(1)国民经济规划与实施 (2)红色文化与营销战略制定
第3章 房地产市场营销环境 第1节 房地产市场营销微观环境	竞争对手研究	华为公司应对美国打压
第3章 房地产市场营销环境 第2节 房地产市场营销宏观环境	政治与法律环境	"房住不炒"政策解读
第4章 房地产市场调查与研究	市场问卷法选择	美国双重标准伎俩揭秘
第5章 房地产消费心理与行为	需要层次理论应用	利用心理学原理服务房地产营销,不忘诚信文化
第6章 房地产市场竞争分析	核心竞争力与竞争态势	科技创新是核心竞争力,关键核心技术必须掌握在自己手里
第7章 房地产市场细分	(1)市场细分 (2)准确项目市场定位	(1)实事求是尊重客观规律,反对形式主义 (2)房地产营销服从房地产属于服务业的基本定位
第8章 房地产市场营销产品策略	(1)品牌策略 (2)新产品开发策略	(1)以社会主义核心价值观强化品牌策略 (2)倡导大学生创新创业活动
第9章 房地产市场营销价格策略	房地产价格的主要影响因素	认真执行国家房地产政策法规,坚持房住不炒

续表

章　节	相关专业知识点	对应思政元素知识点
第10章　房地产市场营销渠道策略	房地产市场渠道决策	倡导互联网+渠道整合、互联网+创新创业
第11章　房地产市场营销促销策略	（1）广告策略 （2）营业推广策略 （3）公共关系策略 （4）人员推销策略	（1）红色文化助力房地产营销广告策划 （2）营业推广中的靓丽色彩：红色文化 （3）沂蒙精神助力房地产企业形成扶贫、服残、助学、帮老等社会责任意识 （4）遵守职业道德，践行社会主义核心价值观；依法进行房地产经营活动
第12章　房地产市场营销顾客满意分析	（1）顾客满意 （2）顾客关系营销	（1）劳动创造价值 （2）平衡企业、消费者、政府等社会公众的经济利益
第13章　房地产市场营销计划编制	计划制订与计划评审	职业生涯规划与国家规划、民族复兴战略一致
第14章　房地产市场营销组织与控制	（1）房地产市场营销组织形式 （2）房地产市场营销组织控制	（1）正确认识营销组织接受党的领导的现实意义 （2）沂蒙精神与房地产营销组织文化建设：文化自信

三、强化考核，确保课程思政建设取得良好效果

课程思政建设必须注重教学效果，只有重视课程思政教学评价，才能做到不忘初心，砥砺前行，防止课程思政建设流于形式。为此，要结合课程思政教学大纲的增订来修订课程考试大纲，通过考纲的规定来保证课程思政建设的落实。其主要通过制定《房地产市场学课程考核方案》来实现（见表2），通过规定平时考核与期末考核命题要求，规定课程学业成绩构成中的课程思政考核固定比例，也就是从增加课程思政考核评价指标角度确保落实，以考评手段促进课程思政建设。

表2　"房地产市场学"课程思政考核方案要点

项　目	课程思政平时考核	课程思政期末考核
考核要求	（1）体现对课程思政元素的理解 （2）反映课程思政阶段性效果	（1）体现对课程思政元素的掌握 （2）反映"房地产市场学"教学课程思政目标检验
考核形式	（1）课堂：学习小组专题讨论（赋分） （2）课外作业：题目限时提交（赋分）	笔试
典型体例	（1）专题讨论：从"卖方市场发展到买方市场的必然性"，正确理解"社会主义道路是中国社会发展的历史必然选择" （2）课外作业题型：名词解释、选择题、判断题、简答题	（1）策划题：如何将红色文化符号融入房地产营销广告中 （2）分析题：房地产营销中的"房住不炒"政策与"两个一百年奋斗目标"关系分析

续表

项 目	课程思政平时考核	课程思政期末考核
考核比例	总体平时成绩（50%）构成中的 30%，其中专题讨论占 10%，课外作业占 20%	总体期末成绩（50%）构成中的 20%
考核评价	（1）正确性把握 （2）积极的引导性反馈	（1）做好课程思政考核成绩分析 （2）针对考核成绩反映出的问题进行教学改进

 结　语

综上所述，通过强化劳动创造价值、筑牢"防火墙"意识、坚守经济伦理规范理念，构建并落实立足"房地产市场学"课程内容、体现课程思政元素的课程内容设计体系，必定会推动立德树人实践创新，帮助当代大学生树立正确的世界观、人生观、价值观，使他们形成符合社会主义核心价值体系要求的利益观，成长为有助于中华民族伟大复兴的合格人才。同时，也必须指出，教师是课程思政建设的主体，"打铁还需自身硬"，课程思政建设对教师思政素养提出了新的更高要求，这就是教师传道要在自己先行明道、信道的前提下，不断增强思想政治教育的针对性、时代性，将课程思政的内容有机地设计进专业课程，充分用好课堂教学这个主阵地，以德立身，以德立学，以德施教，做一名践行先进思想文化的传播者。只有如此，教师才能担负起学生健康成长的指导者、引路人的责任，让爱党、爱国、爱人民的情怀深深扎根在每位学子心中，从而更加有效地增强学生的学科自信和文化自信，培养学生的家国情怀和使命担当，使其自觉将个人价值与社会价值相结合。

春风化雨，润物无声

——"房地产经济学"课程思政教学探索

武晋一 土木工程与建筑学院

 引 言

"房地产经济学"是面向房地产开发与管理专业学生开设的一门专业必修课程，旨在使学生具备房地产经济理论基础、掌握房地产经济分析方法，能够开展房地产经济综合管理、房地产市场分析、房地产政策评价等基础工作，具备向房地产开发与管理相关领域扩展渗透的相关专业能力。

在专业学习的初期阶段，学生普遍存在对我国房地产行业发展不了解、对国家实施的房地产制度政策不熟悉不理解、对职业发展路径认识不清晰等问题。因此，作为一门专业基础课程，"房地产经济学"课程在实施过程中，需要引导学生正确认识我国房地产行业发展状况，正确理解房地产经济领域实施的各项制度政策，使其坚定"四个自信"；需要引导学生理解并自觉践行房地产行业的职业精神和职业规范，使其在社会价值创造过程中明确自身价值和社会定位。为此，课程教学团队在对学生的学习特征、成长规律和价值取向等进行分析的基础上，结合"房地产经济学"课程特征，确定好课程思政的切入点，在优化教学内容、改进教学方法、完善评价机制等方面不断进行探索，在专业知识的讲授过程中有意识地让学生接受知识传承和价值引领双重任务的训练，做到"润物无声"，立德树人。

一、结合行业与专业特点，找准课程思政切入点

"房地产经济学"课程中蕴含着丰富的思政教育元素，为提高课程思政教育的有效性，课程教学团队结合行业发展与专业特点，将以下三个方面作为课程思政主要切入点。

（一）了解国情民情，培养家国情怀

培养大学生的家国情怀，有利于引导大学生强化责任担当意识，把个人理想追求与国家民族命运维系在一起。"房地产经济学"通过向学生介绍我国在房地产经济领

域实施的相关政策、房地产行业发展的最新进展,把家国情怀自然渗入课程内容中。比如,在介绍"房地产市场"一章时,采用"热点植入"的方式,将人口老龄化、供给侧结构性改革、新冠肺炎疫情影响等相关热点融入课程内容,让学生通过社会调研、专题讨论、聆听专家报告等方式,了解我国房地产市场发展面临的新形势以及国家为保障"住有所居、老有所养",实现房地产经济持续稳定发展所实行的产业、土地、税收、金融等方面的政策,让学生深入理解我国实行的各项房地产政策始终坚持以人民为中心,将增进人民福祉、促进人的全面发展作为出发点和落脚点这一特点,从而让学生将对中国房地产经济及房地产行业发展的认知,转化为深厚的家国情怀和强烈的使命感。

(二)纵观发展成就,坚定"四个自信"

在改革开放40多年的时间里,中国房地产经济从无到有,从小到大,一直发展到如今十几万亿元的规模,在提高人民居住水平、带动产业发展、拉动经济增长等方面取得了非凡的成就。从房地产经济发展的角度,阐述中国改革开放取得的成果,可以使学生切实地感受到在"有效市场"和"有为政府"的共同作用下,中国经济具有的巨大韧性与活力,这也是中国特色社会主义道路的优势体现。

受新冠肺炎疫情影响,世界各国经济都陷入严重衰退,只有中国经济"风景这边独好"。中国房地产经济在短暂停滞后快速复苏,二手房市场成交量价齐升,新房市场持续复苏,降幅收窄,这在很大程度上取决于有效的疫情防控增强了人们的消费和投资信心,这也是我国国家制度和国家治理体系的显著优势在房地产经济领域的集中体现。

另外,在介绍地租地价理论、区位理论、经济周期理论时,将西方经济学理论与马克思主义理论、中国特色社会主义理论相对比,结合中国经济实践的成功经验,可以增强学生对中国特色社会主义经济理论的自信。

(三)通过角色定位,树立正确的经济伦理观

经济伦理从个人层面来讲,主要涉及个人利益关系和道德价值取向,每个人做任何事情都应该按照经济发展规律主动承担相应的社会责任,不能为了个人利益、短期利益、局部利益而损害公众利益、长期利益和整体利益。比如在讲授"房地产需求"内容时,强调居住性需求是最基本的需求,"房住不炒""租购并举"等政策的实施,主要目的是保障人民居住权利、保证经济的平稳发展。进一步引导学生在作为需求主体时,要树立正确的消费和投资理念,适度消费,理性投资;在作为市场供给主体时,要以人为本,以市场需求为导向,积极应用新材料、新技术为社会大众营造良好的生产和生活空间,严把产品质量关,在追求经济利益的同时,将社会效益、生态效益相融合,积极承担相应的社会责任。

二、挖掘思政元素,优化课程内容

"房地产经济学"课程教学团队对课程每一章节的教学内容重新进行了梳理,将课程内容在原有框架的基础上进行了优化完善,重点挖掘课程中的思政教育元素(见表1),遴选合适的案例有机融入课程并固化于教学大纲中,以凸显课程思政的生动性和专业性,使知识目标、能力目标和价值观目标实现有机统一。

表1 "房地产经济学"课程思政元素与教学内容的融合

章 节	思政映射与融入点	课程思政教学设计	预 期 成 效
第一章 房地产与房地产业	改革开放后我国房地产业发展成就	观看视频资料,通过小组讨论方式探讨中国房地产经济蓬勃发展的根本原因	培养家国情怀,坚定中国特色社会主义道路自信
第二章 地租理论	马克思主义地租理论的科学性,社会主义地租的本质	在自主学习的基础上,引导学生阅读相关材料,进行对比分析和讨论	认识马克思主义理论的历史地位和当代意义
第三章 区位理论	融入耕地轮作休耕试点、国土空间规划(包含居住空间)、产业集群发展、新型城镇化战略等内容	通过文献阅读指导,开展科研训练	增强对"两山"理论、国土空间规划、新型城镇化等的政治认同、思想认同、情感认同
第四章 房地产市场	人口老龄化、新冠肺炎疫情对市场供求的影响,供给侧结构性改革内容	设计开放性题目,进行市场调研,形成市场分析报告,并进行课堂展示	树立正确的经济伦理观,对我国社会主义市场经济体制有正确认识
第五章 房地产价格	房价过快上涨带来的影响,理解"房住不炒"	通过科研训练,正确评价各影响因素对房地产价格的影响,形成研究型论文	形成政治认同,培养和提升创新意识,提高科学素养
第六章 房地产产权制度	我国城镇土地制度改革,住房制度改革的巨大成就	观看视频资料,阐述观后感	体会中国特色社会主义制度的优越性,增强制度自信
第七章 房地产经济波动	后疫情时代房地产经济的复苏与发展	聆听专家讲座,进行市场调研、收集资料分析疫情对房地产市场的影响	认识我国国家制度和国家治理体系的显著优势,坚定"四个自信"
第八章 房地产经济宏观调控	房住不炒,租购并举,养老地产发展	在广泛阅读文献的基础上,梳理近年来房地产经济调控措施,分析其目的和作用	客观认识中国房地产经济发展形势,增强分析问题及判断决策的能力

三、改进教学方法，提高学生参与度

课程思政要取得良好的教学效果，需充分调动学生的积极性。为此，在"房地产经济学"课程教学过程中，广泛采用专题讨论、案例分析、文献阅读指导、社会调研、讲座、科研训练等方法，通过创设情境，尽可能让学生参与到课程实施中，发挥学生的主体作用，引导学生通过独立思考、亲身实践，坚定理想信念，培养家国情怀，勇担民族复兴大任。

比如在介绍"房地产经济波动"一章时，采用了课堂讲授、讲座、社会调研相结合的方法。在课堂讲授经济波动基础知识和基本理论的基础上，让学生利用课外时间聆听专家讲座——"后疫情时代房地产市场的变化趋势"，了解疫情对房地产市场的影响、后疫情时代房地产市场的变化趋势及政府调控思路。另外还安排了课外训练项目，让学生收集整理所在区域房地产市场的发展资料，对房地产经济波动进行实证分析，形成报告并进行了课堂展示交流。多种方法的综合应用使学生对经济波动的原因、政府调控对经济波动的积极作用和中国特色社会主义制度的优越性有了深刻认识。

另外，在课程实施过程中充分利用网络多媒体教学，借助"雨课堂"智慧教学工具、课程QQ群等平台，打破课程思政教育的时空界限，将与房地产经济相关的社会热点及时发送到网络平台，引导学生就此展开讨论并及时解决学生的思想困惑，让思想政治教育真正走进学生内心，发挥舆论的正确价值导向作用。

四、完善评价机制，科学测评思政教学效果

专业课程思政通过一种潜移默化的作用，对学生的思想行为形成一定的影响。对学生学习效果进行评价时，需要将学生的认知、情感、价值观等内容纳入其中。为此，对照"房地产经济学"课程的知识目标、能力目标、价值观塑造目标要求，结合学习主体特征，课程教学团队进一步细化评价指标，规范评价标准，对学生的学习态度、学习行为及学习效果等开展多主体、全过程、全面综合评价。在评价主体上，采用教师评价、学生自评、小组/同学互评相结合的方式，使得评价结果更科学、更客观，学生对课程的参与度与满意度也不断提高。在评价方式上，在传统结果评价的基础上加大过程性评价比例，如将出勤、发言次数与回答情况、调查报告质量、课堂展示效果等项目纳入平时成绩评价中。课程评价向"课内+课外""线上+线下""理念+行为"等综合模式转变。

结 语

课程思政是落实立德树人根本任务的重要举措,也是完善全员、全程、全方位"三全育人"的重要抓手。要解决好培养什么人、怎样培养人以及为谁培养人的问题,专业课程需要紧扣育人方向,明确进行价值定位。"房地产经济学"在课程实施过程中,坚持价值塑造、知识传授和能力培养相融合,不断完善、优化课程内容,创新课堂形式,以增强学生对专业课程学习的专注度,引发学生的知识共鸣、情感共鸣、价值共鸣,让学生在专业学习中提升政治认知,提高道德素养。

课程思政融入"气象学与气候学"教学探索与实践

王轲道　资源环境学院

引　言

"气象学与气候学"是地理学科专业的一门专业基础课,其课程目标是使学生掌握"气象学与气候学"的基础知识与基本原理,熟悉和掌握气象与气候资料的搜集、整理与应用,将思想政治教育与课程理论相结合,向学生传递正确的世界观、人生观和价值观,让学生树立爱国主义思想。因此,在教学过程中应挖掘"气象学与气候学"课程内容和教学方式中蕴含的思想政治教育资源,将知识传授、能力培养和价值塑造三者融为一体,促进课程思政和"气象学与气候学"教学的融合。可见,遵循"立德树人"根本宗旨,研究如何将课程思政融入"气象学与气候学"的教学过程,对建立课程思政融入专业课的课程教学模式和提高"气象学与气候学"的育人效果,具有重要意义。

一、教学理念

（一）措施

教师的人文素养对学生的人文素质培养起着重要的作用。教师是高校育人和实现人才培养目标的关键因素,也是实施课程思政的主要力量,在"气象学与气候学"课程教学中实施课程思政,主要取决于任课教师"立德树人"的信念和能力,因此教师应起到榜样的作用,有牢固的育人意识、责任意识。课程思政是在教学过程中,教师有意、有效地对学生进行思想政治教育,在教学的上层设计上,要有把思政教育融进"气象学与气候学"教学内容的教学理念（见图1）。

（二）成效

把课程思政内容和教学内容进行有机结合,明确两者之间的关系,针对课程内容具体分析,寻找到"气象学与气候学"知识和课程思政知识之间存在的契合关系;在教学上,重点突出教学重点和中心内容,针对授课章节具体分析,注重深入挖掘课程

思政内容；注重课程内容和思政内容的结合，确保课程思政教学效果，制定与课程思政内容相关的教学内容，使学生既掌握了专业知识，又掌握了课程思政的内容。

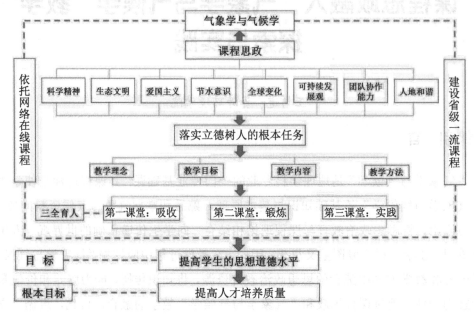

图1　课程思政融入"气象学与气候学"教学的技术路线图

将课程思政知识和"气象学与气候学"知识结合起来，不断提升课程思政的思想性和人文性，注重挖掘课程思政的知识内涵和知识广度。教师以专业化的态度感染学生，通过分析和研究课程思政的内容，认识到课程思政内容的价值和意义，在内心深处形成了良好的意识，从而将育人功能和课程思政内容有机结合起来，达到了"润物无声"的育人效果。

二、教学目标

（一）措施

修订"气象学与气候学"教学大纲，将课程思政纳入教学目标，新增了课程思政教学目标：将思想道德教育融入专业课程中，激发学生的爱国意识、强烈的自信心和民族自豪感，培养学生创新意识和创新能力；培养学生环保和绿色发展的低碳意识，提高学生道德素质，增强学生的社会责任感；注重培养学生的团队协作意识和集体荣誉感；培养学生的系统观、可持续发展观。

（二）成效

运用德育的科学思维，充分发挥了课程的德育功能，体现了课程的知识和文化价值,并具体、生动地转化成社会主义核心价值观的有效教学载体,将思想政治教育贯穿于课程教学的全过程,将教书育人的内涵落实到课堂教学中,让课堂有思政的味道,体现育人价值,在"润物细无声"的教学过程中,融入了精神层面的正确指引,培养了学生的爱国主义情感、创新意识、社会责任感、团队协作意识、集体荣誉感、系统观、可持续发展观。

三、教学内容

(一)措施

将课程思政的思维融入课程教学中,针对教学内容进行二次开发和研究,研发利用率高、教学效果好的教学课件,采用"查找资料+课堂讨论"的教学方法,通过线上和线下相结合的混合式教学模式开展教学,让学生更好地掌握课程思政内容和课程知识内容。课程教学团队通过理论联系实际,深挖教学内容中课程思政的融入点,其融入点的具体设计如表1所示。

表1 课程思政与"气象学与气候学"知识点的融合

章节	思政融入点	课程思政教学设计	预期成效
1.2	艰苦奋斗、精益求精的科学精神	案例式教学:以竺可桢创立气象研究所进行气象研究为例,着重介绍我国气象研究者的艰辛和付出	通过介绍"气象学与气候学"的发展过程,激发学生的学习兴趣,让学生形成要想成功,就必须付出艰苦努力的理念,培养学生艰苦奋斗、精益求精的精神
2.1	节能环保和爱国主义精神	案例式教学:介绍地面、地—气系统的能量平衡和大气稳定度	通过介绍地面、地—气系统的能量平衡和大气稳定度,激发学生的节能环保意识和爱国主义精神
3.3	节水意识、自信心、自然美的欣赏	探究式教学:讲解降水形成过程,用人工增雨体现科学家的坚持、创新,展示雪花自然之美	通过学习降水的形成过程和人工增雨,让学生切实体会到科研工作的艰辛,同时向学生展示雪与雪花的自然之美
4.4	创新意识和创新能力、关注全球变化	讨论式教学:从促使空气运动的力导入,指导学生讨论,再介绍大气环流的形成,使学生认识到学习大气环流的重要性	结合可持续发展、文化自信等方面,从知识与技能、过程与方法、情感态度与价值观等维度,让学生在充分了解大气环流的同时,理解研究全球变化的必要性
5.2	可持续发展观、绿色生态发展观	讨论式教学:讨论寒潮、台风等形成的原因,引导学生讨论不同纬度天气系统的成因,总结台风、寒潮等的特点	启迪学生生态文明思想,使学生增强生态文明理念,通过对灾害天气学习,培养学生注重环保、树立人与自然和谐发展的全局观,培养可持续发展观、绿色生态发展观

续表

章节	思政融入点	课程思政教学设计	预 期 成 效
6.1	系统观、可持续发展观	案例式教学：通过讨论系统的特征等，让学生掌握系统的观点；讨论气候系统的演化，掌握可持续发展的观点	结合学习气候系统的特征，让学生讨论掌握系统的分类、特点和能量平衡；在讨论掌握气候系统形成演变的基础上，掌握可持续发展的观点
7.1	爱国主义精神、团队协作能力	案例式教学：说明周淑贞气候分类法的特点；整理气候资料，说明团队合作的重要性	评价气候分类法，介绍我国气候学家在气候分类中做出的贡献，激发学生的爱国热情和民族自豪感；通过实习锻炼学生的团队合作能力
8.3	可持续发展、人地和谐、生态文明	讨论式教学：讨论气候变化的原因；总结可持续发展、人地和谐、生态文明的必要性	让学生充分讨论人类活动对大气、下垫面、水热和城市气候的影响，总结出可持续发展、人地和谐、生态文明的必要性

（二）成效

根据具体的教学内容设计了课程思政的教学方案。如第七章中，通过讲解周淑贞的气候分类法突出了季风气候，是最科学的气候分类法，让学生了解国内外气候学家对气候分类研究的贡献，尤其是我国气候学家所做出的贡献，从而提高学生的爱国热情和民族自豪感。

"气象学与气候学"是一门实践性很强的学科，通过对实践环节中课程思政内容的精心设计，有针对性地及时指导学生参与课后实践，用新颖的实践教学方法和教学内容激发起了学生的学习兴趣，学生认真听讲、亲自动手、仔细观察、规范操作、完整记录、科学分析实验数据，提高了实践能力，既培养了学生团队合作的能力和吃苦耐劳的精神，又培养了学生实事求是、认真严谨的科学态度和精益求精的进取精神。

四、教学方法

（一）措施

采用多种教学方法，注重课堂效果及学生学习方式的转变。在教学过程中，应用CBL、TBL、PBL以及整合式教学法，充分体现以学生为主体，突出自觉学习、主动学习；充分利用网络资源，课前让学生查阅课程的相关资料，进行小组讨论，课上教师引导，学生讨论发言，以解决实际问题。通过改进教学方法，激发了学生的学习兴趣，避免了气象及气候知识与实际的脱节，不仅提高了学生分析问题、解决问题的能力，同时也激发起了学生的教师职业情感。

（二）成效

针对"气象学与气候学"的内容选择合适的教学方法和手段，组织学生针对相关问题进行讨论和分析，激发学生对课程专业知识和课程思政知识的学习兴趣；教师引导学生针对相关问题具体分析和研究，以小组的形式对知识内容进行集体研究讨论，并汇报讨论结果，有意识地将各种德育价值思想融入讨论的内容中，帮助学生树立正确的三观。

此外，制作影像资源，如微课、视频，在网络教学平台、QQ、微信上与学生充分对接，做到课上课下相连接、线上线下相结合的混合式教学，特别是2020年上半年受新冠肺炎疫情的影响，网上在线教学中增加了人文素质、道德教育等相关文字、图片和动画等教学内容，以此进行课程思政的在线教学，确实提高了学生的思想道德水平。

 结　语

将课程思政融入"气象学与气候学"教学之中，教师通过确定教学目标、改进教学方法、深挖德育资源，提高自身思想道德素养和育人水平，积极探索德育渗透途径和教学方法设计。今后，在"气象学与气候学"的教学过程中，在强化课程思政教学理念、明确课程思政教学目标的基础上，将进一步补充完善课程思政的教学内容、教学方法和实践体系，让课程思政更真、更近、更自然生动地融入教学内容之中，进一步提高课程思政的效果，进一步提升学生的思想道德水平，不断提高人才培养质量。

以史为鉴,培养科学素养和人文情怀

——"人体及动物生理学"课程思政探微

王学斌　张建营　周振金　刘京贞　生命科学学院

 引　言

生理学发展历程体现了科学与人文的高度统一,许多重要的理论、发明、发现都与科学家精神、工匠精神、破除迷信等思政元素密切相关。本文简要介绍了在生理学发展中具有里程碑意义的几个代表人物,如希波克拉底、盖伦、安德烈·维萨里、伽尔瓦尼、巴甫洛夫等,在科学研究过程中富有启发性的事迹及其所蕴含的思政因素,引导学生形成正确的世界观、人生观和价值观,启迪学生在学习和研究的道路上学会借鉴与思考。

一、"人体及动物生理学"课程内容涵盖众多思政元素

"人体及动物生理学"是生物学的重要分支,是研究生物机体生命活动规律的科学,是生物科学专业的必修课程。本课程以人体及动物体为研究对象,探索正常机体整体及其系统、器官、组织、细胞等组成部分所表现的各种生命现象、功能、机制、原理、规律、适应性和自动调控等活动过程,以及机体内、外环境变化对这些活动的影响。

生理学所研究的生命活动始终处于动态的变化过程之中,与每个人自身的健康与疾病、学习与生活、运动与休息、思维与语言、记忆与遗忘等日常行为直接相关。本课程教学过程中贯穿四个基本观点,即局部与整体的统一、结构与功能的统一、进化与发展的统一、理论和实际的统一。研究和学习过程必须始终秉承并时刻坚持这几个观点,才有可能成为一个合格的生理学研究者和学习者,因为任何一个有机体都是统一的整体,任何一个局部结构都处于动态和变化之中,每一个知识点都是在实践中获得的。这样的特点,使生理学的许多内容都与思政教育形成了天然、密切的联系。在生理学的课程教学中有机地融入思政课元素,可以浑然天成、不着痕迹地将思政课内容内化为课程内容的有机组成部分,让学生在课程知识学习的同时经受思想的洗礼,

使科学思维和人文意识深入头脑。本文通过介绍生理学发展历程中的几个实例，在向学生传授科学知识的同时，也培养了他们的人文情怀。

生理学在其发展历程中充满了热爱生命、热爱人类、挑战权威、创新思路、用科学精神解决问题、团队协作创造辉煌、在科学争论中推动和完善科学理论等广博的思政元素。在以往的教学中，主要重视课程内容和科学知识的传授，忽略了对生理学发展历史的介绍，学生获得的知识只是系统化的生理学科学体系，而缺少对人文情怀方面的培养，教学过程相对单一。在今后的教学中，应充分改变这一点。其实，国外许多国家的自然科学类课程一直非常重视课程和学科发展史的教育，我们也应在这方面进行相应的教学改革，在教学过程中充分发掘这些思政元素的教育作用，将思政教育与课程教育紧密结合，强化思政培养，使学生在获得科学知识的同时，受到强烈的思想冲击，潜移默化地使思想得到洗礼并升华。这里借用几个生动的案例加以阐释。

二、"人体及动物生理学"典型思政案例

（一）仁心敬业，造福众生

在"绪论"部分的教学中，介绍希波克拉底的重要贡献及其榜样的力量。古希腊著名医生希波克拉底从小跟随父亲学医。成年后，希波克拉底一面游历，一面行医，为了丰富医学知识，获取众家之长，他拜请过许多当地的名医为师。为抵制当时"神赐疾病"的谬说，希波克拉底积极探索人的机体特征和疾病成因，提出了著名的"体液学说"——复杂的人体是由血液、黏液、黄疸、黑疸这四种体液组成，后来该学说发展为至今仍在使用的气质与体质理论。希波克拉底把疾病看作发展着的现象，医师所医治的不应仅是疾病，还应考虑病人个体，主张在治疗上注重病人的个性特征、环境因素和生活方式等对病患的影响，从而改变了当时医学中以巫术和宗教为治疗依据的观念。另外，希波克拉底在治疗和防范瘟疫等方面也做出了重大贡献，不仅对于头骨做出了正确的描述，还对骨折病人提出了科学的治疗方法，并且对人体全身骨骼、关节、肌肉等都很有研究。希波克拉底最为重要的贡献在于他在行医时所立下的誓言，即著名的"希波克拉底誓言"。1948年，世界医学大会对希波克拉底誓言加以修改，定名为"日内瓦宣言"，后来又通过决议，把它作为了国际医务工作者的道德规范。

这个案例让学生清楚地感受到，科学是脚踏实地的，神学是虚无缥缈的，生理学和医学知识来自实践；以人为本的人文精神是生理学和医学工作者需要的重要素质；生理学和医学工作者身体力行、不耻下问、广泛求证的严谨态度值得学习；仁心仁术、爱岗敬业、造福众生应是生理学研究者和学习者毕生的追求。

（二）缺乏创新导致科学停滞

在讲述"循环"内容时，介绍盖伦的故事及其学术体系对后世的影响。盖伦及其体系对世界医学、生理学领域产生过桎梏性影响。盖伦被认为是古罗马时期仅次于希波克拉底的医学和生理学权威。盖伦一生致力于医疗实践解剖研究，通过对许多动物进行活体解剖来研究肾和脊椎的作用，撰写了多部医书，并根据"体液说"提出了人格类型的概念，主要作品有《气质》《本能》《关于自然科学的三篇论文》等。他的许多著作成为医学和生理学教材，更由于其理论体系的相对完整性，因而在很长时间内成了医学的教条。但是，盖伦认为，人体的各种解剖构造和生理功能都是"大自然"有目的地创造和安排的，恰好符合"上帝造人"的教义，因此被宗教利用。宗教人士尊盖伦的著作为"医学教皇"，并且像保卫《圣经》一样保卫他的著作，任何人不得发表违背盖伦学说的言论。这使盖伦的体系统治欧洲达千年之久而没有发展。后来，塞维图斯由于发表了"血液从右心室进入左心室必须通过肺"的言论，违反了盖伦的主张，被教廷烧死在火刑柱上。另外，盖伦的许多解剖学和生理学结论是建立在错误的解剖基础之上的，因为他的解剖对象是动物体而不是人体，其生理描述往往脱离实际而屈从于宗教神学的需要。后来人们为消除他在解剖学、生理学上的错误影响，曾进行过艰苦的斗争。

这个案例告诉学生：科学研究必须建立在完全脚踏实地的实验之上，人的生理与动物的生理具有巨大差异，学习和研究时应当加以分辨；宗教和神学有时会利用科学家的理论体系宣扬错误的观点，必须严加防范，避免宗教左右科学的现象发生；如果缺乏创新，没有新的思想和实践，科学就会停滞，社会发展就会受到巨大影响。

（三）不畏艰险，坚韧不拔

在"人体的解剖结构"内容当中，介绍安德烈·维萨里及其创作《人体的构造》的故事。安德烈·维萨里是比利时著名医生、解剖生理学家，近代人体解剖学的创始人，与哥白尼同称科学革命的两大代表人物。他在大学时代求学于意大利帕多瓦大学，熟知盖伦著作，但他发现盖伦所有的研究结果都不是源于人体，而是从对动物的解剖得到的，因此体系中必定有许多错讹之处。他认为不能拘泥于书本知识，必须亲自解剖、观察人体构造。从大学时期，他就冒着生命危险夜里到刑场去盗尸解剖。按照当时的教义，人体是上帝最完善的设计，不许随便剖割，盗尸和解剖尸体都要被处以死刑。因此，他在获得尸体并进行尸体解剖时，一方面必须克服对尸体的恐惧，预防尸体可能带来的传染疾病的风险；另一方面，还必须防范来自刽子手的追查和宗教的迫害。他的研究不得不极端保密，故而他在自己院子的地窖里开设了一间密室，偷得尸体，然后解剖研究。1543年，年仅28岁的维萨里终于完成了按骨骼、肌腱、神经等几大系统描述的巨著《人体的构造》。在这部伟大的著作中，维萨里以大量、丰富的解剖学数据，对人体结构进行了精确的描述，推翻了以盖伦为代表的权威们旧的解剖生理学理论，指出了盖伦学派主观臆测的种种错误，成为现代科学解剖学建立的重要标志。后来，维萨里还是被教会迫害，被流放到耶路撒冷，最后在返航途中遇难。

这个案例让学生懂得：在科学的道路上，要做出突出的贡献，必须敢于质疑权威，善于求证，创新思维；做事情要亲力亲为，勤奋实践，大处着眼，小处用心，用事实说话，避免人为臆测的干扰；同时要有坚强的意志，克服重重困难险阻，破除桎梏，勇于斗争，无惧迫害，要付出艰辛的努力，有时甚至是生命的代价来捍卫和坚持真理。

（四）学术论辩带来双赢

在讲述"神经肌肉的电生理"时，介绍伽尔瓦尼和伏特的学术论争及友谊。伽尔瓦尼是18世纪意大利生理学家、动物学家，他提出的"动物电"（后来称为"生物电"）理论是现代电生理学大厦的基石。伽尔瓦尼时代，人们对电还没有充分的认识，更没有把电应用到生活之中。伽尔瓦尼的实验室建在他家的地下室里。一个偶然的机会，他发现剥除皮肤、去掉了头部的青蛙腿部肌肉，在偶然碰到不同金属器械后仍会发生大幅度的收缩，就像青蛙活着的时候跳跃一样。经过多次重复实验和反复思考，伽尔瓦尼提出了在动物体内存在"电流"，即"生物电"的概念。但这一理论遭到当时的另外一个著名物理学家伏特的反对。伏特提出，蛙腿的收缩是由于青蛙体内具有导电液体，与具有不同电动势的金属器械形成了闭合电路。由此，伏特与伽尔瓦尼展开了持续很长时间的学术争论。伏特根据他的理论，发明了至今还在广泛使用的"干电池"；伽尔瓦尼和他的侄子兼学生一起，发展了伽尔瓦尼的原初实验，用两根带神经的青蛙腿出色地证明了没有金属器械参与时仍有"动物电"的存在，由此开启了电生理学的新时代。此争论的结果是，双方都是赢家，造就了科学史上一段著名的佳话。更值得指出的是，伏特与伽尔瓦尼的争论仅限于学术层面，而学术上的强劲对手在生活中却是一对好友。伏特因为是受伽尔瓦尼实验的启发才发明的干电池，他还特别将其命名为"伽尔瓦尼电池"。

这个案例启迪学生：科学实验不能放过任何一个看似平常的现象，因为其中可能孕育着新的学科增长点；科学的发展离不开争论，学术的论战可能导致更进一步的发现及创造；学术争论应仅限于学术层面，不能延伸至个人生活中，不能影响私人的友谊，任何人身攻击只能是两败俱伤；科学研究需要传承，需要协作，需要一代代人不懈的努力。

（五）科学发现的偶然性与必然性

在"脑的高级机能"章节中，介绍巴甫洛夫及其重要贡献。主要向学生讲述俄国生理学家巴甫洛夫提出条件反射学说的故事。巴甫洛夫本来是研究消化生理的专家，他在狗的食道上做出一个"瘘管"，进行假饲实验，研究胃液的分泌与消化功能。通过这一巧妙的实验，人类首次获得了纯净的胃液，在探索动物消化奥秘的道路上迈出了重要的一步。但巴甫洛夫的实验并未停止，在实验过程中，巴甫洛夫意外地发现，除食物之外，在食物出现之前的其他刺激（如送食物来的人员或其脚步声等），也会引起狗的唾液分泌。经过反复思考和实验，他提出并证实了著名的"条件反射学说"。他的理论具体、科学地阐明了动物机体同周围环境能建立精确的相互联系，使动物体本身更适于生存与繁衍；同时有力地证明了主观意识是客观现实在人脑中的反映，为辩证唯物主义认识论提供了充分的自然科学基础，具有重大的生物学意义和哲学意义。这一发现看似偶然，实则必然。

这个案例让学生明白，科学研究必须建立在丰富的知识和敏锐的观察之上；研究中不要放过任何一个细节和可能司空见惯的现象，善于从不同的角度思考问题；勤于思考、勇于探索、严谨耐心、于细微处见精神，是科学研究的重要品格。

另外，在其他相关章节中，分别介绍美国女科学家罗莎琳·雅劳与肽激素放射免疫疗法、美国生理学家罗森勃吕特和数学家维纳共同推动生理学"反馈"与自动化"控制论"的交叉学科研究、"试管婴儿之父"张明觉、"巴氏小胃"20次才试制成功、英国生理学家白利斯与斯塔林发现促胰液素的故事、班廷与胰岛素发现、我国现代生理学创始人林可胜以及冯德培、王志均、韩济生等生理学大家的科研故事，从不同角度不同层面对学习进行全方位的思政教育。

结　语

作为一门古老学科，"人体及动物生理学"课程的发展充满艰难曲折，也为我们提供了许许多多具有深远影响力的科学家精神和思政元素。充分利用好这些思政元素，可以使课程的讲述更为生动、更为系统，并在潜移默化之中引导学生升华境界，提高思想政治水平。

学匠艺，修匠心

——"园林建筑设计"课程思政教学探析

刘 敏 农林科学学院

 引 言

习近平总书记在全国高校思想政治工作会议上强调，做好高校思想政治工作，要因事而化、因时而进、因势而新，要坚持把立德树人作为中心环节，把思想政治工作贯穿教育教学全过程，实现全程育人、全方位育人。在当今社会多元价值交织、渗透的复杂背景下，高校专业课程教学中以专业技能知识为载体，加强大学生思想政治教育，具有强大的说服力与感染力，有助于将课堂主渠道功能最大化发挥，使课程思政理念深入人心。"园林建筑设计"是园林专业的核心课程，开设在大三上学期，该学期是大学生树立世界观、人生观、价值观和人生目标的关键时期。本课程在"理论指导实践，实践反哺理论，重能力，求创新"的教学过程中，树立课程思政教学理念，提炼教材思政元素，不仅要求学生掌握理论知识，提升设计技能，还要根据新时代特征培养其爱国情怀。如何将思政元素融入课程建设，在潜移默化中加强意识形态建设，达到"学匠艺修匠心，润物细无声"的理想状态，是本课程面临的重要研究课题。

一、立足课程内容，挖掘思政元素

要在课程思政教学理念和教学目标的指引下，提炼课程思政教学内容（见表1），结合"雨课堂"等教学平台，融入中国传统文化、乡土文化、红色文化和古典园林的知识，突出专业特色，提升文化自信，增强民族自豪感。通过将本学科、本课程现代前沿设计成果和最新发展动态、热点引入教学，开阔学生视野，拓展学生思维，增强学生保护人类生态文明的责任意识，培养绿色、健康建筑的设计理念和工匠精神，培养具有爱国情怀和新时代特征的知识型人才。

表 1 思政元素与教学内容融合设计

章 节	思政映射与融入点	课程思政教学设计
园林建筑设计概论	（1）探讨古今中外对建筑概念的理解，彰显中国古人智慧，提升民族自豪感和爱国情怀 （2）分析中国古典园林建筑精巧构思，传承中国传统文化，提升文化自信 （3）分析中国传统建筑特征，突出中国工匠的智慧和古建筑学家的爱国情怀，增强民族自豪感	（1）案例式教学：列举建筑案例讲解建筑概念，对比中国老子对建筑本质的理解，以佛光寺为例讲解中国古建筑学家梁思成和林徽因的爱国情怀 （2）讨论式教学：以拙政园"荷风四面亭""与谁同坐轩""小飞虹"等园林建筑为例，讨论建筑物不同的造型及功能，彰显精巧构思 （3）问题式教学：观察中国传统建筑图片，以鸱吻、吻兽的作用、数量和门当户对词语的由来为切入点，讲解中国传统建筑特征
建筑设计基础知识	（1）解读相关设计规范，培养工匠精神 （2）分析建筑造型的艺术，讲解建筑材料，增强对中国传统文化、乡土文化的热爱和传承，提升文化自信 （3）分析现代前沿的建筑设计和新型建筑材料，增强学生保护人类生态文明的责任意识，培养绿色建筑、健康建筑的设计理念和创新精神	（1）案例导入式教学：以 2014 年"上海外滩踩踏事件"为例，分析事发阶梯存在的设计问题 （2）案例式和讨论式教学：以日本美秀美术馆、李子柒农家小院、中国王澍的宁波博物馆、临沂朱家林美学馆、美国赖特的流水别墅、日本安藤忠雄的水之教堂为例，分析中国传统文化、乡土文化在建筑中的运用；以德国 ICD/ITKE 亭、2019 北京世园会妫汭剧场、庭院家、风起云扬亭为例，分析碳纤维、膜结构等新型建筑材料的运用；讲解中国绿色发展、美国 WELL 健康建筑理念，倡导生态文明和环境保护
游憩性园林单体建筑设计——亭的设计	讲解园林建筑——亭的设计，让学生制定亭的设计任务书，完成亭的设计图纸，培养实地勘查、查阅资料、分析解决问题和团队协作的能力以及工匠精神、创新精神	（1）现场教学：现场讲解临沂园博园济南园的闻泉亭、枣庄园的桥亭、日照园的草亭、德州园的太阳能亭以及园中特色亭的设计，对亭的设计进行现场测量、实地调研，实地感受建筑空间和尺寸 （2）项目式和研讨式教学：以临沂大学溯园为设计场地，通过实地调研分析亭的设计任务书，推敲亭的功能、观景面和观景视线，查找资料分析新型建筑材料和建造技术，进行造型设计，通过模型制作进行设计构思、造型推敲，完成图纸绘制，提交建筑模型作品和图纸

续表

章 节	思政映射与融入点	课程思政教学设计
服务性园林单体建筑设计——茶餐厅建筑设计	讲解餐饮建筑设计基础知识,要求学生制定茶餐厅设计任务书,分析国内外茶餐厅建筑设计,完成茶餐厅设计图纸,培养实地勘查、查阅资料、问卷调查、分析解决问题和团队协作的能力以及工匠精神、创新精神,使学生学会将传统文化、乡土文化、红色文化融入设计方案	(1)现场教学:选择临沂大学校园餐厅或餐馆进行实地测量、实地调研,实地感受空间尺寸,分组完成PPT汇报 (2)案例式教学:以日本富有禅意特色的茶餐厅和中国富有传统文化特色的茶餐厅为例,讲解设计构思、空间布局和各层图纸 (3)项目式和研讨式教学:以临沂大学图书馆北侧绿地为设计场地,制定调查问卷,了解该建筑主要服务对象和对茶餐厅建筑的空间需求,通过图书馆大数据获取每周某时段最大人流量,通过计算确定茶餐厅的餐座数量和建筑面积,分析茶餐厅设计任务书。根据调查问卷结果和模型制作,进行设计构思、造型推敲,完成图纸绘制,提交建筑模型作品和图纸,鼓励学生将中国传统文化、乡土文化、红色文化,新型建筑材料、新的设计理念融入设计方案

二、典型案例解析

(一)园林建筑的世外桃源意境

"忽逢桃花林,夹岸数百步,中无杂树,芳草鲜美,落英缤纷……山有小口,仿佛若有光……复行数十步,豁然开朗",这是陶渊明笔下的《桃花源记》,也是古今中外设计师们追求的世外桃源。带领学生欣赏日本美秀美术馆建筑图片(见图1),讲解建筑大师贝聿铭耗时7年打造的世外桃源。这座建筑建在原始森林中,建筑主体空间位于地下,屋顶形式为四角锥类似山峰的造型,与环境融为一体,整个场景与中国古代文学、绘画和古典园林作品描述的一样:群山环绕,走过一条弯弯的小路,来到一个远离人间的仙境,云雾缭绕,若隐若现,顺着蜿蜒幽深的隧道走出洞口,穿过钢索吊桥,到达建筑入口,透过几组窗洞欣赏自然山水植物,游赏过程步移景异,仿佛步入陶渊明的世外桃源……中国传统文化对国外尤其是日本的建筑、园林影响非常大,2019年世界园艺博览会日本园也是以桃花源作为庭院设计理念的。在国内,园林建筑意境营造也有很多案例参考了陶渊明的《桃花源记》,例如留园的田园风光区的"别有天""缘溪行""活泼泼地""舒啸亭",圆明园四十景群中"武陵春色"等景点。通过本节课的学习,学生不仅掌握了美秀美术馆的设计理念,也深深地被中国博大精深的传统文化所折服,还学会了将中国传统文化融入园林建筑,为方案设计提供新的思路。引导学生思考还有哪些祖国传统文化或典故在国内外建筑和园林建筑中得到应用,指导学生课下学习中国大学MOOC——中国古典园林文化赏析中的"5.5 曲水流觞""5.6 桃花源记""6.6 沧浪濯缨"等章节。

图1 日本美秀美术馆

本节课课后作业为依托历史文化、名人人生经历或历史事件,参照李清照知否园的设计,运用景观空间叙事手法,根据场地条件进行名人故居庭院设计,绘制平面图和鸟瞰图。

通过该章节的讲解,学生掌握了园林建筑意境营造艺术。通过课后作业,尝试运用传统文化或历史文化对人物进行诠释,例如李清照的词、王羲之的"曲水流觞"、汤显祖的戏曲《牡丹亭》等,学生不仅了解了我国传统文化知识,还学会了用中国文化指导园林建筑设计构思或意境营造,提升了文化自信和爱国情怀。

(二)园林建筑的乡土气息

"仰观山,俯听泉,傍睨竹树云石……",通过让学生观看网红李子柒农家小院的视频,探讨农家小院浓浓的乡土气息。农家小院的建筑材料多是木、砖、瓦、竹等乡土材料,由此引发学生思考:如果李子柒的小院是钢筋混凝土的高大别墅,还能体会到乡土气息吗?例如,欣赏中国建筑师王澍的宁波博物馆图片,分析该建筑瓦片墙的材料为宁波旧城改造留下的青砖、龙骨砖、瓦、打碎的缸片,多为中国明清至民国期间的遗物;还有竹条模板混凝土墙体,使僵硬的混凝土体现了竹的肌理和质感,在继承和发扬宁波历史文化和乡土文化中,实现了生态、节能、环保的可持续发展观和新乡土文化理念。又如,临沂朱家林田园综合体美学馆、美国建筑师赖特的流水别墅垂直墙体外观材料，都是运用了当地富有特色的自然石材料，使建筑与环境融为一体，体现了淳朴的乡土特色。再如，日本建筑师安藤忠雄的"水之教堂"使用了清水混凝土，体现了朴素的生态观。由此引发学生思考：世界各地还有哪些建筑注重与当地乡土文化的结合？指导学生课下学习中国大学 MOOC——园林建筑设计（南京林业大学）第六讲"建筑材料与外立面设计"。

本节课课后作业为选取建筑造型艺术章节名人故居庭院设计中的主体建筑，对其进行建筑设计，力求与当地乡土文化、场地环境协调，制作建筑模型（图2）、绘制建筑效果图，并以 PPT 形式进行汇报。

通过该章节的讲解，学生掌握了不同建筑材料的特点。通过课后作业，学生不仅了解了新乡土文化理念，还十分注重乡土文化、生态观在园林建筑设计中的运用，发扬和传承了乡土文化。

图2 学生作业：制作建筑模型

（三）可能就是设计的错

通过图片形式介绍发生于 2014 年 12 月 31 日 23 时 35 分的"上海外滩踩踏"事件，该事件造成 36 人死亡、49 人受伤，以年轻大学生居多，后果惨痛。事发时外滩人数已达到 31 万，相当于 1 平方米 10 人，严重超出临界值 7 人，该事件被认定为公共安全责任事件。引发学生思考：该场地的设计有没有问题？引导学生认识到陈毅广场东南角阶梯因上下人流不断对冲，在阶梯处形成力学上的"成拱效应"，这是造成此次踩踏事件的主要原因。

发生事故的阶梯自上而下分为两组共 17 级，两组阶梯间距 2.3 米，阶梯两侧有不锈钢条状扶手，阶梯宽 6.2 米，最高处距地面 3.5 米，纵深 8.4 米，通过以上数据计算可知台阶踏面 35 厘米，踢面 21 厘米。《公园设计规范》（GB 51192—2016）指出，游人通行量较多的建筑室外台阶踏步宽度不宜小于 30 厘米，踏步高度不宜大于 15 厘米且不宜小于 10 厘米；《民用建筑设计统一标准》（GB 50352—2019）也指出，公共建筑室内外台阶踏步宽度不宜小于 30 厘米，踏步高度不宜大于 15 厘米且不宜小于 10 厘米。因此，该处台阶不符合设计规范。另外，阶梯应至少一侧设扶手，梯段净宽达三股人流时应两侧设扶手，达四股人流时宜加设中间扶手。三股人流 2.1 米，四股人流 2.8 米，该处台阶宽 6.2 米，中间需设 3~4 个扶手，当时警察在台阶中央拉起了警戒线，但很快被冲散了。由此引发学生思考：此处阶梯该如何进行改造？课下学习中国大学 MOOC——园林建筑设计（南京林业大学）第七讲"园林建筑相关设计规范解读"。

本节课课后作业为以园林建筑设计相关规范为依据，对陈毅广场东南角阶梯进行改造。例如可以设置大型缓坡、可拆卸组装的隔离栏，改造方案效果图如图 3 所示。

（a）方案一　　　　　　　　（b）方案二

图 3　陈毅广场东南角阶梯改造方案

通过该章节的讲解，学生掌握了建筑阶梯设计规范，通过课后作业，学生学会了理论指导实践，培养了科学严谨的设计态度和工匠精神。

结　语

课程思政是高校教师将国家与社会的宏观发展与专业课程教学相结合的实践探索，有助于培养每位高校教师与时俱进的价值取向与岗位素养。"园林建筑设计"课程思政建设工作已开始进行，但仍需不断探索并经实践检验。本课程思政建设将继续从优化课程思政建设机制、深挖课程思政资源、充实课程思政教学内容等多个角度进行发展与完善，力求真正做到师生在课堂上的思想共鸣，达到"学匠艺修匠心，润物细无声"的理想状态。

农学类专业课程思政建设典型案例

——以"蔬菜栽培学"课程为例

刘振宁 农林科学学院

 引　言

中国是农业大国,我国农业目前正处于从传统农业向现代农业转型发展时期,需要一大批农科专业的优秀人才。新形势下,各农业院校在新农科建设背景下,正全力推进卓越农林人才培养计划。然而,农科专业面临着招生困难、生源质量下降的局面,学生对农科专业学习热情不高,涉农就业的比例偏低,农业人才不断流失。在这种情况下,通过思想意识的引导和价值观的培育,让农科专业大学生真正爱上农业,喜欢自己的事业,是农业类专业课程思政教育的重要目标。

农科专业课程注重培养学生的大国"三农"情怀,引导学生"懂农业、爱农村、爱农民"。因此,要深入研究课程思政的内涵、价值和实施策略,梳理课程教学内容,结合不同课程的特点和目标进行建设,深入挖掘课程思政元素,有机融入课程教学,达到润物无声的育人效果。

本文结合农学专业特点,以"蔬菜栽培学"课程为例,从引入课程思政的必要性、建设思路和思政元素的挖掘及思政课程的考核与学生学习评价等几方面进行了探索与实践,旨在提高"蔬菜栽培学"课堂教学的协同育人效果,并为其他农学类专业课程的思政建设提供一定的借鉴和参考。

一、"蔬菜栽培学"课程简介

"蔬菜栽培学"课程是我校农林科学学院园艺专业的核心必修课。该课程在兼顾教学内容的理论性、学术性、实践性和前沿性的同时,整合和融入德育目标,着力强化思想政治教育的内涵和方向,促使知识传授和课程思政同向同行,打造知识传授、能力培养和价值引领"三位一体"的课程教学目标,服务于学校培养"能吃苦、善创新、敢担当、乐奉献"的高素质应用型人才的总目标。其具体教学目标如下。

(一)知识传授目标

掌握蔬菜作物的生长发育规律及其对环境条件的要求;掌握各类蔬菜作物的生物

学特性以及蔬菜育苗、菜田建设、茬口安排、水肥管理及植株调整等栽培管理技术。

（二）能力培养目标

培养学生对蔬菜栽培基本概念、基本原理的理解和掌握的能力；培养学生运用蔬菜栽培学知识和技能解决生产实践中有关问题的能力；培养学生的动手操作能力、创新创业能力和团队合作能力，培养学生良好的职业素养。

（三）价值引领目标

引导学生树立唯物主义世界观、科学发展观和社会主义核心价值观，增强学生家国意识、法制意识和责任意识，培养学生的爱国情怀；培养学生的"大国三农"情怀，引导学生以强农兴农为己任，"懂农业、爱农村、爱农民"；增强学生服务农业农村现代化、服务乡村全面振兴的使命感和责任感，培养"学农、知农、爱农"的创新人才。

二、"蔬菜栽培学"课程思政元素的挖掘

"蔬菜栽培学"是理论性和实践性并重的一门课程，与我们人类的日常生活和农业生产密切相关，很多授课内容和知识点都蕴含着丰富的思政元素。在教学过程中，可以将思想政治教育内容与专业教育内容有机融合，不断发掘课程本身的"思政营养"，通过课程思政教学合理的设计，在教学方法、课程资源、课堂讨论和考核方式等方面将"思政营养"正确地输送给学生。

我校"蔬菜栽培学"课程组在授课过程中，围绕教学目标，选择合适的思政映射与融入点，结合课程思政教学设计，达到了课程思政的育人成效（表1）。"蔬菜栽培学"课程共10个章节，包括绪论、总论和各论三大部分，总论主要介绍蔬菜栽培的生物学基础和技术基础，各论主要介绍瓜类、茄果类、豆类、白菜类、葱蒜类、根菜类和薯芋类蔬菜的栽培技术。以"绪论"部分为例，我们挖掘"大国工匠"精神教育，科学发展观，可持续发展战略，"大国三农"情怀和服务农业农村现代化、服务乡村全面振兴的使命感和责任感等思政映射与融入点，通过李天来院士大力发展设施蔬菜对我国蔬菜产业发展的积极性推动作用这一案例教学，以及针对山东寿光蔬菜和兰陵蔬菜的先进发展模式和经验借鉴这一主题的线上线下混合式教学+讨论启发式教学设计，让学生牢固树立科学发展观的理念，培养学生的"大国三农"情怀，使他们坚定"学农、知农、爱农"的责任心与使命感。以蔬菜栽培的生物学基础为例，我们将辩证唯物主义、科学发展观、"大国三农"情怀和中国梦与民族伟大复兴作为思政映射与融入点，通过野生蔬菜向栽培蔬菜的进化与发展的研究性教学，以及原产我国的蔬菜有哪些和我国蔬菜的悠久栽培历史这一案例教学+讨论启发式教学设计，让学生进

一步肯定物种进化论，否定神创论，同时培养学生的"大国三农"情怀，坚定文化自信。

表1 "蔬菜栽培学"课程思政映射与融入点

章 节	思政映射与融入点	课程思政教学设计	预 期 成 效
绪论	(1)"大国工匠"精神教育 (2)科学发展观 (3)可持续发展战略 (4)"大国三农"情怀 (5)服务农业农村现代化、服务乡村全面振兴的使命感和责任感	(1)案例教学（李天来院士大力发展设施蔬菜对我国蔬菜产业发展的积极性推动作用） (2)线上线下混合式教学+讨论启发式教学（寿光蔬菜、兰陵蔬菜的先进发展模式和经验借鉴）	(1)牢固树立科学发展观的理念 (2)培养"大国三农"情怀 (3)坚定"学农、知农、爱农"的责任心与使命感
总论1 蔬菜栽培的生物学基础	(1)辩证唯物主义 (2)科学发展观 (3)"大国三农"情怀 (4)中国梦和民族伟大复兴	(1)研究型教学（由野生蔬菜向栽培蔬菜的进化与发展） (2)案例教学+讨论启发式教学（原产我国的蔬菜有哪些以及我国蔬菜的悠久栽培历史）	(1)肯定物种进化论，否定神创论 (2)培养"大国三农"情怀 (3)坚定文化自信
总论2 蔬菜栽培的技术基础	(1)创新意识和责任意识 (2)可持续发展思想 (3)辩证论 (4)人与自然和谐共生的生态文明思想	(1)案例教学（山东寿光蔬菜种业集团有限公司在番茄育种中的发展成就） (2)隐形渗透式融入思政元素（以蔬菜与环境的相关性自然融入人与自然和谐共生的生态理念）	(1)培养学生的创新意识和蔬菜种质创新的责任意识 (2)树立可持续发展和人与自然和谐共生的生态发展理念
各论1 瓜类蔬菜栽培	(1)"大国工匠"精神教育 (2)创新意识和创新能力 (3)科学发展观 (4)"大国三农"情怀 (5)历史责任与使命感	(1)讨论启发式教学（我国黄瓜的品种资源和分布） (2)案例教学（中国农科院黄三文研究员对黄瓜种质创新的科学研究）	(1)激发学生对农业的热爱 (2)培养爱国情怀 (3)树立科学发展观和创新发展理念 (4)增强服务三农的使命感和责任感
各论2 茄果类蔬菜栽培		(1)案例教学（湖南农业大学校长"辣椒院士"邹学校和湖南的辣椒产业） (2)讨论启发式教学（番茄的"儿时味道"为什么消失了？）	(1)树立科学发展观和创新发展理念 (2)培养学生的创新意识和蔬菜种质创新的责任意识 (3)培养"学农、知农、爱农"的三农情怀 (4)增强服务三农的使命感和责任感

续表

章　节	思政映射与融入点	课程思政教学设计	预期成效
各论3 豆类蔬菜栽培	（1）科学发展观、辩证论 （2）创新意识和创新能力 （3）历史责任与使命感	（1）研究型教学（豆类蔬菜生物固氮与少施氮肥的原理） （2）线上线下混合式教学+讨论启发式教学（我国大豆大量进口的原因分析）	（1）树立科学发展观 （2）训练辩证思维 （3）培养学生的创新意识和社会责任意识
各论4 白菜类蔬菜栽培	（1）"大国工匠"精神 （2）科学发展观 （3）可持续发展 （4）创新意识与创新能力 （5）"大国三农"情怀 （6）历史责任与使命感	（1）研究型教学（芸薹属蔬菜U三角与起源进化） （2）讨论启发式教学（重庆涪陵榨菜的发展成就） （3）研究型教学+讨论启发式教学（中科农科院王晓武教授主导完成的世界首个白菜全基因组测序工程）	（1）树立科学发展观和创新发展理念 （2）培养"大国三农"情怀 （3）坚定文化自信
各论5 葱蒜类蔬菜栽培	（1）科学发展观 （2）可持续发展 （3）创新意识与创新能力 （4）"大国三农"情怀 （5）历史责任与使命感	（1）讨论启发式教学（金乡大蒜和兰陵大蒜产业的发展成就） （2）讨论启发式教学（章丘大葱产业的发展成就）	（1）树立科学发展观和创新发展理念 （2）培养"大国三农"情怀 （3）增强服务三农的使命感和责任感
各论6 根菜类蔬菜栽培	（1）"大国工匠"精神教育 （2）科学发展观 （3）可持续发展	（1）研究型教学+讨论启发式教学（中国农业科学院蔬菜花卉研究所主导完成的世界首个萝卜全基因组测序工程） （2）线上线下混合式教学+讨论启发式教学（萝卜特有辛辣气味的来源）	（1）树立科学发展观和创新发展理念 （2）培养"大国三农"情怀 （3）坚定文化自信
各论7 薯芋类蔬菜栽培	（4）创新意识与创新能力 （5）"大国三农"情怀 （6）历史责任与使命感	（1）研究型教学+讨论启发式教学（中国农科院黄三文教授开启的世界"优薯计划"） （2）研究型教学+讨论启发式教学（中国农业科学院黄三文研究员主导完成的世界首个单倍体马铃薯全基因组测序工程）	（1）培养"大国三农"情怀 （2）培养学生的创新意识和社会责任意识 （3）坚定文化自信

三、"蔬菜栽培学"课程思政的考核与学生学习评价

目前，各院校思政课程开展得如火如荼，在思政元素的挖掘、创新和输送方面成效显著。然而，针对思政课程的学生学习评价标准的研究和报道则相对欠缺。本课程在注重课程思政教学过程的同时，也注重如何在专业课程学习中吸收思政培育内容效

果的考核,并制定了"蔬菜栽培学"课程思政的学生学习评价标准。

本课程以知识传授、能力培养和价值引领三位一体的课程教学目标为主线,致力于改革传统的只关注学生课程考试成绩、作业完成、课堂笔记等教学效果的评价方法,将学生的学习态度、道德行为、创新能力、实践能力等指标纳入学生"学"的评价体系中,尤其是在课程考核中加入德育评价。通过课程思政示范课建设,以专业课程德育为价值导向,强化对能力培养和价值引领效果的检验,落实课程思政教育协同育人的成效。

具体评价标准如图1所示。

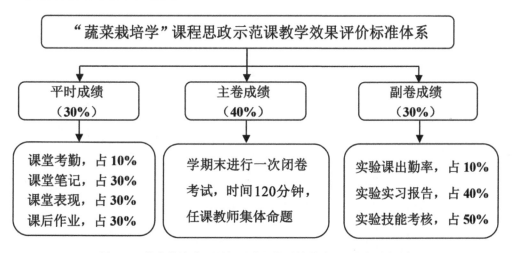

图1 "蔬菜栽培学"课程思政示范课教学效果评价标准体系

其中,课后作业包括一篇课程论文(以"蔬菜栽培学"课程学习中"我的思政观"为题,阐述课程学习过程中对社会主义核心价值观、家国情怀、大国三农、现代农业发展和乡村振兴战略等问题的思考和理解);课堂表现强调在与学生的互动过程中对学生的学习态度和道德行为等进行考核评价,注重对学生课程思政教育的过程性和全面性,做到思政课堂"潜移默化,润物细无声";实验技能考核突出对学生的动手操作能力、创新创业能力和团队合作能力的考核评价,注重培养学生的创新创业意识和职业素养。

 结 语

在新时代新背景下,落实好课程思政工作是实现铸魂育人的有效措施,每一位教育工作者都应当积极响应并参与其中。任何一门课程都蕴含着丰富的思政元素,重点在于深入挖掘与探索,充分利用教学的各个环节,开展创新性的教学设计,将思政元素的营养有效输送给学生,达到教书与育人的相互协调与统一。为了更好地达到课程

思政的教学效果，课前需要做好统筹规划，在授课过程中用心思考，用情传授，精准发力；在课后还要注重教学效果和学生学习的评价，加强课后反思，不断检验课程思政的育人效果。需要注意的是，开展课程思政的基础是课程和课堂，关键在教师和学生。任何事物都是不断发展的，课程思政教育也一样，必须不断探索，不断尝试，不断总结，找到适合教师本身和学生本身的教育方式方法，最终达到教学相长、学生受益的目的。

思创融合思想在"动物药理学"课程建设中的应用与研究

王娟 农林科学学院

 引 言

从古至今,中国医术就伴随着"医者仁心,以高尚情操,行仁爱之术,无愧于天地,无愧于内心"的训示,行医要以德行建设为先。但是,随着现代医学体系的发展,学医所需要学习的知识大量扩增,而学习时间无明显增加,这种情况使得道德教育被迫减少或停止,但面向现代化信息爆炸的时代,医学教育必须将育人放在首位,因为医德与生命息息相关。

医者承担着生命之重,而动物医学从业人员担当着动物健康守护者的同时也是人类健康的护航者,同样承担着生命之重。而在整个动物医学的学习中,"动物药理学"可以说是动物医学从业能力的直接体现。"动物医学"顾名思义是需要守护动物健康的医者,而这个过程除了需要精湛的临床诊断技术外,最主要的是做好疾病预防和病后治疗工作,这是"动物药理学"的两大功能(预防用药和治疗用药)的直接体现,因此,在"动物药理学"课程中融入思政教育就显得尤为重要。

兽医临床上,动物疾病种类和病原微生物的种类、亚型、特性都在不断发生变化,因此,兽药的改进和新兽药的研发就显得尤为重要,这就需要大量的新思想在"动物药理学"学习中迸发,因此,"双创"教育的思想在"动物药理学"教学中就显得尤为重要。在兽医临床中"动物药理学"知识的运用是否合理,对动物用药相应的法律法规是否了解得透彻,不仅关系到动物健康,同时还决定着动物性食品的安全问题,即"动物药理学"在很大程度上决定着人类的健康,因此将思政教育融入"动物药理学"教学过程是十分必要的。本文就思政元素在"双创"建设下的"动物药理学"课程中的融入,进行了简要总结和探讨,以期为"动物药理学"思政课程和"双创"课程的建设提供理论依据。

一、"动物药理学"在动物医学课程中的地位

"动物药理学"是动物医学、畜牧兽医、动物防疫与检疫等本科专业学生的必修

课。本课程的主要任务是研究药物与动物机体之间相互作用的基本理论与一般实验方法，使学生学会正确选药、合理用药、提高药效、减少不良反应等基本知识，充分发挥药物的防病治病和促进生产的能力，为开发新药及新制剂创造条件，提高学生运用专业基础知识进行综合、分析和解决问题的能力。

"动物药理学"是联系基础课程和临床课程的纽带，在从业人员中动物药理学知识使用频率高，与实际生产联系紧密，与食品品质和生物安全密切相关。课程蕴含的思政元素多，可以多方面、多层次地融入思政元素；动物医学本科专业每学期都有两个班级开设"动物药理学"，学生人数较多，研究周期长，见效快，有利于思政课程研究的开展。

二、"动物药理学"教学中的"思创融合"教育内涵

2016 年 12 月，习近平总书记在全国高校思想政治工作会议上论述了课程育人的方向和重点，成为各高校课程思政改革的重要推动力。2018 年 8 月，教育部发文提出"将创新创业教育贯穿人才培养全过程，把创新创业教育和实践课程纳入高校必修课体系，促进创新创业教育与专业教育有机结合、与思想政治教育深度融合"（教学（2018）8 号）。思政教育与双创教育的落脚点都是育人，其中思政教育是大学生成长成才的首要环节，对创新创业教育具有价值引领的功能，而双创能力的培养是社会关注的热点问题，也是思想政治教育的重要内容，两者构成了高校人才培养的核心要义。

在当前高校"动物药理学"课程的建设中，除了首要的基础知识学习外，还应该包括创新意识的培养和正确思想理念的建立。药理学坚持的是德育为先、立德为先，只有知识学习建立在德育的基础之上，才能保证畜牧兽医学的健康有序发展，保证人类健康。畜牧兽医一直奉行的理念为提供绿色、健康、营养、多样的动物性食品，而这需要创新意识和放眼长远、淡泊利益的思想品德，这些恰恰是当今大学生个人气质里较为缺乏的东西。在高校的"动物药理学"教学改革中，在加强课程教育的基础上不断强化学生的思想素养，使得学生获得创新思维能力的同时，树立远大的理想与坚定的信念，使其可以适应社会各种现状。在该过程中通过贯彻落实社会主义核心价值观，使学生形成正确的价值标准和爱国主义情怀。

三、"思创融合"课程建设实际价值

高校是为党育人、为国育才的地方，是为社会主义建设培养先锋队的地方，培养的先锋队需要坚守行业的最前沿，为行业发展披荆斩棘，开辟道路，因此需要多方合

作,实现共赢。这种多方合作的方式也是思创课程建设的重要途径,它可以实现三方共赢,具体表现为以下几方面。

(一)人才培养需求

由原来的以单纯的知识传授为导向转变为以项目和岗位为导向,增加了学生对企业和行业的了解,确立了行业从业自豪感和爱国主义精神。此种目标性学习更能满足应用型人才培养的需求。

(二)高校育人需求

高校涉农专业旨在培养知农、爱农的从业人员,更需要技术型人才,而此多元协同育人的实践教学模式为人才培养提供了高效的教学方案,满足了高效培养高素质应用型人才的需求。

(三)行业发展需求

企业发展的核心竞争力在于人才的竞争。因此,思想品德优良、专业知识扎实、从业技能熟练、行业认知深刻的人员是企业的核心竞争力,而此多元协同育人的实践教学模式使企业参与人才培养,使毕业生和岗位契合度更高,满足了行业高效发展的需求。

四、"思创融合"课程建设方案

依据 2020 年 5 月教育部印发的《高等学校课程思政建设指导纲要》关于课程思政建设目标的要求,以及教育部关于高校创新创业的教育理念,我们建立了与课程思政教育和创新创业教育协同育人目标相吻合的教学大纲,并根据课程教学特点重构教学设计。

我们将教学知识点进行重新编排,依据从内脏系统用药到传染性疾病用药,由熟悉到相对陌生,由调理到预防的策略开展课程讲解,为避免与"生理学""解剖学""病理学""微生物学"等课程部分内容重叠(如肠道蠕动特点、肺部生理结构特点、病变原因及临床症状、微生物结构及代谢特点等内容),将这一部分内容进行删减,进一步突出药物作用机制、药物作用途径、机体对药物的处置等知识点,即药物和机体相互作用的过程,同时补充用药安全、药物法规法典、减抗无抗、生物安全等方面的知识,旨在提高学生生物安全意识,提高学生对绿色养殖概念的认知。具体实施案例如图 1 所示。

五、"思创融合"课堂实施方法

（一）教材章节设计

"动物药理学"分为总论（药效学和药代学）、抗微生物用药（环境消毒药和抗生素）、系统用药（消化系统、呼吸系统、血液循环系统、神经系统等）。总论部分内容较为抽象，难以理解，因此规划课程设计时以日常生活中接触较多的消化系统、呼吸系统用药（第一部分）为切入点，在这两个章节的学习中以实际案例介绍药效学、药代学的知识；第二部分为总论部分，在消化系统和呼吸系统用药的基础上，介绍药效学和药代学部分抽象的概念；第三部分为抗微生物用药，这一部分为各论中最重要的一部分，紧接在总论部分之后进行讲解，可以将总论内容和本部分内容进行深度融合，加深对两部分内容的认识；第四部分为剩余章节的内容，可以将总论部分内容贯穿始终，将药效学和药代学知识加以深化，并将各论知识系统化。通过这四部分的学习，将整个"动物药理学"知识套系、深化、系统地整合在一起，更有利于学生理解和形成知识体系构架。

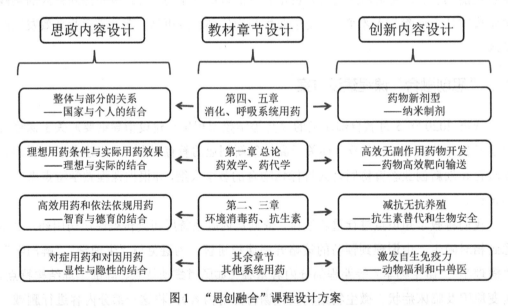

图 1 "思创融合"课程设计方案

（二）创新内容设计

第一部分中消化系统和呼吸系统共有的特点为腔道内侧黏膜面积较大，因此，现阶段药物开发过程中，呼吸系统和消化系统的药剂开始倾向黏膜用药。在教授本部分内容的同时，将关于纳米跨黏膜准运制剂的部分融入基础知识讲授过程，让学生增加对药物开发的兴趣。

第二部分为药效学和药代学相关概念的学习,多数定义都是理想条件下的定义。例如药效的选择性为100%,那药物将无副作用,虽然理想条件达不到,但是可以尽力靠近,因此将科研工作中靶向制剂部分融入此部分基础知识中一起学习,对开发学生创造性思维具有一定的提示作用。

第三部分为环境消毒药和抗生素。这部分将畜牧兽医关于绿色养殖、减抗和无抗养殖的相关法律法规融入讲授内容中,同时从兽药开发角度对抗生素替代药品开发方面的知识进行介绍,让学生了解兽药行业的最新动态,便于其知识更新和岗位适应。

第四部分为剩余章节知识学习。这一部分主要强调药物如何使混乱的系统运作条件恢复正常。首先产生疾病的原因是外界因素打乱自身平衡,因此将动物福利和中兽医的一些理论融入此部分内容,主要强调可以通过多种手段维护机体平衡不被打乱,即如何遵守自然法则,减少动物患病。

(三)思政内容设计

第一部分中,讲述消化系统和呼吸系统虽然只是整个机体的一部分,但是会引起发烧、炎症、肌肉酸疼等一系列全身性症状,表明部分与整体的关系是相互影响的,并在知识讲授中融入国家与个人关系的内容,让学生意识到自己的行为对国家建设会起到很大作用,同时国家的发展对我们个人理想实现、生活水平提高等具有很大促进作用,因此,在工作、生活、学习中要关注团队发展、集体发展,乃至整个国家的发展和国际人类命运共同体的建立。

第二部分为药效学和药代学相关概念的学习,多为理想条件下的效果,但实际用药与之有较大的差异,可将理想与实际的概念融入此部分内容,帮学生树立高远的理想,同时也需要知道在理想实现的道路上遇到不尽如人意的事件时如何正确处理,在此过程中树立不怕困难、勇往直前的奋斗精神。

第三部分为环境消毒药和抗生素,这一部分知识在实际生产中存在抗生素超标和乱用的现象,可将智育与德育部分内容融入,培养学生高效用药和依法依规用药的意识,在促进畜牧业良好发展的同时,形成关心人类健康、关注环境安全的意识,促进各行各业的发展。

第四部分为剩余章节知识学习,本部分强调对症治疗用药和对应治疗用药的重要性,可将显性和隐性的概念有效融入,淡化学生的功利性意识,引导学生看到内在的优势。眼光放长远有利于取得最终的胜利,实现个人梦想,以达到实现中国梦的目标。

六、"思创融合"课程评价体系

建立健全课程改革评价体系是实现育人目标的关键环节,评价体系是教学改革的灯塔，可以为教学改革的推进和完善指明方向。"思创融合"课程评价体系（表1）贯穿各个环节，主要包含四个模块：条件保障、组织领导、方法途径、绩效考评。四个模块紧紧衔接，构成了整个完善的改革效果评价体系。其中，绩效考评和学生的培养状况直接对接，相对接的学生统计指标主要为在校期间学生精神文明建设情况、参与教师研究课题比例和参与创新创业比赛的比例，学生毕业后为社会进行的义务服务的贡献值，以及学生创业比例的提升率和在研发、技术改进等具有创新性职位的就业率。整个体系以领导（管理者）教学评价为指导，以督导教学评价为关键，以同行教学评价为辅助，以教师自评为补充，以学生教学评价为重点。

表1 "思创融合"建设的评价体系

一级指标	二级指标	标准
条件保障	思创经费	经费投入和使用状况
	师资队伍	师资队伍组成、学历、职称和待遇状况
	基础设施	办公条件、网站建设和文体设备等
组织领导	领导体制	党委领导分工负责
	工作机制	组织结构和工作机制
	评价体系	组织考评和学生考评
方法途径	课堂建设	思创元素的挖掘、融合和课堂组织模式
	试验建设	创新试验的开发、试验与行业生产对接
	实践建设	行业教育和爱国教育因素的融入
绩效考评	思创课程	思创课程体系建设和课堂设置情况
	学生发展	学生在校和毕业后的创新理念和从业状况
	社会贡献	学生在校和就业后对社会的义务贡献值

结　语

在"动物药理学"课程学习中融入创新思想和思政元素，使学生在学习基础知识的同时接触到了前沿知识，培养了创新意识。思政元素的融入帮助学生树立了正确的世界观、人生观和价值观，促进了所学知识的高效、正确使用，为畜牧业健康发展保驾护航，也为人类的健康提供了保障。本文以期对动物医学相关课程思政和创新课程建设提供指导。